高职交通运输与土建类专业规划教材

U0649396

路基路面试验与检测

LU JI LU MIAN SHI YAN YU JIAN CE

主　编　张小利

副主编　唐　娴

主　审　万丽平

人民交通出版社

China Communications Press

内 容 提 要

本书系统阐述了路基路面试验与检测内容。全书内容包括：公路路基工程检测、高速铁路路基工程检测、路面基层/底基层工程检测、水泥混凝土路面工程检测、沥青混凝土路面工程检测、公路工程质量检验评定，共六部分。

本书适于高职高专及各类成人教育公路与桥梁工程专业、铁道工程专业等交通运输与土建类相关专业学生选作教材使用，亦可供相关专业工程人员参考使用。

图书在版编目（CIP）数据

路基路面试验与检测／张小利主编. —北京：人民交通
出版社,2014.1

ISBN 978-7-114-11103-7

Ⅰ. ①路… Ⅱ. ①张… Ⅲ. ①路基工程－检测－教材
②路面－道路工程－检测－教材 Ⅳ. ①U416

中国版本图书馆 CIP 数据核字（2013）第 311861 号

书　　名：	**路基路面试验与检测**
著 作 者：	张小利
责任编辑：	杜 琛 卢 珊
出版发行：	人民交通出版社
地　　址：	（100011）北京市朝阳区安定门外外馆斜街 3 号
网　　址：	http://www.ccpcl.com.cn
销售电话：	（010）59757973
总 经 销：	人民交通出版社发行部
经　　销：	各地新华书店
印　　刷：	北京虎彩文化传播有限公司
开　　本：	787×1092 1/16
印　　张：	15.5
字　　数：	385 千
版　　次：	2014 年 1 月 第 1 版
印　　次：	2021 年 8 月 第 4 次印刷
书　　号：	ISBN 978-7-114-11103-7
定　　价：	34.00 元

（有印刷、装订质量问题的图书由本社负责调换）

前　言

　　"路基路面试验与检测"是一门理论结合实践应用,且实践应用性较强的专业课程。该课程的目的,在于使学生掌握公路路基工程检测、高速铁路路基工程检测、路面基层/底基层工程检测、水泥混凝土路面工程检测、沥青混凝土路面工程检测的方法和程序;了解公路路基工程、高速铁路路基工程、路面基层/底基层工程、水泥混凝土路面工程、沥青混凝土路面工程的特点、构造及施工工艺;具备解读规范,正确使用试验仪器和设备,根据检测数据对公路路基工程、高速铁路路基工程进行质量评定的能力。

　　教材在编写过程中,听取了企业专家、各兄弟院校的宝贵意见,汲取几年来本课程改革的经验与成果,在原校本讲义基础上增加公路路基工程、高速铁路路基工程、路面基层/底基层工程、水泥混凝土路面工程和沥青混凝土路面工程的特点、构造及施工工艺内容,使学生能够把所学知识同工程实际紧密地结合起来,达到学以致用的目的。同时,教材中学习情境6——公路工程质量检验评定内容的编写,同交通运输部《公路水运工程试验检测人员考试大纲》紧密结合,可为学生上岗后的岗位拓展、资格证鉴定工作打下良好基础。教材中全部采用最新工程技术标准和规范,体现了编写的先进性、科学性、实用性要求。全书在知识阐述时尽力采用图解方式,选用大量的试验图片、表格,力求教材生动、形象,并更加贴近现场实际工作。

　　陕西铁路工程职业技术学院张小利任本书主编,负责全书的统稿工作。具体编写分工如下:学习情境1中任务一、任务三及任务四由陕西铁路工程职业技术学院张小利、中铁二十局集团第一工程有限公司赵西鹏编写,任务二由陕西铁路工程职业技术学院宁波编写;学习情境2由渭南市交通运输局唐娴编写;学习情境3中任务一、任务二、任务三由陕西铁路工程职业技术学院梁小英编写,任务四由长安大学公路学院周胜波博士编写;学习情境4由陕西铁路工程职业技术学院郭俊娥编写,学习情境5由陕西铁路工程职业技术学院赵丽萍编写;学习情境6由陕西铁路工程职业技术学院刘群编写。中国交通建设集团第三工程有限公司试验工程师万丽平坦任本书主审,提出了卓有建设的修改意见和编写建议,同时人民交通出版社编辑杜琛对本书提供了大力的支持和帮助,在此一并表示衷心的感谢!

　　由于时间仓促,编者水平有限,书中不免存在错误与不妥之处,敬请读者批评指正,并将意见与建议及时反馈给我们,以便修订时完善,谢谢!

　　欢迎访问我们的网站://http:jiaoxue. sxvi. net/

编　者

2013 年 12 月

目　录

公路路基工程检测

情境描述

　　公路路基工程检测学习情境内容包括：公路路基工程认知、公路路基工程在施工准备阶段的试验检测、公路路基工程施工阶段的试验检测及公路路基工程竣工验收阶段的试验检测四个方面。本学习情境旨在通过四项不同的工作任务，帮助学生熟悉公路路基工程的特点、施工工艺，明确公路路基工程在各阶段中所需进行的检测项目，培养对公路路基工程在各阶段质量检验评定的能力。

任务1 公路路基工程认知

►►**任务分析**

路基工程是道路工程的先行工序,道路工程的质量评定与检测贯穿于工程的全过程。为了掌握各阶段正确的检测方法,了解路基工程的特点及其施工工艺就显得尤为必要。

►►**任务实施**

1.1 公路路基工程概述

一、公路的主要组成

道路是供各种(无轨)车辆和行人等通行的工程设施,其主要功能是作为城市与城市、城市与乡村、乡村与乡村之间的联络通道。

我国道路的发展有着漫长的历史,曾经创造了领先于世界的古代道路文化。道路的名称源于周朝,道路原为"导路",后称为"驰道"、"驿道"、"大道"。清朝时将京都通往各省会的道路称为"官路",省会之间的道路称为"大路",市区街道称为"马路"。20世纪初,汽车出现之后则称为"公路"。

公路主要承受行车荷载的反复作用并经受各种自然因素的长期影响和破坏。因此,公路不仅要有平顺的线形、合适的纵坡,而且还要有坚实稳定的路基,平整、防滑、耐磨的路面,牢固耐用的桥涵和其他人工构造物以及不可缺少的附属工程设施,以满足交通的要求。

公路由线形和结构两大部分组成。

1.线形组成

公路是一种线形带状的三维空间体,其中心线为一条空间曲线,这条中心线在水平面上的投影简称为公路路线的平面;沿着中心线竖直剖切公路,再把这条竖直曲面展开成直面,即为公路路线的纵断面;中心线上任意一点处公路的法向剖面称为公路路线在该点处的横断面。

公路线形在平面上由直线和曲线(圆曲线、缓和曲线)组成,在纵面上由坡道线和竖曲线组成。可见公路路线在平面和纵面上均是由直线和曲线构成。

2.结构组成

公路的结构组成主要包括路基、路面、桥涵、隧道、排水系统、防护工程和沿线设施等。

1)路基

公路路基是在天然地面上填筑成路堤(填方地段)或挖成路堑(挖方地段)的带状结构物,主要承受路面传递的行车荷载,是支撑路面的基础,如图1-1所示。设计时必须保证路基具有足够的强度、变形小和足够的稳定性,并防止水分及其他自然因素对路基本身的侵蚀和损害。

2)路面

公路路面是用各种材料或混合料,分单层或多层铺筑在路基顶面供车辆行驶的层状结构物,如图1-2所示。设计时必须保证路面具有足够的强度、刚度、平整度和粗糙度,以满足车辆在其表面能安全、迅速、舒适地行驶。

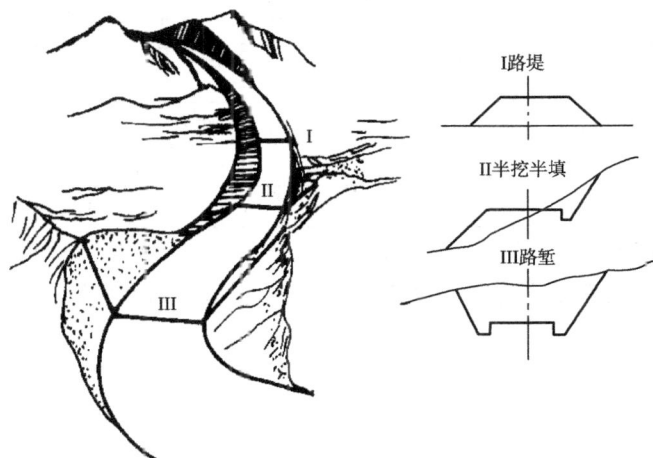

图 1-1 路基

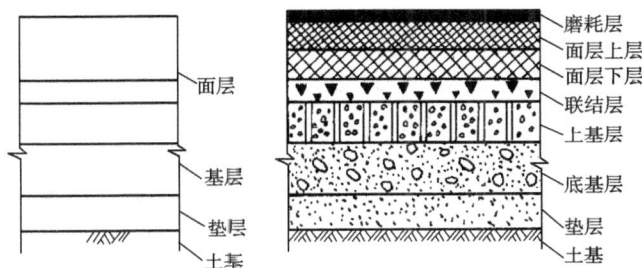

图 1-2 路面

3）桥涵

桥梁是公路跨越河流、山谷或人工沟造物而修建的建筑物。涵洞是为了排泄地面水流或满足农业需要而设置的横穿路基的小型排水构造物。当桥涵的单孔跨径大于或等于 5m、多孔跨径总长大于或等于 8m 时称为桥梁,反之则称为涵洞。

4）隧道

隧道是公路根据设计需要为穿越山岭、地下或水底而建造的构造物。

5）排水系统

公路排水系统是为了排除地面水和地下水而设置的,由各种拦截、汇集、疏导及排放等排水设施组成的构造物。除桥梁、涵洞外,排水系统主要有路基边沟、截水沟、排水沟、暗沟、渗沟、渗井、跌水与急流槽、倒虹吸管、渡槽及蒸发池等。

6）防护工程

防护工程是为了加固路基边坡,确保路基稳定而修建的结构物。按其作用不同,可分为坡面防护、冲刷防护及支挡结构物等三大类。

7）交通工程及沿线设施

交通工程及沿线设施的建设规模与标准应根据公路网规划、公路的功能、等级、交通量等确定,应按照"保障安全、提供服务、利于管理"的原则进行设计。交通工程及沿线设施等级分为 A、B、C、D 四级,各级公路交通工程及沿线设施等级与适用范围应符合表 1-1 规定。

交通工程及沿线设施等级	适 用 范 围
A	高速公路
B	一级公路、二级公路作为干线公路时
C	一级公路、二级公路作为集散公路时
D	三级公路、四级公路

交通工程及沿线设施包括交通安全设施、服务设施和管理设施三种。

交通安全设施:主要包括人行地下通道、人行天桥、标志、标线、交通信号灯、护栏、防护网、反光标志等设施。

服务设施:主要包括服务区、停车区和公共汽车停靠站等。

管理设施:主要包括监控、收费、通信、配电、照明和管理养护等设施。

二、路基的基本要求

路基应满足下列基本要求:

1. 具有足够的整体稳定性

路基是直接在地面上填筑或挖去一部分地面建成的。路基建成后,改变了原地面的天然平衡状态。在工程地质不良的地区,修建路基可能加剧原地面的不平衡状态,从而导致路基发生各种破坏现象。因此,为防止路基结构在行车荷载和自然因素作用下,不致发生不允许的变形或破坏,必须因地制宜地采取一定的措施来保证路基结构的整体稳定性。

2. 具有足够的强度

路基的强度是指在行车荷载和自然因素的作用下,路基抵抗变形和破坏的能力。因为行车荷载及路基路面的自重使路基下层和地基产生一定的压力,这些压力可使路基产生一定的变形,直接影响路面的使用品质。为保证路基在外力作用下,不致产生超过允许范围的变形,要求路基应具有足够的强度。

3. 具有足够的水稳定性

路基的水稳定性是指路基在水和温度的作用下保持其强度的能力。路基在地面水和地下水的作用下其强度将会显著降低。特别是季节性冰冻地区,由于水温状况的变化,路基将发生周期性冻融作用,形成冻胀和翻浆,使路基强度急剧降低,这就要求路基应具有一定的水稳定性。

三、路基工程的一般特点

(1)路线长,通过的地带类型多,技术条件复杂,受地形、气候和水文地质条件影响很大。

(2)土石方工程巨大,沿线分布不均,与路基排水、防护与加固工程相互制约,设计中需要综合考虑。

(3)路基工程的工程数量大,劳动力和机械用量多,涉及面较广,施工工期长。

(4)路基工程项目繁杂,涉及土方、石方、圬工砌体等多种结构的设计和施工,施工安排十分不易。

(5)路基工程对于原来的生态、水土保持和农田水利等环境影响巨大,工程方案应该经过仔细权衡并采取一定的技术措施以避免对于环境的破坏。

(6)路基工程的质量对于道路的使用品质和路面的使用寿命影响十分明显。路基的稳定与否,对路基工程质量影响较大,关系到公路的正常投入使用。实践证明,没有坚固稳定的路基,就没有稳固的路面,因此,做好路基工程设计、施工与养护,是保证路基发挥其功能的前提。

1.2 土的概念及基本物理性质指标

一、土的三相组成

土是指覆盖在地表的没有胶结或弱胶结的颗粒堆积物,是由岩石经过物理与化学风化作用的产物。

在建设工程施工过程中,土是路基工程最基本的建筑材料,常作为路堤的填料,也可作为隧道、涵洞及地下建筑物周围的介质或环境。因此,对土的试验和检测是设计、施工和科研必不可少的工作,从某种意义上讲是设计、施工和科研的基础。

土是由固体颗粒、水和气体三部分组成的,通常称为土的三相组成。

1.土的固体颗粒

土中固体部分的成分,绝大部分是矿物质,另外或多或少有一些有机质,而土粒的矿物成分主要决定于母岩的成分及其所经受的风压作用矿物颗粒由原生矿物和次生矿物组成。

原生矿物是指由岩石经物理风压而成,其成分与母岩相同,如石英、长石、云母等。原生矿物经化学风化作用后发生化学变化而形成新的次生矿物,如三氧化二铁、三氧化二铝、次生二氧化硅、黏土矿物、碳酸盐等。次生矿物按其与水的作用可分为可溶的和不可溶的。可溶的按其溶解难易程度又可分为易溶的、中溶的和难溶的。次生矿物的成分和性质均较复杂,对土的工程性质也有较大影响。

在风化过程中,往往有微生物的参与,在土中产生有机成分,如多种复杂的腐殖质矿物。此外,在土中还会有动植物残骸体等有机残余物,如泥炭等。有机质对土的工程性质影响很大。

2.土中水

组成土的第二种成分是土中水。在自然条件下,土中总是含水的。土中水可以处于液态。存在于土中的液态水可分为结合水和自由水两大类,分布于土粒间的孔隙中。

1)结合水

当土粒与水相互作用时,土粒会吸附一部分水分子,在土粒表面形成一定厚度的水膜,称为表面结合水。它受土粒表面引力的控制而不服从静水力学规律。结合水因离颗粒表面远近不同,受电场作用力的大小也不同,所以分为强结合水和弱结合水。

如果将干燥的土移至天然湿度的空气中,则土的质量将增加,直到土中吸着的强结合水达到最大吸着度为止。土粒越细,土的比表面积越大,则最大吸着度就越大——砂土为1%左右,黏土可达百分之十几。

弱结合水紧靠于强结合水的外围形成一层结合水膜。它不能传递静水压力,但水膜较厚的弱结合水能向临近的较薄的水膜缓慢移动。当土中含有较多的弱结合水时,土则具有一定的可塑性。砂土比表面积较小,几乎不具可塑性,而黏土的比表面积较大,其可塑性范围较大。弱结合水离土粒表面愈远,其受到的毛分子吸引力愈弱小,并逐渐过渡到自由水。

2)自由水

自由水是存在于土粒表面电场影响范围以外的水,它受重力的控制而流动,能传递静水压力,有溶解能力。

自由水按其移动所受到作用力的不同,可以分为重力水和毛细水。

重力水是存在于地下水位以下的透水土层中的地下水,它是在重力或压力差作用下运动的自由水,对土粒有浮力作用,重力水对土中的应力状态和开挖基槽、基坑以及修筑地下构筑物时所应采取的排水、防水措施有重要的影响。

毛细水存在于地下水位以上透水层中,在重力与表面张力作用下可在土粒间空隙中自由移动。毛细水的形成过程通常用物理学中毛细管现象解释,即分布在土粒内部相互贯通的孔隙,可以看成是许多形状不一、直径各异、彼此连通的毛细管。毛细管直径愈小,上升高度愈高。土中的毛细水也会从潜水面上升到一定的高度。毛细水对公路路基的干湿状态及冻害有重要的影响,对砂类土的强度也有一定的影响。

土中除结合水、自由水等液态水外,还可能有气态水(呈水蒸气形态的水)和固态水(呈冰形态的水)存在。不同形态的水,在一定条件下会相互转化,并对土的性质起着重要作用。

3. 土中气体

土的孔隙中没有被水占据的部分都是气体。土的含气量与含水率有密切关系。土孔隙中气体和水占比例不同,则土的性质有很大不同。

土中气体的成分与大气成分比较,主要的区别在于 CO_2、O_2 及 N_2 的含量不同。一般土中气体含有更多的 CO_2,较少的 O_2,较多的 N_2。土中气体与大气的交换愈困难,两者的差别就愈大。

土中的气体可分为与大气连通和与大气不连通的两类。与大气连通的气体对土的工程性质影响不大。在受到外力作用时,这种气体能很快从孔隙中被挤出。而与大气不连通的密封气体对土的工程性质影响较大。在受到外力作用时,随着压力的增大,这种气泡可能被压缩或溶解于水中,压力减少时,气泡会恢复原状或重新游离出来。

二、土的物理性质指标

土的物理性质是指土的各组成部分(固相、液相和气相)的数量比例、性质和排列方式等所表现出的物理状态,如轻重、干湿、松密程度等。反映三项比例关系的指标称为基本物理性质指标,它们是工程地质勘查报告中不可缺少的部分。利用物理性质指标可间接地评定土的工程性质。

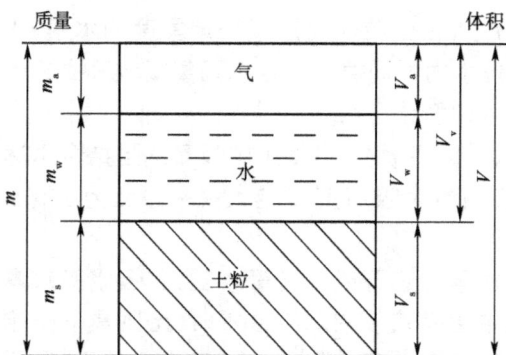

对于土体中的三相各自的质量、体积与总体积的相对比值,为了便于分析和计算,一般将土的三相关系用简图加以表达,如图1-3所示。

1. 土粒密度

土粒密度是指固体颗粒的质量 m_s 与其体积 V_s 之比,即单位体积土粒的质量:

$$\rho_s = \frac{m_s}{V_s} \quad (1\text{-}1)$$

式中:ρ_s——土粒密度(g/cm^3)。

土粒密度仅与组成土粒的矿物密度有关,而与土的孔隙大小和含水多少无关。实际上是土中

图1-3 土的三相关系

m-土的总质量;m_a-土中空气质量;m_w-土中水的质量;m_s-土粒的质量;V_a-孔隙中气体的体积;V-土的总体积;V_w-土中水的体积;V_s-土粒的体积;V_v-土中孔隙的体积

各种矿物密度的加权平均值。一般土粒密度变化幅度不大,大都在 $2.67 \sim 2.724\mathrm{g/cm^3}$ 之间。

2. 土的密度

土的密度是指土的总质量 m 与总体积 V 之比,也是土的单位体积的质量。依图 1-2 可知:

$$V = V_s + V_v$$
$$m = m_s + m_w$$

1)天然密度(湿密度)

天然状态下土的密度称天然密度($\mathrm{g/cm^3}$)。其中,按孔隙中充水程度不同,有天然密度、干密度、饱和密度和浮密度之分。

$$\rho = \frac{m}{V} = \frac{m_s + m_w}{V_s + V_v} \tag{1-2}$$

式中:ρ——土的天然密度($\mathrm{g/cm^3}$);

其余符号意义同前。

由式(1-2)可知,土的密度取决于土粒的密度、孔隙体积的大小和孔隙中水的质量多少,它综合反映了土的物质组成和结构特征。一般土的密度在 $1.60 \sim 2.20\mathrm{g/cm^3}$ 之间。

2)干密度

土的孔隙中完全没有水时的密度称干密度($\mathrm{g/cm^3}$)。干密度是指单位体积土中土粒的质量,即固体颗粒的质量与土的总体积之比值。

$$\rho_d = \frac{m_s}{V} \tag{1-3}$$

式中:ρ_d——土的干密度($\mathrm{g/cm^3}$);

其余符号意义同前。

土的干密度实际上是土中完全没有水时的密度,它是土的密度的最小值。土的干密度直接与土中所含土粒质量的多少有关,也就是与土结构的紧密程度有关,间接地与土粒的矿物成分有关,与土的含水率无关。因此,土的结构影响着干密度的值,干密度值越大,土越密实。干密度在一定程度上反映了土粒排列的紧密程度,因此在工程上常用它作为压实的控制指标。

3)饱和密度

土的孔隙完全被水充满时的密度称为饱和密度,即土的孔隙中全部充满液态水时的单位体积质量($\mathrm{g/cm^3}$),可用式(1-4)表示:

$$\rho_{sat} = \frac{m_s + V_v\rho_w}{V} \tag{1-4}$$

式中:ρ_{sat}——土的饱和密度($\mathrm{g/cm^3}$);

ρ_w——水的密度($\mathrm{g/cm^3}$),工程计算中可取 1;

其余符号意义同前。

土的饱和密度的常见值为 $1.8 \sim 2.30\mathrm{g/cm^3}$。

4)浮密度

土的浮密度是指土在地下水面以下,单位体积的质量。土处于水面以下,孔隙全被水充满,同时又受到水的浮力作用,致使土粒质量减轻。这时的密度即为土粒质量加上孔隙中满水的质量再减去土的体积在水下产生的浮力之后,所得质量与土的总体积的比值。

$$\rho' = \frac{m_s + V_v \times \rho_w - V \times \rho_w}{V} = \frac{m_s - V_s\rho_w}{V} \tag{1-5}$$

式中:ρ'——土的浮密度(g/cm³);

ρ_w——水的密度(g/cm³),工程计算中可取1;

其余符号意义同前。

由此可见,同一种土在体积不变的条件下,它的各种密度在数值上有如下关系:

$$\rho_s > \rho_{sat} > \rho > \rho_d > \rho'$$

5)土的相对密度(土的比重)

土的相对密度指土粒在105~110℃下烘至恒量时的质量与同体积纯水在4℃时的质量的比值。

$$G_s = \frac{m_s}{V_s \times \rho_w} \qquad (1-6)$$

式中:G_s——土粒的相对密度;

ρ_w——为水在4℃时蒸馏水的密度(g/cm³)。

其余符号意义同前。

土粒相对密度变化范围不大。细粒土(黏性土)一般为2.70~2.75g/cm³;砂土一般为2.65g/cm³。土中有机质含量增加,土粒相对密度则减小。

3.土的含水性

土的含水性指土中含水情况,反映土的干湿程度。

1)含水率

土的含水率是指土中水分的质量与土粒质量之比,以百分数表示。

$$w = \frac{m_w}{m_s} \times 100\% = \frac{m - m_s}{m_s} \times 100\% \qquad (1-7)$$

式中:w——土的含水率(%);

其余符号意义同前。

天然状态下土的含水率称土的天然含水率。一般砂土天然含水率都不超过40%,以10%~30%最为常见;一般黏土大多在10%~80%,常见值20%~50%。

土的孔隙全部被普通液态水充满时的含水率称饱和含水率:

$$w_{sat} = \frac{V_v \rho_w}{m_s} \times 100\% \qquad (1-8)$$

式中:w_{sat}——土的饱和含水率(%);

其余符号意义同前。

饱和含水率又称饱和水密度,它既反映了土中孔隙充满普通液态水时的含水特性,又反映了孔隙的大小。

2)饱和度

土的饱和度是指土中孔隙水的体积与孔隙体积之比,以百分数表示,即

$$S_r = \frac{v_w}{v_v} \times 100\% \qquad (1-9)$$

或天然含水率与饱和含水率之比:

$$S_r = \frac{w}{w_{sat}} \times 100\% \qquad (1-10)$$

式中:S_r——土的饱和度(%);

其余符号意义同前。

饱和度愈大，表明土的孔隙中充水愈多，其值在 0 ~ 100% ；干燥时 $S_r = 0$ 。孔隙全部为水充填时， $S_r = 100\%$ 。工程上用 S_r 作为砂土湿度划分的标准。

$$0 \leqslant S_r \leqslant 50\% \quad \text{稍湿的}$$
$$50\% < S_r \leqslant 80\% \quad \text{很湿的}$$
$$80\% < S_r \leqslant 100\% \quad \text{饱和的}$$

工程研究中，一般将 S_r 大于 95% 的天然黏性土视为完全饱和土；而对于砂土，当 S_r 大于 80% 时就认为已达到饱和了。

4. 土的孔隙性

土的孔隙性指土中孔隙的大小、数量、形状以及连通情况等特征。土的孔隙性决定于土的粒度成分和土的结构，即土粒排列的松紧程度。

1）孔隙率与孔隙比

（1）孔隙率（孔隙度）

孔隙率指土的孔隙体积与土体积之比，或单位体积土中孔隙的体积，以百分数表示，即

$$n = \frac{V_v}{V} \times 100\% \tag{1-11}$$

式中： n ——土的孔隙率；

其余符号意义同前。

（2）孔隙比

孔隙比指土中孔隙体积与土粒体积之比，以小数表示，即

$$e = \frac{V_v}{V_s} \tag{1-12}$$

式中： e ——土的孔隙比；

其余符号意义同前。

孔隙比和孔隙率都是用以表示孔隙体积含量的概念。两者有如下关系：

$$n = \frac{e}{1+e} \text{或} e = \frac{n}{1-n} \tag{1-13}$$

土的孔隙比或孔隙率都可用来表示同一种土的松密程度。它随土形成过程中所受的压力、粒径级配和颗粒排列的状况而变化。一般认为，粗粒土的孔隙率小，细粒土的孔隙率大。

孔隙比 e 是个重要的物理性指标，可以用来评价天然土层的密实程度。一般 $e < 0.6$ 的土是密实的低压缩性土； $e > 1.0$ 的土是疏松的高压缩性土。

饱和含水率是用质量比率来反映土的孔隙性结构指标的，它与孔隙率和孔隙比有如下关系：

$$n = w_{sat} \times \frac{\rho_d}{\rho_w} \tag{1-14}$$

$$e = w_{sat} \times \frac{\rho_s}{\rho_w} \tag{1-15}$$

2）砂类土的相对密实度

相对密实度是反映土在天然状态下松密程度的指标。它在数值上等于砂土在最疏松状态和天然状态下孔隙比之差与最疏松状态和最密实状态下孔隙比之差的比值，即

$$D_r = \frac{e_{max} - e}{e_{max} - e_{min}} \qquad (1-16)$$

式中：D_r——相对密实度；

    e_{max}——最大孔隙比；

    e_{min}——最小孔隙比；

    e——天然孔隙比。

相对密实度可以用来判断砂性土的密实状态及其是否有压密的可能性。当 $D_r = 1$ 时，土体为密实的；$D_r = 0$ 时，土为最疏松状态，在外力作用下，土体的压缩性很大。按 D_r 的大小，砂性土可分为三种状态，即

$$0 < D_r \leqslant 0.33 \qquad \text{疏松的}$$
$$0.33 < D_r \leqslant 0.66 \qquad \text{中密的}$$
$$0.66 < D_r \leqslant 1 \qquad \text{密实的}$$

通常，砂土的相对密度的实用表达式为：

$$D_r = \frac{(\rho_d - \rho_{dmin})\rho_{dmax}}{(\rho_{dmax} - \rho_{dmin})\rho_d} \qquad (1-17)$$

式中：D_r——相对密实度；

    ρ_{dmax}——最大干密度；

    ρ_{dmin}——最小干密度；

    ρ_d——土的干密度。

土的物理性质指标的相互关系，可用三相图法换算。其中，土的密度、土的比重、天然含水率是由试验测定的，称为试验指标，其余指标均可从这三个指标计算得到。三相指标的换算关系见表 1-2。

三相指标的换算关系   表 1-2

指　标	符　号	物理表达式	换算关系式
孔隙比	e	$e = \dfrac{V_v}{V_s}$	$e = \dfrac{\rho_s(1+w)}{\rho} - 1$
孔隙率	n	$n = \dfrac{V_v}{V} \times 100\%$	$n = 1 - \dfrac{\rho}{\rho_s(1+w)}$
干密度	ρ_d	$\rho_d = \dfrac{m_s}{V}$	$\rho_d = \dfrac{\rho}{1+w}$
饱和密度	ρ_{sat}	$\rho_{sat} = \dfrac{m_s + V_v\rho_w}{V}$	$\rho_{sat} = \dfrac{\rho(\rho_s - \rho_w)}{\rho_s(1+w)} + \rho_\omega$
浮密度	ρ'	$\rho' = \dfrac{m_s - V_s\rho_w}{V}$	$\rho' = \dfrac{(G_s - 1)\rho_\omega}{1+e}$
饱和度	S_r	$S_r = \dfrac{V_w}{V_v} \times 100\%$	$S_r = \dfrac{\rho\rho_s w}{\rho_w[\rho_s(1+w) - \rho]}$

1.3　土的工程分类

一、概况

目前土的工程分类法还不统一，这里仅简单介绍交通运输部颁布的《公路土工试验规程》（JTG E40—2007）所列的分类标准。

（1）土的工程分类目的：通过对土的鉴别、定名和描述，以便对土的性状作定性评价，为工程设计和施工提供依据。

（2）土的分类依据如下。

①土颗粒组成特征；

②土的塑性指标：液限（w_L）、塑限（w_P）和塑性指数（I_P）；

③土中有机质存在情况。

（3）本分类法应按颗粒分析试验方法（筛分法）确定各粒组的含量；按液限塑限联合测定法确定液限和塑限。

（4）土的颗粒应按表1-3所列粒组范围划分。

粒 组 划 分 图 表 1-3

巨粒组（mm）		粗粒组（mm）						细粒组（mm）	
≥200	200~60	60~20	20~5	5~2	2~0.5	0.5~0.25	0.25~0.075	0.075~0.002	≤0.002
漂石 （块石）	卵石 （小块石）	砾（角砾）			砂			粉粒	黏粒
		粗	中	细	粗	中	细		

（5）本分类将土分为巨粒土、粗粒土、细粒土和特殊土，分类总体系如图1-4所示。

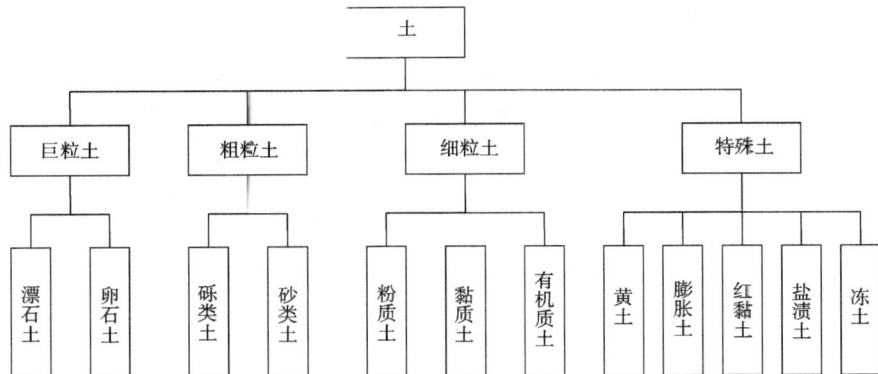

图1-4 土分类总体系

（6）土颗粒组成特征应以土的级配指标的不均匀系数（C_u）和曲率系数（C_c）表示。

不均匀系数 C_u 反映粒径分布曲线上的土粒分布范围，按式（1-18）计算：

$$C_u = \frac{d_{60}}{d_{10}} \qquad (1-18)$$

曲率系数 C_c 反映粒径分布曲线上的土粒分布形状，按式（1-19）计算：

$$C_c = \frac{d_{30}^2}{d_{10} \times d_{60}} \qquad (1-19)$$

以上两式中：d_{10}、d_{30}、d_{60}——土的特征粒径（mm），即在土的粒径分布曲线上，小于该粒径的土粒质量分别为总土质量的10%、30%、60%。

（7）细粒土应根据塑性图分类。土的塑性图是以液限（w_L）为横坐标、塑性指数（I_P）为纵坐标构成的。

（8）土的成分代号详见《公路土工试验规程》（JTG E40—2007）。

二、巨粒土的分类

根据巨粒组的具体含量，可细分为漂（卵）石、漂（卵）石夹土及漂（卵）石质土，见表1-4。

巨粒土	漂(卵)石 (其中巨粒组质量 > 75%)	漂石(漂石粒组 > 卵石粒)	B
		漂石(漂石粒组 ≤ 卵石粒)	Cb
	漂(卵)石夹土 (其中巨粒组质量 > 50%且 ≤ 75%)	漂石(漂石粒组 > 卵石粒)	BSI
		漂石(漂石粒组 ≤ 卵石粒)	CbSI
	漂(卵)石质土 (其中巨粒组质量 > 15%且 ≤ 50%)	漂石质土(漂石粒组 > 卵石粒)	SIB
		卵石质土(漂石粒组 ≤ 卵石粒)	SICb

三、粗粒土的分类

试样中巨粒组土粒质量小于或等于总质量15%,且巨粒组土粒与粗粒组土粒质量之和多于总土质量50%的土称为粗粒土。而粗粒土中砾粒组质量多于砂粒组质量的土称砾类土,砾类土应根据其中细粒含量和类别以及粗粒组的级配进行分类,分类体系如图1-5所示。粗粒土中砾粒组质量小于或等于砂类组质量的土称砂类土。砂类土应根据其中细粒含量和类别以及粗粒组的级配进行分类,分类体系如图1-6所示。

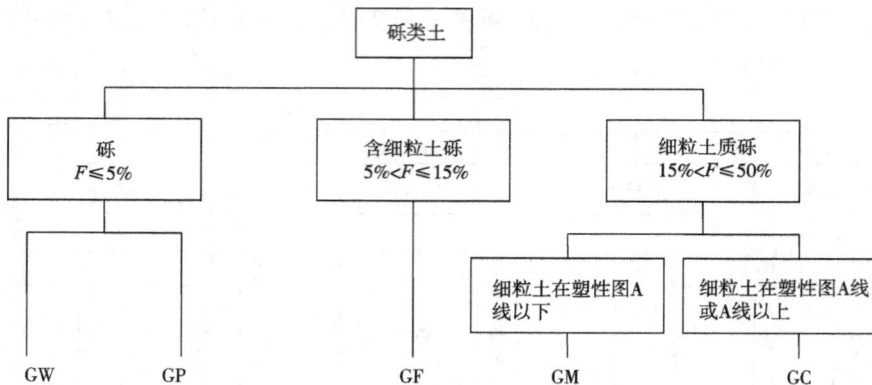

图1-5　砾类土分类体系

注:砾类土分类体系中的砾石换成角砾,G换成Ga,即构成相应的角砾土分类体系

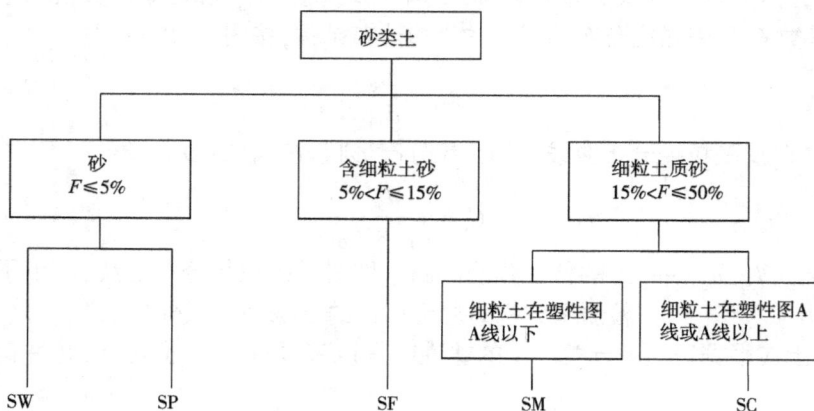

图1-6　砂类土分类体系

注:需要时,砂可进一步细分为粗砂、中砂和细砂。粗砂——粒径大于0.5mm颗粒大于总质量50%;中砂——粒径大于0.25mm颗粒大于总质量50%;细砂——粒径大于0.075mm颗粒大于总质量75%

四、细粒土的分类

试样中细粒组土粒质量大于或等于总质量50%的土称为细粒土,分类体系如图1-7所示。
细粒土应按下列规定划分:

(1)细粒土中粗粒组质量小于或等于总质量25%的土称为粉质土或黏质土。

(2)细粒土中粗粒组质量为总质量25%～50%(含50%)的土称为含粗粒的粉质土或含粗粒的黏质土。

(3)试样中有机质含量大于或等于总质量的5%,且小于总质量的10%的土称为有机质土。试样中有机质含量大于或等于10%的土称为有机土。

学习情境1 公路路基工程检测

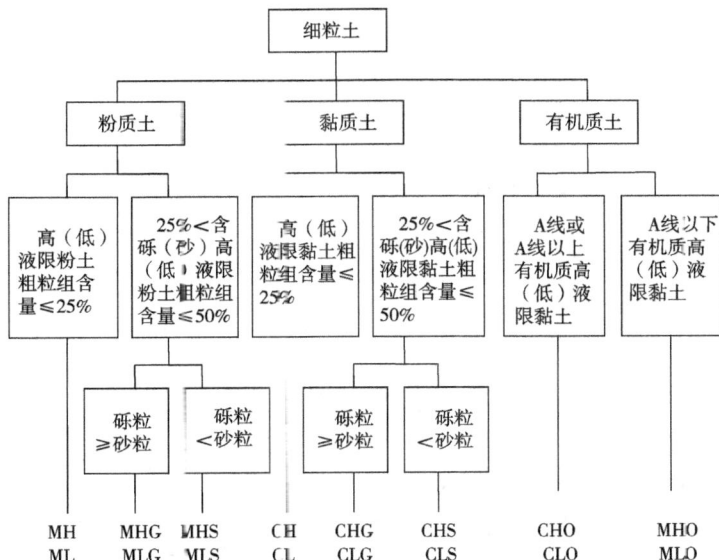

图1-7 细粒土分类体系

土中有机质包括未完全分解的动植物残骸和完全分解的无定形物质。后者多呈黑色、青黑色或暗色;有臭味;有弹性和海绵感。借目测、手摸及嗅感判别。

当不能判定时,可采用下列方法:将试样在105～110℃的烘箱中烘烤。若烘烤24h后试样的液限小于烘烤前的3/4,则该试样为有机质土。当需要测有机质含量时,按有机质含量试验进行。有机质土应根据塑性图(图1-8)规定定名。

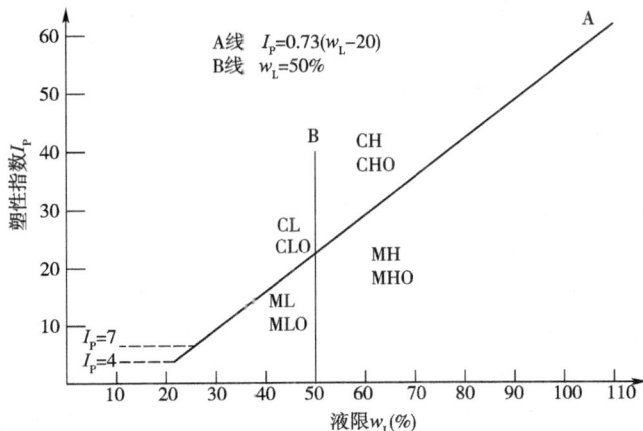

A线 $I_P = 0.73(w_L - 20)$
B线 $w_L = 50\%$

图1-8 塑性图

（4）细粒土应按塑性图分类。本分类的塑性图（图1-8）采用下列液限分区：

低液限 $w_L < 50\%$

高液限 $w_L \geqslant 50\%$

1.4 路基横断面

公路中线的法向剖面图称为公路横断面图，简称横断面。横断面一般都包括行车道、路肩、边坡、截水沟、护坡道以及专门设计的取土坑、弃土堆、环境保护等设施，高速公路还包括中间带、紧急停车带、变速车道等。各级公路的横断面组成如图1-9所示。

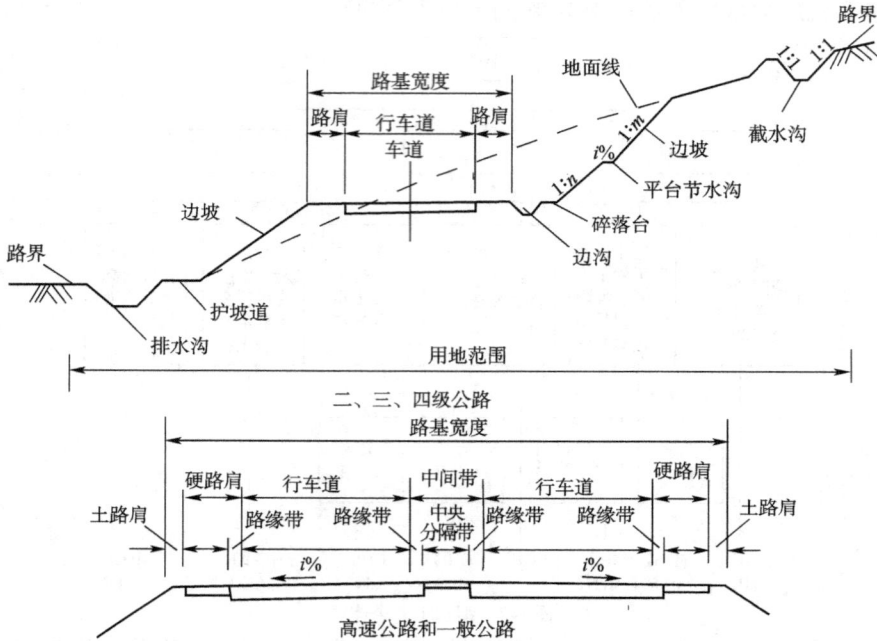

图1-9 各级公路横断面组成

一、公路横断面的组成

1.标准横断面

路基标准横断面是交通运输部根据设计交通量、交通组成、设计车速、通行能力和满足交通安全的要求，按公路等级、横断面的类型、路线所处地形规定的路基横断面各组成部分横向尺寸的行业标准。各级公路的标准横断面如图1-10所示。

公路路幅是指公路路肩两侧外边缘之间的部分，路幅宽度即指路肩两侧外边缘之间的水平距离，即路基宽度。

一般路幅布置包括行车道和路肩，除四级公路可设置为单车道外，公路按路幅布置形式主要分为单幅双车道和双幅多车道两种类型。我国公路中，二、三级公路和部分四级公路采用单幅双车道，在我国公路总里程中占比重最大。高速公路和一级公路为适应车辆速度快、交通量大的需要，设置中间带把对向行驶的车道分隔成两部分（即两幅），每幅包括两条或多条单向行车的车道。

对于工程特别艰巨，交通量又很小的山区公路或地方公路，可做成双向单车道的公路。但在沿线适当距离内以及不能满足视距要求的路段，仍要做成一定宽度的双车道，称之为错车道,以避让对向开来的汽车。错车道应设在有利地点,并使驾驶员能看到相邻两错车道间行驶来的车辆。

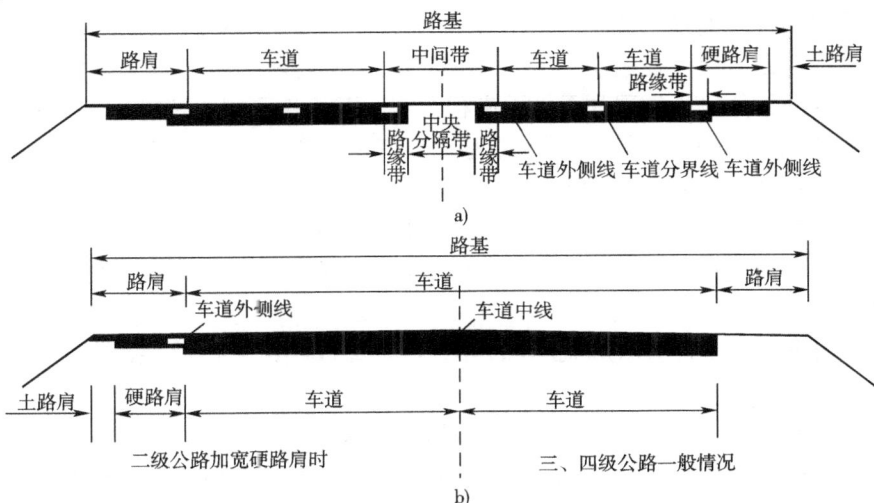

图 1-10 各级公路标准横断面
a)高速公路、一级公路路基标准横断面;b)二、三、四级公路路基标准横断面

高速公路和一级公路的路基横断面分为整体式和分离式两种。上下行的公路横断面由一个路基形成的称为整体式;由两个路基分别独立形成的称为分离式,整体式横断面上包括行车道、路肩、中间带、紧急停车带、爬坡车道、变速车道等;分离式的横断面上没有中间带,其他部分和整体式相同。

二、三、四级公路采用整体式横断面,不设中间带,它的组成部分包括行车道、路肩、错车道等。

图 1-10 中公路的路基宽度为行车道宽度与路肩宽度之和。当有中间带、紧急停车带、爬坡车道、变速车道、错车道等时,应包括在路基宽度内。我国《公路工程技术标准》(JTG B01—2003)中规定的各级公路路基宽度见表 1-5。

各级公路路基宽度   表 1-5

公路等级		高速公路、一级公路								
设计速度(km/h)		120			100			80		60
车道数		8	6	4	8	6	4	6	4	4
路基宽度(m)	一般值	45.00	34.50	28.00	44.00	33.50	26.00	32.00	24.50	23.00
	变化值	42.00	—	26.00	41.00	—	24.50	—	21.50	20.00
公路等级		二、三、四级公路					
设计速度(km/h)		80	60	40	30	20	
车道数		2	2	2	2	2 或 1	
路基宽度(m)	一般值	12.00	10.00	8.50	7.50	6.50(双车道)	4.50(单车道)
	变化值	10.00	8.50	—	—	—	

一般情况下应取用表中"一般值",有条件时还应适当增加硬路肩和路基宽度,以利将来拓宽行车道。只有在地形特别困难或其他特殊情况限制时,在局部路段才能使用"变化值","变化值"路段不宜过长。

2. 典型横断面

经常采用的横断面称为典型横断面,如图 1-11 所示。为设计计算简便,通常用左右侧路肩边缘的连线来代替路面和路拱。这样,在一般情况下,路基顶面为一水平线;有超高时,顶面则为超高横坡的坡线;加宽时则按规定予以加宽。

路基高度是指路堤的填筑高度和路堑的开挖高度,是指路基设计高程和地面高程之差。由于原地面沿横断面方向往往是倾斜的,在路基宽度范围内两侧的高差常有差别。因此,路基高度是指路基中心线处设计高程与原地面高程之差。而路基两侧边坡的高度是指填方坡脚或挖方坡顶与路基边缘的相对高差。所以,路基高度有中心高度与边坡高度之分。

新建公路的路基设计高程:高速公路和一级公路采用中央分隔带的外侧边缘高程;二、三、四级公路采用路基边缘高程,在设计超高、加宽地段为设超高、加宽前路基边缘高程。改建公路的路基设计高程:一般按新建公路的规定办理,也可视具体情况而采用中央分隔带中线或行车道中线高程。

由于地形情况的不同,路基横断面会形成下列不同的典型横断面形式:

1)一般路堤

一般路堤为路堤填土高度小于20m的路堤常用形式,如图1-11a)所示。

路堤高度小于0.5m的矮路堤,为满足最小填土高度和排除路基及公路附近地面水的需要,应在边坡坡脚处设置边沟。当路堤高度大于2m时,可将边沟断面扩大成取土坑,以满足填土的需要,但此时为保证路边坡的稳定,应在坡脚与取土坑间设不小于1m宽的护坡道。当路堤边坡高度大于20m时,应另行设计。

2)一般路堑

一般路堑为路基挖方深度小于20m、一般地质条件下的路堑形式,如图1-11b)所示。

路堑路段均应设置边沟。为拦截上侧地面径流以保证边坡的稳定,应在坡顶外至少5m处设置截水沟。路堑路段所废弃的土石方,应做成规则形状的弃土堆,一般置于下侧坡顶外至少3m处。当路堑边坡高度大于6m或土质变化处,边坡应随之做成折线形。路堑边坡高度大于20m为深路堑,应另行设计。

3)半填半挖路基

半填半挖路基为一般山坡路段的路基常用形式,是路堤和路堑的综合形式,如图1-11c)所示。

当地面横坡大于1:5时(包括一般路堤在内),为保证填土的稳定,应将基底(原地面)挖成台阶。台阶的宽度应不小于1m,台阶的底面应有2%~4%的向内斜坡,台阶的高度,填土时视分层填筑的高度而定,一般每层不大于0.5m,填石时视石料的大小而定。其余可按路堤或路堑而采用与之相应的形式。

4)陡坡路基

陡坡路基为山区陡坡路段的路基常用形式,如图1-11d)~h)所示。对应不同情况,可采用:护肩路基、挡土墙路基、护脚路基、矮墙路基等形式。

5)沿河路堤

沿河路基为桥头引道、河滩路堤的常用形式,如图1-11i)所示。

路堤浸水部分的边坡坡度,可采用较缓的坡度,并视水流情况采用相应的加固防护措施,如植草、铺草皮、干砌或浆砌片石等。

6)利用挖渠土填筑路基

利用挖渠土填筑的路堤为与当地农田水利建设相结合的常用形式,如图1-11j)所示。此时,需综合考虑、慎重对待,尤其是渠道的设计流量、流速、水位、纵坡等是否危及公路的正常使用,路堤的高度和加固防护措施是否满足路基强度和稳定性的要求等。

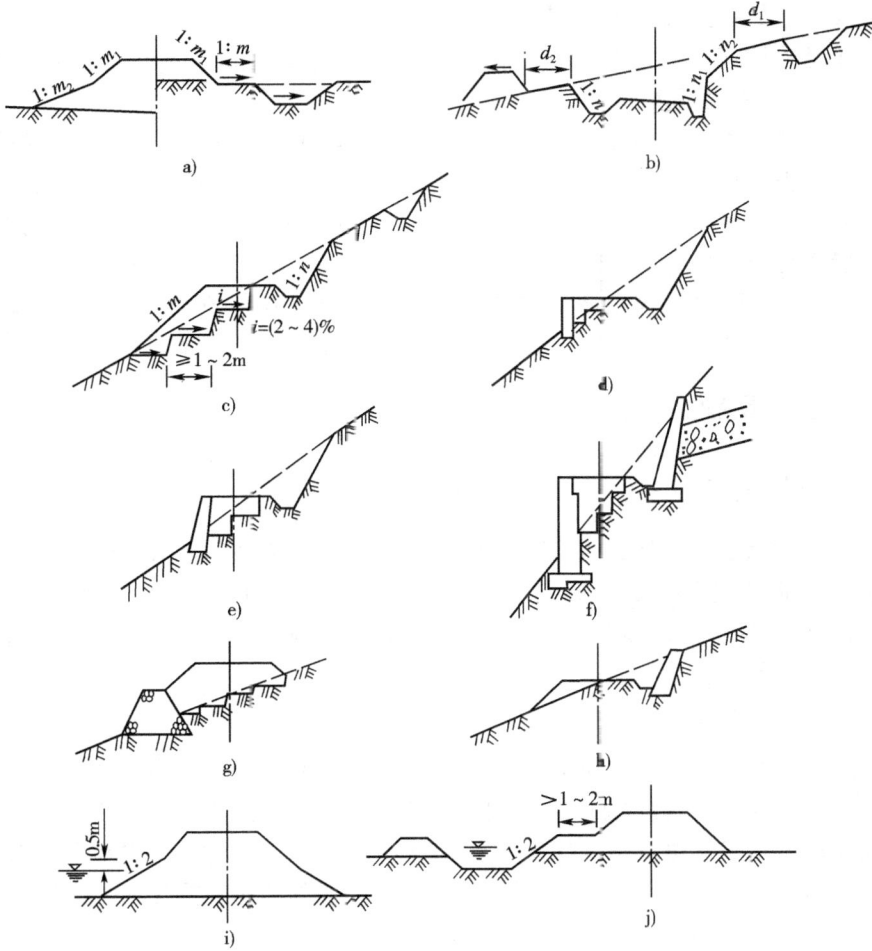

图 1-11　公路典型横断面

a)一般路堤;b)一般路堑;c)半填半挖路基;d)护肩路基;e)砌石路基;f)挡土墙路基;g)护脚路基;h)矮墙路基;i)沿河路基;j)利用挖渠土填筑路基

二、路基边坡

路基边坡即路肩的外边缘与坡脚(路堑则为边沟外侧沟底与坡顶)所构成的坡面。是支撑路基主体的重要组成部分。路基边坡的坡度习惯上用边坡的高度与宽度的比值来表示,如 1:0.5、1:1、1:1.5 等,如图 1-12 所示。

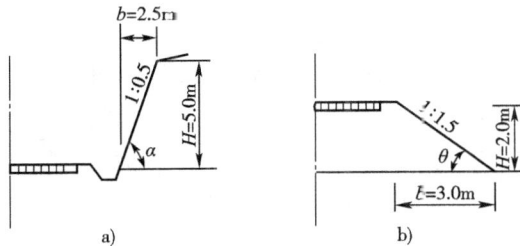

图 1-12　边坡坡度示意图

a)路堑;b)路堤

为了使路基坚固稳定,边坡应该有一定的坡度。边坡越缓,稳定性越好,但工程数量增大,而且边坡过缓使坡面暴露面积太大,易受雨雪侵蚀。相反,边坡越陡,工程数量减少,但稳定性相对较差。路基边坡坡度的大小,取决于边坡的土质、岩石的性质及水文地质条件等自然因素和路基的形式、边坡高度等。

路堑边坡坡度应根据当地自然条件、土石种类及其结构、边坡高度和施工方法等确定。路堑边坡可采用一坡到底或折线形状。地质条件良好、土石质地均匀时,可采用一坡到底的边坡形式;非均质土层中,可采用适应于各该土层稳定的折线形状。如下部较密实,上部较松散,则边坡应为上缓下陡,反之应上陡下缓。在保证边坡稳定的前提下,力求经济合理。

对高速公路、一级公路,当挖方为软质、风化岩石层及土质边坡时,可根据坡面稳定状况和碎落情况设置挡土墙或矮墙或进行坡面防护,并应考虑绿化与工程措施相结合。

1.5　一般路基施工

一、土质路基施工

路基的强度和稳定性是保证路面稳定的基本条件。路基的强度和稳定性,不仅要通过正确的设计予以保证,而且还要通过规范的施工得以实现。不少路基病害产生的重要原因就是路基施工质量低劣,以致影响道路畅通、安全造成隐患,并花费大量养护和维修费用。因此,必须重视路基施工工作。

1. 路基施工的方法

路基一般为土石方工程。施工方法有人工施工、简易机械施工、机械化施工(图1-13)。及爆破等,施工时应根据工程性质、岩石类别、工程量、施工期限、施工条件等选择一种或几种。而实现机械化施工是我国路基施工的发展方向,特别是对于工程量大、技术要求高、工期紧的高速公路和一级公路路基工程,必须采用机械化施工。组织机械化施工时,应注意机械配套合理、组织科学,最大限度地发挥各种机械的效能。

图1-13　路基机械化施工

路基施工前必须搞好调查研究,针对工程特点做好施工准备工作,合理选择施工方法,制订严格的施工操作规程,科学地做好施工组织设计,周密安排施工程序和生产计划。施工中要推广采用新技术、新设备、新工艺,不断提高劳动生产率,缩短工期、降低成本,努力提高经济效益,并做好安全生产、环保等工作,确保路基施工的顺利进行。

2. 路堤施工

路堤施工按填筑材料分土质路堤、土石路堤等,此处介绍土质路堤的施工方法。

为保证路堤的强度和稳定性,在填筑路堤时,要处理好基底,选择良好的填料,保证必需的压实度及正确选择填筑方案。路堤填筑施工工艺流程如图1-14所示。

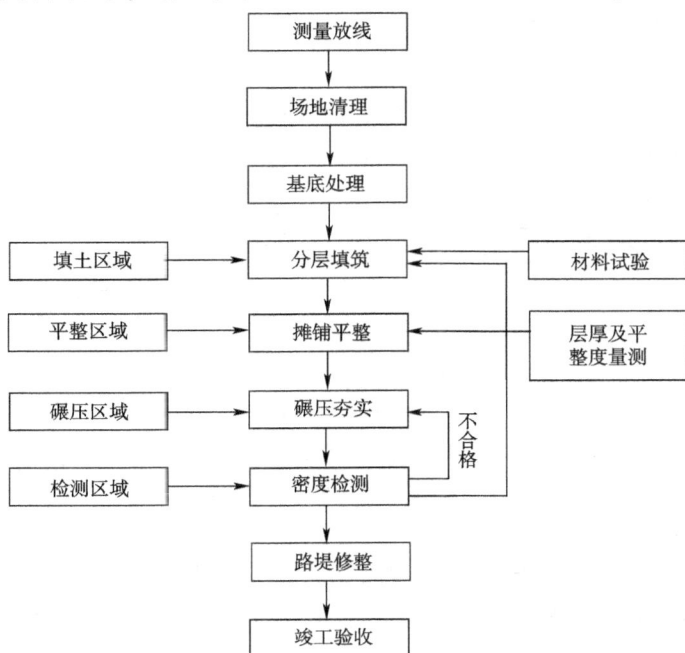

```
                    ┌──────────┐
                    │  测量放线  │
                    └────┬─────┘
                         ↓
                    ┌──────────┐
                    │  场地清理  │
                    └────┬─────┘
                         ↓
                    ┌──────────┐
                    │  基底处理  │
                    └────┬─────┘
                         ↓
┌────────┐          ┌──────────┐          ┌──────────┐
│ 填土区域 │ ──────→ │  分层填筑  │ ←────── │  材料试验  │
└────────┘          └────┬─────┘          └──────────┘
                         ↓
┌────────┐          ┌──────────┐          ┌──────────┐
│ 平整区域 │ ──────→ │  摊铺平整  │          │ 层厚及平  │
└────────┘          └────┬─────┘          │ 整度量测  │
                         ↓                 └──────────┘
┌────────┐          ┌──────────┐
│ 碾压区域 │ ──────→ │  碾压夯实  │   不
└────────┘          └────┬─────┘   合
                         ↓          格
┌────────┐          ┌──────────┐
│ 检测区域 │ ──────→ │  密度检测  │
└────────┘          └────┬─────┘
                         ↓
                    ┌──────────┐
                    │  路堤修整  │
                    └────┬─────┘
                         ↓
                    ┌──────────┐
                    │  竣工验收  │
                    └──────────┘
```

图1-14　路堤填筑施工工艺流程

1)基底的处理

路堤基底是指路堤所在的原地面。为使路堤填筑后不致产生过大的沉陷,并使路堤与原地面结合紧密,防止路堤沿基底发生滑动,应根据基底的土质、水文、坡度和植被等情况采取相应措施。

(1)路堤基底为耕地或松土时,应先清除有机土、种植土,平整后按规定要求压实。在深耕地段,必要时应将松土翻挖,土块打碎,然后回填、整平、压实。

(2)路堤基底原状土的强度不符合要求时,应进行换填,换填深度应不小于30cm,并予以分层压实。

(3)山坡路堤地面横坡陡于1:5且基底符合上述要求时,路堤可直接修筑在天然的土基上。地面横坡陡于1:5时,原地面应挖成台阶(台阶宽度不小于1m),并用小型夯实机加以夯实。

(4)路堤基底范围内地表水或地下水影响路基稳定时,应采取拦截、引排等措施,或在路堤底部填筑不易风化的片石、块石或砂、砾等透水性材料。

2)填料选择

路堤一般都是利用当地就近土石作填料修筑而成,而公路沿线土石的类别和性质不同,修筑路基后的稳定性亦有很大差异,应尽量选择当地强度高、稳定性好并便于施工的土石作为路基填料。

3)填筑方法

路堤基本填筑方法有分层填筑法、横向填筑法、混合填筑法几种。

(1)分层填筑法

分层填筑法是按照路堤设计横断面,自下而上逐层填筑。它可以将不同性质的土,有规则地分层填筑和压实,易于获得必要的压实度和稳定性。每层填土的厚度需视压实机具的有效压实深度和要求的压实度而定。分层的最大松铺厚度,按土质类别、压实机具功能、碾压遍数等经试验确定,但最大松铺厚度不得超过50cm。填筑至路床顶面最后一层的最小压实厚度不应小于8cm。

一般路基可按水平方向分层填筑,如图1-15a)所示。当采用推土机或铲运机自路堑取土填筑附近低洼处的路堤时,可按纵向分层填筑,如图1-15b)所示。

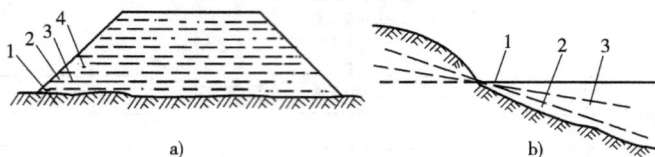

图1-15　路堤的分层填筑

a)水平分层填筑;b)纵向分层填筑

注:图中数字为填筑顺序

在施工中,沿线的土质情况不一样,为避免将不同的土任意混填,造成路基病害,必须在施工前进行现场调查,作出正确的规划,拟定合理的调配方案。

（2）横向填筑法

在深谷陡坡段填筑路堤,因运土困难,需要从横向直接卸土在路堤底上,然后逐渐沿纵向展开工作。如图1-16所示。横向填筑因填土过厚不易压实,施工时需采取下列措施:

①选用高效能压实机械;

②采用沉陷量较小的砂性土或附近挖路堑的废石方,并一次填足路堤全宽度;

③在底部进行夯实。

（3）混合填筑法

如因地形限制或路堤较高,不宜按前述两种方法填筑时,可采用混合填筑法,如图1-17所示,即路堤下层用横向填筑,而上层用水平分层填筑,使上部填土经分层压实后获得需要的压实度。

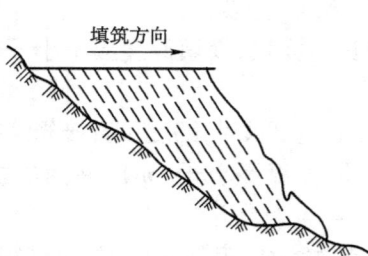

图1-16　竖向填筑法

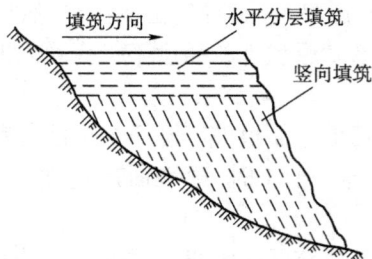

图1-17　混合填筑法

3. 挖方路基施工

按照不同的掘进方向,路堑的开挖方案主要有横向全宽开挖法、纵向开挖法和混合开挖法几种。

1）横向全宽开挖法

横向全宽开挖法就是对路堑的整个宽度和深度,从路堑的一端或两端开始,以全宽及适当深度进行开挖,如图1-18a)所示。一次挖掘的深度视施工操作的方便和安全而定,一般为2m左右。若路堑很深,为了增加工作面,可分成几个台阶,同时在几个不同高程的台阶上进行开挖,如图1-18b)所示。每一台阶均应有单独的运土路线和临时排水沟渠,以免相互干扰,影响工效,造成事故。

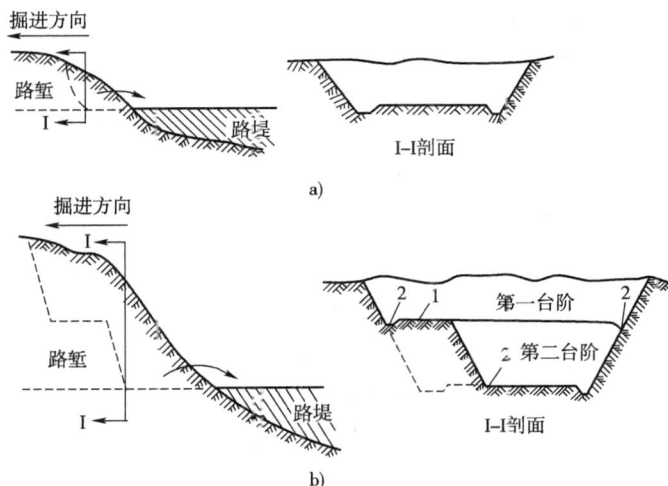

图 1-18　横向全宽开挖法
a)一层横向全宽开挖法;b)多层横向全宽开挖法
1-第一台阶运土通道;2-临时排水沟

2)纵向开挖法

纵向开挖法又分为分层纵挖法、通道纵挖法和分段纵挖法三种。

分层纵挖法是沿路堑全宽以深度不大的纵向分层进行挖掘,如图 1-19a)所示。挖掘的地表应保持倾斜,以利排水。此方案适用于铲运机、推土机施工。

通道纵挖法是先沿路堑纵向挖出一条通道,然后再把通道向两侧拓宽,以扩大工作面,并利用该通道作为运土路线及场内排水的出路,如图 1-19b)所示。

分段纵挖法是在路堑纵向选择一个或几个适宜的位置,将较薄一侧路堑横向挖穿,把路堑在纵向上分为两段或几段,各段沿纵向开挖,如图 1-19c)所示。

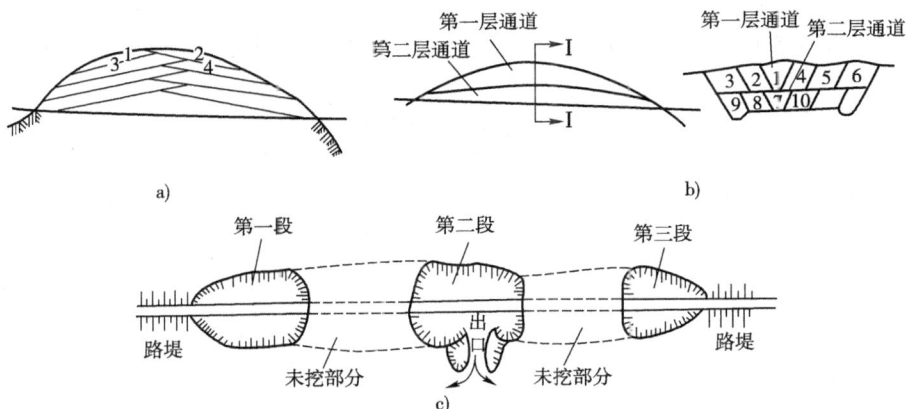

图 1-19　纵向挖掘法
a)分层纵挖法;b)通道纵挖法;c)分段纵挖法
注:图中数字为挖掘与拓宽顺序

3)混合开挖法

当土方量很大时,为扩大工作面,可将横向全宽开挖法和通道纵挖法混合使用:先沿路堑纵向挖出一条通道,然后沿横向坡面挖掘,以增加开挖坡面,如图 1-20a)所示;或再沿横向挖出横向通道,如图 1-20b)所示。每一开挖坡面的大小,应能容纳下一个施工组或一台机械正常工作。选择开挖方案,除应考虑当地的地形条件、采用的机械等项因素外,还需考虑土层的分布及土方的利用。如果是移挖作填,应按不同的土层分层挖掘,以满足路堤填筑的要求。

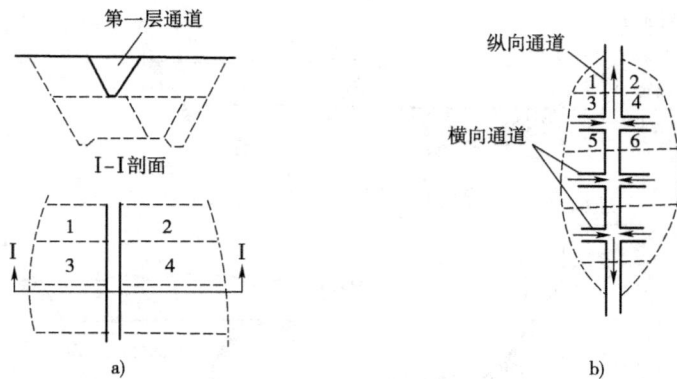

图 1-20 混合挖掘法
a)横面和平面;b)平面纵横通道
注:图中箭头表示运土与排水方向;数字表示工作面数

4．土基压实

1)土基压实的意义

试验研究表明,压实土基的作用在于提高土体的密实度,降低土体的透水性,减小毛细水上升高度,以防止水分积聚而导致土基软化或因冻胀而引起的不均匀变形,保证路基在全年各个季节内都具有足够的强度,从而为路面的正常工作创造有利的条件。

土基压实是保证路基强度和稳定性的一道关键工序,是路基施工中一项必不可少的环节。

2)土基压实标准

土过湿过干都难以充分压实。过湿,则土中自由水过多,夯实或碾压时水难以从孔隙中排出,阻止颗粒的靠拢,从而会出现软弹现象(俗称橡皮土)。过干,则土中主要是强结合水,颗粒间引力大,阻止颗粒的移动。只有当含水率适当时,压实效果才会好。

我国是以压实度作为控制标准的。所谓压实度 K,是指工地上实际达到的干密度 ρ 与室内标准击实试验所得最大干密度 ρ_{dmax} 的比值,用百分数表示。我国土质路基公路压实度标准见表 1-6。

土质路基压实度标准 表 1-6

填 挖 类 型		路床顶面以下深度 (m)	压实度（%）		
			高速公路、一级公路	二级公路	三、四级公路
路堤	上路床	0~0.30	≥96	≥95	≥94
	下路床	0.30~0.80	≥96	≥95	≥94
	上路堤	0.80~1.50	≥94	≥94	≥93
	下路堤	>1.50	≥93	≥92	≥90
零填及挖方路基		0~0.30	≥96	≥95	≥94
		0.30~0.80	≥96	≥95	—

3)压实工作的实施与质量控制

(1)压实机具的选择

压实机具类型和数量选择的是否恰当,直接关系到压实质量和工效。选择时需综合考虑以下几点:

①土的性质、状态和松铺厚度。不同的压实机具对不同土质的压实效果不同,见表1-7。如对砂性土,振动式机具效果最好,夯击式次之,碾压式较差;对黏性土,碾压式和夯击式较好,振动式较差。一般土的天然含水率小,填土层厚、压实度要求高时,应选择重型压实机具,并应适当增加碾压遍数,反之可选择轻型压实机具。此外,压实机具的单位压力不应超过土的强度极限,否则会引起土基破坏。

压实机具的技术性能 表1-7

机具名称	最大有效压实厚度（m）	碾压行程遍数				适宜的土类
		黏性土	亚黏土	粉砂土	砂黏土	
人工夯实	0.10	3~4	3~4	2~3	2~3	黏性土与砂性土
牵引式光面碾	0.15	—	—	7	5	黏性土与砂性土
羊足碾(2个)	0.20	10	8	6	—	黏性土
自动式光面碾5t	0.15	12	10	7	—	黏性土与砂性土
自动式光面碾10t	0.25	10	8	6	—	黏性土与砂性土
气胎路碾25t	0.45	5~6	4~5	3~4	2~3	黏性土与砂性土
气胎路碾50t	0.70	5~6	4~5	3~4	2~3	黏性土与砂性土
夯击机0.5t	0.40	4	3	2	2	砂性土
夯击机1.0t	0.60	5	4	3	2	砂性土
夯板1.5t落高2m	0.65	6	5	2		砂性土
履带式	0.25	6~8		6~8		黏性土与砂性土
振动式	0.40	—		2~3		砂性土

②压实工作面。工作面较大时,宜采用碾压机具,较窄时宜采用夯实机具。

③机具的技术特性与生产率。选择机械类型,确定机械数量应考虑与其他工序的配合,使机械的生产能力互相适应。机械化施工时,应尽量利用土方机械在新填土层上按规定路线往复行驶的方法压实土基。

（2）压实原则

为了能以尽可能小的压实功获得良好的压实效果,必须对压实机具的吨位大小及先后顺序的配套使用、碾压速度的快慢及作业顺序给予高度重视,并根据土基的压实原理和对各种影响因素的具体分析,研究实施方案,制订具体措施。一般应遵循下列原则:

①压实机具应先轻后重,以便能适应逐渐增长的土基强度。

②碾压速度宜先慢后快。最大时速不宜超过4km/h。横向接头,振动压路机一般重叠0.4~0.5m;三轮压路机一般重叠后轮宽的1/2。前后相邻两区段宜纵向重叠1~1.5m。

③压实路线一般是先两侧后中间,有超高时(弯道部分)由低的一侧到高的一侧,以便形成路拱和单向超高横坡。相邻两次的轮迹应重叠1/3左右,使各点都得到压实,避免土基产生不均匀沉陷。应达到无漏压、无死角,确保碾压均匀。

④严格控制土的含水率,并视需要采取相应措施,以保证压实质量。压实应根据现场压实试验提供的松铺厚度和控制压实遍数进行,若控制压实遍数超过10遍,应考虑减少填土层厚。经压实度检验合格后方可转入下道工序。

（3）质量控制与检验

为了保证土基的压实度满足设计要求,在土基压实工作的实施过程中需认真做好以下几项工作：

①根据设计要求选择合适的路基填土；

②对已选择的路基填土进行含水率测试；

③通过试验确定其最佳含水率；

④通过试验确定其最大干密度；

⑤合理配置压实机具，选择正确的压实方法；

⑥填筑前对土的含水率进行检验和调整，控制在最佳含水率±2%范围内；

⑦遵守压实原则，并在压实过程中经常检查，严格执行操作规程及压实的技术要求；

⑧压实后及时对每一层进行压实度检测。合格，方可进入下一道工序，不合格，分析原因，进行处理。

5. 路基整修、检查验收及维修

1) 路基整修

路基工程基本完工后，必须进行全线的竣工测量，包括中线测量、横断面测量及高程测量，以作为竣工验收的依据。当路基土石方工程基本完工时，应由施工单位会同施工监理人员，按设计文件要求检查路基中线、高程、宽度、边坡坡度和截、排水系统，根据检查结果编制整修计划，进行路基及排水系统整修。

2) 检查及验收

(1) 中间检查

当每一分项、分部工程完成时，应按批准的设计图纸、设计文件、技术规范的要求，对施工质量进行中间检查。

(2) 隐蔽工程的检查验收

对隐蔽工程，必须按照设计要求和相关规范的有关规定进行中间检查验收，凡不符合要求的项目不得进行下一工序。

(3) 竣工检查验收

竣工验收时，应对下列项目进行检查、验收：

①路基的平面位置；

②路基宽度、高程、横坡和平整度；

③边坡坡度及边坡加固；

④边沟及其他排水设施的尺寸及底面纵坡；

⑤防护工程的各部位尺寸及位置；

⑥填土压实度和表面弯沉；

⑦取土坑、弃土堆、护坡道、截水沟、渗水井等位置和形式；

⑧应提交完整的隐蔽工程记录。

3) 路基维修

(1) 路基工程完工后路面未施工前及工程初验后至终验前，路基如有损毁，施工单位应负责维修，并保证路基排水设施完好，及时清除排水设施中的淤积物、杂草等。

对较长时间停工和暂时不做路面的路基，也应做好排水设施，复工前应对路基各分项工程予以修整。

(2) 路基表面整修应使其无坑槽，并保持规定的路拱，在路堤经雨水冲刷或其他原因发生裂缝沉陷时，应立即修补、加固或采取其他措施处理，并查明原因作出记录。遇路堑边坡坍方时,应及时清除。

(3)对在未经加固的高路堤和路堑边坡上的积雪应及时清除。

(4)当构造物有变形时,应详细查明原因予以修复,并采取相应的加固措施。

(5)路基工程完成,大雨、连日暴雨或积雪融化后,应控制施工机械和车辆在土质路基上通行。若不可避免时,应重新压实路基。

任务2　公路路基工程施工准备阶段试验检测

▶▶任务分析

路基工程开工前,施工单位试验室的首要任务是将路基工程边桩内的原地面取土做土工试验,避免不合格的材料用于工程,为开工前期做好准备工作。

▶▶任务实施

一、检测项目

路基工程施工准备阶段的检测项目见表1-8。

路基工程施工准备阶段的检测项目表　　　　　　　　　　表1-8

序号	检测项目	采用规程
1	含水率	《公路土工试验规程》(JTG E40—2007)
2	密度	
3	颗粒分析试验	
4	界限含水率试验(液塑限试验)	
5	击实试验	
6	承载比(CBR)试验	
7	相对密度试验	

二、检测方法

检测项目一　含水率试验

土的含水率指土在105～110℃下烘至恒量时所失去的水分质量和达恒重后干土质量的比值,以百分数表示。含水率试验有烘干法、酒精燃烧法、比重法等。

【检测方法1】　烘干法

1. 目的和适用范围

本试验方法适用于测定黏质土、粉质土、砂类土、砂砾石、有机质土和冻土土类的含水率。

2. 仪器设备

(1)电子天平:称量200g,感量0.01g;称量1000g,感量0.1g。

(2)烘箱:保持温度105～110℃的自动控制的电热恒温烘箱。

(3)称量盒:为简化计算手续,可将盒质量定期(3～6个月)调整为恒质量值。

(4)其他:干燥器、匙等。

3.试验步骤

(1)取具有代表性试样,如图1-2所示,细粒土为15～30g,砂类土、有机质土为50g,砂砾石为1～2kg,放入已称好的称量盒内,立即盖上盒盖,称湿土加盒总质量,准确至0.01g,如图1-21、图1-22所示。

(2)如图1-23所示,打开盒盖,将试样和盒放入烘箱内,在温度105～110℃的恒温下烘干。烘干时间与土的类别及取土数量有关。细粒土不少于8小时,砂类土不得少于6小时,对含有机质超过5%的土或含石膏的土,应将温度控制在60～70℃的恒温下,干燥12～15h为好。

(3)如图1-24所示,将烘干后的试样和盒取出,放入干燥器内冷却(一般只需0.5～1h即可)。冷却后盖好盒盖,称盒和干土质量,准确至0.01g。

图1-21 取土样

图1-22 土样称重

图1-23 土样烘干

图1-24 烘干后称重

4.结果整理

按式(1-20)计算含水率:

$$w = \frac{m - m_s}{m_s} \times 100\% \tag{1-20}$$

式中:w——含水率(%),计算至0.1;

m——湿土质量(g);

m_s——干土质量(g)。

5.精密度和允许差

本试验须进行二次平行测定,取两次平行试验的平均值作为含水率,允许平行差应符合表1-9规定。

含水率测定的允许平行差值 表1-9

含水率(%)	允许平行差值(%)	含水率(%)	允许平行差值(%)
5 以下	0.3	40 以上	≤2
40 以下	≤1	对层状和网状构造的冻土	<3

【检测方法2】 酒精燃烧法

1.目的和适用范围

本试验方法适用于快速简易测定细粒土(含有机质的土除外)的含水率。

2.仪器设备

(1)酒精:纯度95%。

(2)天平:感量0.01g。

(3)称量盒、滴管、火柴、调土刀等。

3.试验步骤

(1)取代表性试样(黏质土5~10g,砂类土20~30g),放入称量盒内,称湿土质量 m,准确至0.01g。

(2)用滴管将酒精注入放有试样的称量盒中,直至盒中出现自由液面为止。为使酒精在试样中充分混合均匀,可将盒底在桌面上轻轻敲击。

(3)点燃盒中酒精,烧至火焰熄灭。

(4)将试样冷却数分钟,按本试验(3)、(4)方法再重新燃烧两次。

(5)待第三次火焰熄灭后,盖好盒盖,立即称干土质量 m_s,准确至0.01g。

4.结果整理

按式(1-21)计算含水率:

$$w = \frac{m - m_s}{m_s} \times 100\% \qquad (1\text{-}21)$$

式中: w——含水率(%),计算至0.1;

m——湿土质量(g);

m_s——干土质量(g)。

5.精密度和允许差

本试验须进行二次平行测定,取两次平行试验的平均值作为含水率,允许平行差应符合规定(表1-9)。

检测项目二 土的密度试验(环刀法)

土的密度试验方法有环刀法、蜡封法、灌水法、灌砂法等。对于细粒土,采用环刀法;对于易碎裂和形态不规则的坚硬土,可用蜡封法;对于现场粗粒土和巨粒土,一般用灌水法;灌砂法适用于现场测定细粒土、砂类土和砾类土的密度。本试验介绍环刀法。

1.仪器设备

(1)环刀:内径6~8cm,高度2~5.4cm,壁厚1.5~2.2mm。

(2)天平:感量0.1g。

(3)其他:修土刀、钢丝锯、凡士林等,如图1-25所示。

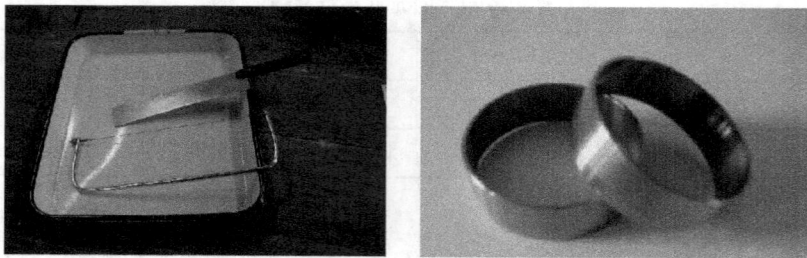

图 1-25　修土刀、钢丝锯及环刀

2.试验步骤

（1）用卡尺测出环刀的高和内径,并计算出环刀的体积 $V(\text{cm}^3)$。

（2）称环刀的质量 m_2,准确至 0.1g。

（3）如图 1-26 所示,按工程需要取原状土或制备所需状态的扰动土样,整平两端,环刀内壁涂一薄层凡士林,刀口向下放在土样上。

（4）如图 1-27 所示,用修土刀或钢丝锯将土样上部切削成略大于环刀直径的土柱,然后慢慢将环刀垂直下压,边压边削,到土样伸出环刀上部为止,削去环刀两端余土,使土样与环刀口面齐平并用剩余土样做含水率试验。

（5）擦净环刀外壁,称量环刀加土的质量 m_1,准确至 0.1g。

图 1-26　制备土样(1)

图 1-27　制备土样(2)

3.成果整理

按式(1-22)计算土的湿密度及干密度:

$$\rho = \frac{m_1 - m_2}{V} \tag{1-22}$$

$$\rho_d = \frac{\rho}{1 + 0.01w} \qquad (1-23)$$

式中：ρ——土的湿密度（g/cm^3），计算至 0.01；

m_1——环刀与土的总质量（g）；

m_2——环刀质量（g）。

V——环刀体积（cm^3）；

ρ_d——干密度（g/cm^3），计算至 0.01；

w——含水率（%）。

4. 精密度和允许差

本试验须进行二次平行测定，取其算术平均值，其平行差值不得大于 $0.03g/cm^3$。

检测项目三　土的比重试验

根据土粒粒径的不同，土的比重试验可分别采用比重瓶法、浮称法或虹吸筒法。对于粒径小于 5mm 的土，采用比重瓶法进行；对于粒径大于等于 5mm 的土，且其中粒径大于或等于 20mm 的土质量应小于总土质量的 10% 时，采用浮称法进行；对于粒径大于等于 5mm 的土，但其中粒径大于或等于 20mm 的土质量大于或等于总土质量的 10% 时，采用虹吸筒法进行。

【检测方法1】　比重瓶法

1. 仪器设备

(1) 比重瓶：容积 100mL 或 50mL，分长颈和短颈两种，如图 1-28 所示。

(2) 恒温水槽：准确度应为 ±1℃。

(3) 砂浴：应能调节温度。

(4) 天平：称量 200g，感量 0.001g。

(5) 温度计：刻度为 0~50℃，最小分度值为 0.5℃。

(6) 其他：如漏斗、滴管、烘箱、孔径 2mm 及 5mm 的筛、洗瓶刷、蒸馏水等。

2. 试验步骤

1) 比重瓶校正

(1) 先将洗净、烘干的比重瓶称其质量，准确至 0.001g。

(2) 将事先煮沸并冷却的纯水注入比重瓶。对长颈比重瓶注水至刻度处，对短颈比重瓶注满纯水，塞紧瓶塞、多余水分自瓶塞毛细管中溢出。调节恒温水槽至 5℃ 或 10℃，然后将比重瓶放入恒温水槽内，直至瓶内水温稳定。取出比重瓶，擦干外壁，称其水、瓶总质量，准确至 0.001g。

图 1-28　比重瓶

(3) 以 5℃ 级差，调节恒温水槽的水温，逐级测定不同温度下的比重瓶、水总质量，至达到本地区最高气温为止。每级温度均应进行两次平行测定，两次测定的差值不得大于 0.002g，取两次测值的平均值。绘制温度与瓶、水总质量的关系曲线。

2) 试验测定

(1) 将比重瓶烘干，取 15g 烘干土装入比重瓶内（若用 50mL 比重瓶，装烘干土约 12g），称试样和瓶的总质量，准确至 0.001g。

（2）为排除土中空气，将纯水注入已装有干土的比重瓶中至一半处，摇动比重瓶，土样浸泡20h以上，再将瓶放在电砂浴上煮沸，煮沸时间自悬液沸腾时算起，砂及低液限黏土应不少于30min，高液限黏土应不少于1h，使土粒分散。注意沸腾后调节砂浴温度，不使土液溢出瓶外。

（3）如系长颈比重瓶，用滴管调整液面至刻度处（以弯月面下缘为准），擦干瓶外及瓶内壁刻度以上部分的水，称瓶、水、土的总质量。如系短颈比重瓶，将纯水注满，使多余的水分自瓶塞毛细管中溢出。将瓶外水分擦干后，称瓶、水、土的总质量，准确至0.001g，称后马上测瓶内水的温度，准确至0.5℃。

（4）根据测得的温度，从已绘制的温度与瓶、水总质量的关系曲线中查得瓶水总质量。如比重瓶体积事先未经温度校正，则立即把瓶内悬液倒掉，洗净比重瓶，注入事先煮沸过且与试验时同温度的蒸馏水至同一体积刻度处，短颈比重瓶应注满纯水，按本试验（3）步骤调整液面后，将瓶外水分擦干净，称比重瓶、水的总质量，准确至0.001g。

（5）如系砂土，煮沸时砂粒易跳出，允许用真空抽气法代替煮沸法排除土中空气，其余步骤与本试验（3）、（4）相同。

（6）对含有某一定量的可溶盐、不亲性胶体或有机质的土，必须用中性液体（如煤油）测定，并用真空抽气法排除土中空气。真空压力表读数宜为100kPa，抽气时间1～2h（直至悬液内无气泡为止），其余步骤同本试验（3）、（4）。

3. 成果整理

（1）用蒸馏水测定时，按式（1-24）计算土的比重：

$$G_{\mathrm{s}} = \frac{m_{\mathrm{s}}}{m_1 + m_{\mathrm{s}} - m_2} \times G_{\mathrm{wt}} \qquad (1\text{-}24)$$

式中：G_{s}——土的比重，计算至0.001；

m_{s}——干土的质量（g）；

m_1——瓶、水总质量（g）；

m_2——瓶、水、土总质量（g）；

G_{wt}——t℃时蒸馏水的比重（可查相应的物理手册）准确至0.001。

（2）用中性液体测定时，按式（1-25）计算土的比重：

$$G_{\mathrm{s}} = \frac{m_{\mathrm{s}}}{m_1' + m_{\mathrm{s}} - m_2'} \times G_{\mathrm{kt}} \qquad (1\text{-}25)$$

式中：G_{s}——土的比重，计算至0.001；

m_1'——瓶、中性液体总质量（g）；

m_2'——瓶、土、中性液体总质量（g）；

G_{kt}——t℃时中性液体的比重（应实测）准确至0.001。

4. 精密度和允许差

本试验须进行两次平行测定，其平行差值不大于0.02，然后取其算术平均值。

【检测方法2】 浮称法

1. 适用范围

适用于粒径大于或等于5mm的土，且其中粒径大于或等于20mm的土质量应小于总土质量的10%。

2．仪器设备

（1）静水力学天平（或物理天平），如图1-29所示：称量1000g以上，感量0.001g；应附有金属网篮（孔径小于5mm、直径10~15cm、高10~20cm）；适合网篮沉入的盛水容器。

（2）其他：烘箱、温度计、孔径5mm及20mm筛等。

3．试验步骤

（1）取样500~1000g。彻底冲洗试样直至颗粒表面无尘土和其他污物。

（2）将试样浸在水中一昼夜取出，立即放入金属网篮，缓缓浸没于水中，并在水中摇晃，至无气泡逸出时为止。

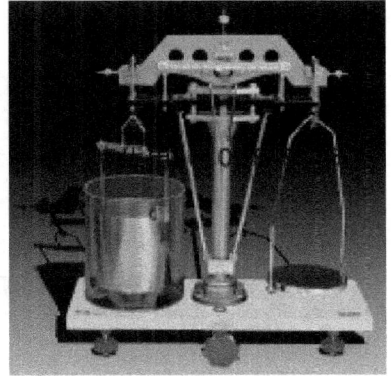

图1-29　静水力学天平

（3）称金属网篮和试样在水中的总质量m_2'。

（4）取出试样烘干、称量m_s。

（5）称金属网篮在水中质量，并立即测量容器内水的温度，准确至0.5℃。

4．结果整理

$$G_s = \frac{m_s}{m_s - (m_2' - m_1')} \times G_{wt} \qquad (1\text{-}26)$$

式中：m_s——干土质量；

　　　m_1'——金属网篮在水中质量（g）

　　　m_2'——试样和金属网篮在水中总质量（g）；

　　　G_{wt}——t℃时蒸馏水比重，准确至0.001。

5．计算土粒的平均比重

$$G_s = \frac{1}{\dfrac{P_1}{G_{s1}} + \dfrac{P_2}{G_{s2}}} \qquad (1\text{-}27)$$

式中：G_s——土粒的平均比重，计算至0.01；

　　　G_{s1}——大于5mm土粒的比重；

　　　G_{s2}——小于5mm土粒的比重；

　　　P_1——大于5mm土粒占总质量的百分数（%）；

　　　P_2——小于5mm土粒占总质量的百分数（%）。

6．精密度和允许误差

本试验须进行两次平行测定，其平行差值不大于0.02，然后取其算术平均值。

检测项目四　颗粒分析试验—筛分法

根据土粒粒径的不同，土的颗粒分析试验采用筛分法、密度计法和移液管法。筛分法适用于分析粒径大于0.075mm的土颗粒组成；密度计法和移液管法适用于分析粒径小于0.075mm的细粒土。下面仅介绍筛分法。

1. 试验目的

颗粒大小分析试验是测定干土中各种粒组所占该土总质量的百分数,借以明确颗粒大小分布情况,供土的分类与概略判断土的工程性质及选料之用。

2. 仪器设备

(1)标准筛:粗筛(圆孔):孔径为 60mm、40mm、20mm、10mm、5mm、2mm;细筛:孔径为 2.0mm、1.0mm、0.5mm、0.25mm、0.075mm。

(2)天平:称量 5000g;称量 5g;称量 1000g;称量 1g;称量 200g;称量 0.2g。

(3)其他:烘箱、研钵、摇筛机、瓷盘、毛刷、木碾等。

3. 试验步骤

1)从风干、松散的土样中,用四分法按下列规定取出代表性试样

粒径小于 2mm 颗粒的土取 100～300g;

最大粒径小于 10mm 的土取 300～900g;

最大粒径小于 20mm 的土取 1000～2000g;

最大粒径小于 40mm 的土取 2000～4000g;

最大粒径大于 40mm 的土取 4000g 以上。

2)对于无凝聚性土

(1)将称好的试样分批过 2mm 筛。

(2)把大于 2mm 筛的试样按从大到小的顺序通过大于 2mm 的各级粗筛。将留在筛上的土分别称量。

(3)若 2mm 筛下的试样数量过多,可以四分法缩分至 100～800g,然后将试样按从大到小的顺序通过小于 2mm 的各级细筛。可放在摇筛机上振摇,振摇时间一般为 10～15min。

(4)由最大孔径的筛开始,顺序将各筛取下,在白纸上用手轻叩摇晃,至每分钟筛下数量不大于该级筛余量的 1% 为止。漏下的土粒应全部放入下一级筛内。并将留在各筛上的试样用软毛刷刷干净,分别称量。

(5)筛后各级筛上和筛底土的总质量与筛前所取试样质量之差不得大于 1%。

(6)若 2mm 筛下的土不超过试样总质量的 10%,可省略细筛分析;若 2mm 筛上的土不超过试样总质量的 10%,则可省略粗筛分析。

3)对于含有黏土粒的砂粒土

(1)将土样放在橡皮板上,用木碾将黏结的土团充分碾散,拌匀、烘干、称量。

(2)将试样置于盛有清水的瓷盆中,浸泡并搅拌,使粗细颗粒分散。

(3)将容器中的试样悬液通过 2mm 筛,边冲洗边过筛,直至筛上仅留大于 2mm 以上的土粒为止。然后,将筛上洗净的砂砾风干称量。按以上方法进行粗筛分析。

(4)通过 2mm 下的混合液存放在盆中,待稍沉淀,将上部悬液过 0.075mm 洗筛,用带橡皮头的玻璃棒研磨盆内浆液,再加清水、搅碎、研磨、静置、过筛,反复进行,直至盆内悬液澄清。最后,将全部土粒倒在 0.075mm 筛上,用水冲洗,直到筛上仅留大于 0.075mm 净砂为止。

(5)将大于 0.075mm 的净砂烘干称量,并进行细筛分析。

(6)将大于 2mm 颗粒及 2～0.075mm 的颗粒质量从原称量的总质量中减去,即为小于 0.075mm 的颗粒质量。

(7)当粒径小于 0.075mm 的试样质量大于试样总质量的 10% 时,有必要时,将这部分土

烘干、取样,另做密度计法或移液管分析。

4. 成果整理

(1)按式(1-28)计算小于某孔径土质量百分比:

$$X = \frac{A}{B} \times 100\% \tag{1-28}$$

式中:X——小于某粒径颗粒的质量百分数(%),计算至0.01;

A——小于某粒径颗粒质量(g);

B——称取试样的总质量(g)。

(2)当小于2mm的土样用四分法缩分取样时按式(1-29)计算,试样中小于某粒径的颗粒质量占总土质量的百分数:

$$X = \frac{a}{b} \times P \times 100\% \tag{1-29}$$

式中:X——小于某粒径颗粒的质量百分数(%),计算至0.01;

P——粒径小于2mm颗粒质量百分数(%);

a——通过2mm筛的土样中小于某粒径的颗粒质量(g);

b——通过2mm筛的土样中所取试样的质量(g)。

(3)在半对数坐标纸上,以小于某粒径的颗粒质量百分数为纵坐标,以粒径(mm)为横坐标,绘制颗粒大小级配曲线,如图1-30所示。求出各粒组的颗粒质量百分数,以整数(%)表示。

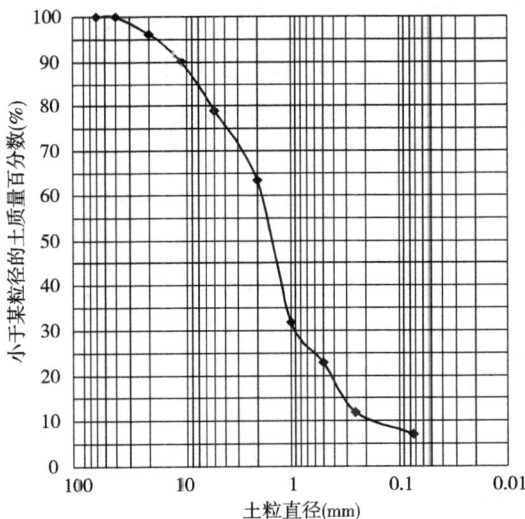

图1-30 土样筛分曲线

(4)必要时按式(1-30)计算不均匀系数:

$$C_u = \frac{d_{60}}{d_{10}} \tag{1-30}$$

式中:C_u——不均匀系数,计算至0.1且含两位以上有效数字;

d_{60}——限制粒径,即土中小于该粒径的颗粒质量为60%的粒径(mm);

d_{10}——有效粒径,即土中小于该粒径的颗粒质量为10%的粒径(mm)

5. 精密度和允许误差

筛后各级筛上和筛底土总质量与筛前试样质量之差,不应大于1%。

检测项目五　界限含水率试验—液塑限联合测定法

细粒土由于含水率不同,分别处于流动状态,可塑状态、半固体状态和固体状态。土从某种稠度状态转变为另一种状态时的界限含水率称为稠度界限。工程上常把土从固态转变为塑态时的界限含水率,简称塑限 w_P,土从塑态转变为液态时的界限含水率,简称液限 w_L。

1.试验目的

本试验是联合测定土的液限和塑限,用于划分土类,计算天然稠度和塑性指数,供公路工程设计和施工适用。

2.适用范围

本试验适用于粒径不大于 0.5mm、有机质含量不大于试样总质量 5% 的土。

3.仪器设备

(1)光电式液塑限联合测定仪,如图 1-31 所示。其主要组成部分如下:

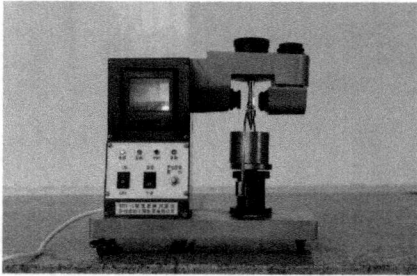

①圆锥仪:锥体总质量为 100g 或 76g,锥角为 30°。圆锥用不锈金属材料精加工而成。

②电磁铁部分:要求磁铁吸力大于 100g(1N)。

③光学投影放大部分:要求放大 10 倍,成像清晰。

④升降座:落锥后 5s 的显示、试样杯等。

(2)天平:称量200g,称量0.01g。

(3)其他:烘箱、铝盒、调土刀、调土碗等。

图 1-31　液塑限联合测定仪

4.试验步骤

(1)选取具有代表性的天然含水率或风干土样,若土中含有较多大于 0.5mm 的土粒或夹有大量的杂物时,应将土样风干后用带橡皮头的研杵研碎或用木棒在橡皮板上压碎,然后再过 0.5mm 的筛。

(2)如图 1-32 所示,取过筛的土样不少于 200g 分别放入三个调土皿中,加不同数量的蒸馏水,土样的含水率分别控制在液限(a 点)、略大于塑限(c 点)和二者的中间状态(b 点)。用调土刀调匀,然后用湿布覆盖,静置 18h 以上。测定 a 点的锥入深度,对于 100g 锥应为 20mm ±0.2mm,对于 76g 锥应为 17mm。测定 c 点的锥入深度,对于 100g 锥应为 5mm 以下,对于 76g 锥应为 2mm 以下。对于砂类土,用 100g 锥测定 c 点的锥入深度可大于 5mm,用 76g 锥测定 c 点的锥入深度可大于 2mm。

图 1-32　取土样调土

（3）如图 1-33 所示，将制备好的土样用调土刀调拌均匀，分层填入盛土杯中，用力压密，使空气逸出。对于较干的土样，应先充分揉搓，用调土刀反复压实。试杯装满后，刮成与杯边齐平。

（4）调平机身，提起锥杆，锥尖涂少许凡士林。

（5）将装好土样的试杯放在升降座上，转动升降旋钮，使试杯徐徐上升，土样表面和锥体尖好接触，蜂鸣器报警，停止升降，按检测键，同时锥体立刻自行下沉，5s 时液晶显示器上显示锥入深度 h_1，试验完毕，手拿锥体向上，锥体复位。

（6）改变锥尖与土体接触位置（锥尖两次锥入位置距离不小于 1cm），重复（4）、（5）条步骤，测得锥深入试样深度值 h_2，h_1、h_2 允许平行误差为 0.5mm 否则，应重做。取 h_1、h_2 平均值作为该点的锥入深度 h。

（7）如图 1-34 所示，去掉锥尖入土处的凡士林，取 10g 以上的土样两个，分别放入称量盒内，称质量，测定其含水率。

图 1-33　盛土杯装土样　　　　　　图 1-34　测定含水率试样

5. 成果整理

（1）在双对数坐标上，以含水率 w 为横坐标，锥入深度 h 为纵坐标，点绘 a、b、c 三点含水率的 h-ω 的关系曲线，如图 1-35 所示。连此三点，应呈一条直线。如当三点不在一直线上，要通过 a 点与 b、c 两点连成两条直线，根据液限（a 点）在 h_P-w_L 图上查得 h_P，以此 h_P 值在 h-w 的 ab 及 ac 两直线上求出相应的含水率。当两个含水率的差值小于 2%时，以该两点含水率的平均值与 a 点连成一直线。当两个含水率的差值不小于 2%时，应重做试验。

（2）液限确定方法

①若采用 76g 锥做液限试验，则在 h-w 图上查得纵坐标入土深度为 17mm 所对应的横坐标的含水率 w，即为该土样的液限 w_L。

②若采用 100g 锥做液限试验，则在 h-w 图上查得纵坐标入土深度为 20mm 所对应的横坐标的含水率 w，即为该土样的液限 w_L。

（3）塑限确定方法

①根据本试验 76g 锥求出的液限，通过 76g 锥入土深度 h 与含水率 w 的关系曲线，查得锥

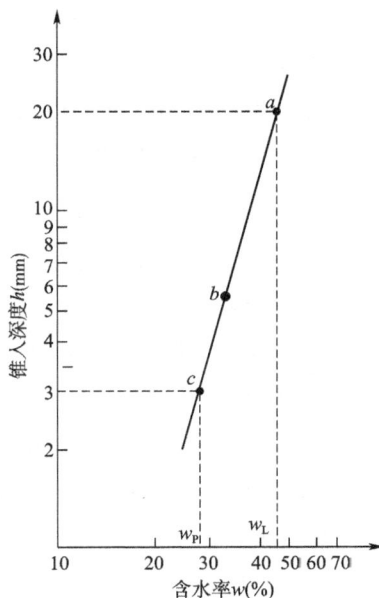

图 1-35　h-w 图

入土深度为 2mm 所对应的含水率为塑限 w_P，以百分数表示。

②根据本试验 100g 锥求出的液限，通过液限 w_L 与塑限时入土深度 h_P 的关系曲线，如图 1-36所示，查得 h_P，再由图 1-35 求出入土深度为 h_P 时所对应的含水率，即为该土样的塑限 w_P。查 h_P-w_L 图时须先通过简易鉴别法及筛分法把砂类土与细粒土区别开来，再按这两种土分别采用相应的 h_P-w_L 关系曲线；对于细粒土，用双曲线确定 h_P 值；对于砂类土，用多项式曲线确定 h_P 值。

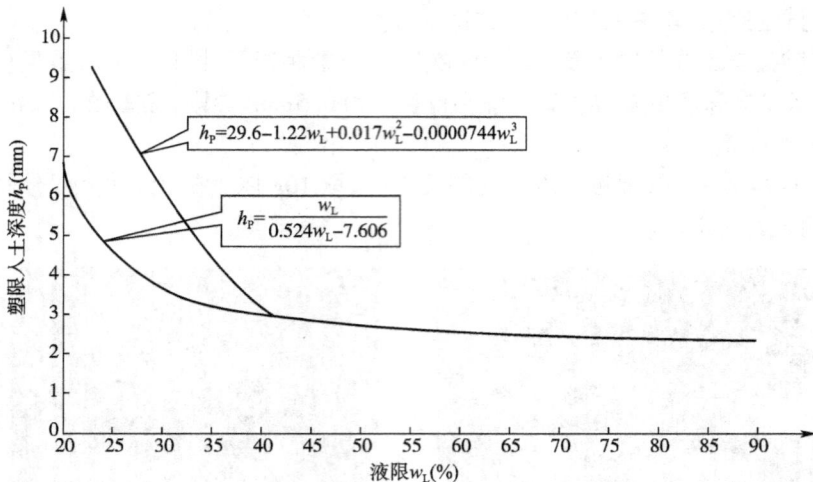

$$h_P = 29.6 - 1.22w_L + 0.017w_L^2 - 0.0000744w_L^3$$

$$h_P = \frac{w_L}{0.524w_L - 7.606}$$

图 1-36 h_P-w_L 关系曲线图

（纵轴：塑限入土深度 h_P(mm)；横轴：液限 w_L(%)）

若根据本试验液限确定方法②求出的液限，当 a 点的入土深度为 20mm ± 0.2mm 范围内时，应在 ad 线上查得入土深度为 20mm 处相对应的含水率，此为液限 w_L。再用此液限 w_L 在图 1-36h_P-w_L 关系曲线上找出与之相对应的塑限入土深度 h_P'，然后到 h-w 图 ad 直线上查得 h_P' 相对应的含水率，此为塑限 w_P。

6. 精密度和允许误差

本试验须进行两次平行测定，取其算术平均值，以整数（%）表示。其允许差值为：高液限土小于或等于 2%，低液限土小于或等于 1%。

检测项目六　击实试验

为了改善土的工程性质，常采用压实的方法使土变得密实。击实试验就是模拟施工现场压实条件，采用锤击方法使土体密度增大、强度提高、沉降变小的一种试验方法。土在一定的击实效应下，如果含水率不同，则所得的密度也不相同。

1. 试验目的

击实试验的目的是测定试样在一定击实次数下或某种压实功能下的含水率与干密度之间的关系，从而确定土的最大干密度和最佳含水率，并以该指标评定路基填土的压实质量和指导路基填土的施工。

2. 适用范围

本试验方法适用于细粒土。

本试验分轻型击实和重型击实。轻型击实试验适用于粒径不大于 20mm 的土，重型击实试验适用于粒径不大于 40mm 的土。

当土中最大颗粒粒径大于或等于40mm,并且大于或等于40mm颗粒粒径的质量含量大于5%时,则应使用大尺寸试筒进行击实试验,或按规范进行最大干密度校正。大尺寸试筒要求其最小尺寸大于土样中最大颗粒粒径的5倍以上,并且击实试验的分层厚度应大于土样中最大颗粒粒径的3倍以上。单位体积击实功能控制在2677.2~2687.0kJ/m³范围内。

当细粒土中的粗粒土总含量大于40%或粒径大于0.005mm颗粒的含量大于土总质量的70%(即 $d_{30} \leq 0.005$mm)时,还应做粗粒土最大干密度试验,其结果与重型击实试验结果比较,最大干密度取两种试验结果的最大值。

3.仪器设备

(1)标准击实仪。轻、重型试验方法和设备的主要参数应符合表1-10的规定。

击实试验方法种类 表1-10

试验方法	类别	锤底直径(cm)	锤质量(kg)	落高(cm)	试筒尺寸			层数	每层击数	击实功(kJ/m³)	最大粒径(mm)
					内径(cm)	高(cm)	容积(cm²)				
轻型 I法	I.1	5	2.5	30	10	12.7	997	3	27	598.2	20
	I.2	5	2.5	30	15.2	17	2177	3	59	598.2	40
重型 II法	II.1	5	4.5	45	10	12.7	997	5	27	2687.0	20
	II.2	5	4.5	45	15.2	17	2177	3	98	2677.2	40

(2)天平:感量0.01g。

(3)台秤:称量10kg,感量5g。

(4)圆孔筛:孔径40mm、20mm和5mm各1个。

(5)其他:烘箱、干燥箱、喷雾器、盛土容器、修土刀、推土器、铝盒及碎土设备等。

4.试样

本试验可分别采用不同的方法准备试样。各方法可按表1-11准备试样。

试料用量 表1-11

使用方法	类别	试筒内径(cm)	最大粒径(mm)	试料用量(kg)
干土法(试样不重复使用)	b	10	30	3(至少5个试样)
		15.2	40	6(至少5个试样)
湿土法(试样不重复使用)	c	10	20	3(至少5个试样)
		15.2	40	6(至少5个试样)

(1)干土法(土不重复使用)按四分法至少准备5个试样,分别加入不同水分(按2%~3%含水率递增),拌匀后闷料一夜备用。

(2)湿土法(土不重复使用)。对于高含水率土,可省略过筛步骤,用手拣除大于40mm的粗石子即可。保持天然含水率的第一个土样,可立即用于击实试验。其余几个试样,将土分成小土块,分别风干,使含水率按2%~3%递减。

5.试验步骤

(1)根据工程要求,按规定选择轻型或重型试验方法。根据土的性质(含易击碎风化石数量多少,含水率高低),按表1-10规定选用干土法(土不重复使用)或湿土法。

(2)将击实筒放在坚硬的地面上,在筒壁上抹一薄层凡士林,并在筒底(小试筒)或垫块(大试筒)上放置蜡纸或塑料薄膜。取制备好的土样分3~5次倒入筒内。小试筒按三层法时,每次800~900g(其量应使击实后的试样等于或略高于筒高的1/3);按五层法时每次

400~500g(其量应使击实后的试样等于或略高于筒高的1/5)。对于大试筒,先将垫块放入筒内底板上,按三层法时,每层需试样1700g左右。整平表面,并稍加压紧,然后按规定的击数进行第一层土的击实,击实时击锤应自由垂直落下,锤迹必须均匀分布于土样面,第一层击实完后,将试样层面"拉毛",然后再装入套筒,重复上述方法进行其余各层土的击实。小试筒击实后,试样不应高出筒顶面5mm;大试筒击实后,试样不应高出筒顶面6mm。

(3)用修土刀沿套筒内壁削刮,使试样与套筒脱离后,扭动并取下套筒,齐筒顶细心削平试样,拆除底板,擦净筒外壁,称量,准确至1g。

(4)用推土器推出筒内试样,从试样中心处取样测其含水率,计算至0.1%。测定含水率用试样的数量按表1-12规定取样。两个试样含水率的精度应符合含水率试验规定。

测定含水率用试样的数量 表1-12

最大粒径(mm)	试样质量(g)	个 数	最大粒径(mm)	试样质量(g)	个 数
<5	15~20	2	约20	约250	1
约5	约50	1	约40	约500	1

(5)对于干土法(土不重复使用)和湿土法(土不重复使用),将试样搓散,然后按本试验的方法进行洒水、拌和,但不需闷料,每次约增加2%~3%的含水率,其中有两个大于和两个小于最佳含水率,所需加水量按式(1-31)计算:

$$m_w = \frac{m_i}{1+0.01w_i} \times 0.01(w - w_i)$$ (1-31)

式中:m_w——所需的加水量(g);

m_i——含水率w_i时土样的质量(g);

w_i——土样原有含水率(%);

w——要求达到的含水率(%)。

按上述步骤进行其他含水率试样的击实试验。

6.结果整理

(1)按式(1-32)计算击实后各点的干密度:

$$\rho_d = \frac{\rho}{1+0.01w}$$ (1-32)

式中:ρ_d——干密度(g/cm^3),计算至0.01;

ρ——湿密度(g/cm^3);

w——含水率(%)。

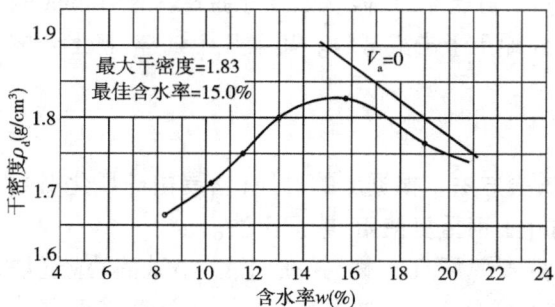

图1-37 干密度与含水率的关系曲线

(2)求最大干密度和最佳含水率

以干密度为纵坐标,含水率为横坐标,绘制干密度与含水率的关系曲线,如图1-37所示,曲线上峰值点的纵、横坐标分别为最大干密度和最佳含水率。如曲线不能绘出明显的峰值点,应进行补点或重做。

(3)按式(1-33)计算饱和曲线的饱和含水率w_{max},并绘制饱和含水率与干密度的关系曲线图。

$$w_{max} = \left[\frac{G_s \rho_w (1-w) - \rho}{G_s \rho} \right] \times 100 \qquad (1-33)$$

或

$$w_{max} = \left(\frac{\rho_w}{\rho_d} - \frac{1}{G} \right) \times 100$$

式中：w_{max}——饱和含水率(%)，计算至 0.01；

$\quad \rho$——试样的湿密度(g/cm³)；

$\quad \rho_w$——水在4℃时的密度(g/cm³)；

$\quad \rho_d$——试样的干密度(g/cm³)；

$\quad G_s$——试样土粒比重，对于粗粒土，则为土中粗细颗粒的混合比重；

$\quad w$——土样含水率(%)。

(4)当试样中有大于 40mm 颗粒时，应先取出大于 40mm 颗粒，并求得其百分率 P，把小于 40mm 部分作击实试验，按下面公式分别对试验所得的最大干密度和最佳含水率进行校正(适用于大于 40mm 颗粒的含量小于 30% 时)。

最大干密度校正：

$$\rho'_{dm} = \frac{1}{\frac{1 - 0.01P}{\rho_{dm}} + \frac{0.01P}{\rho_w G'_s}} \qquad (1-34)$$

式中：ρ'_{dm}——校正后的最大干密度(g/cm³)；

$\quad \rho_{dm}$——用粒径小于 40mm 的土样试验所得的最大干密度(g/cm³)；

$\quad P$——试料中粒径大于 40mm 颗粒的百分数(%)；

$\quad G'_s$——粒径大于 40mm 颗粒的毛体积比重，计算至 0.01。

最佳含水率校正：

$$w'_0 = w_0 (1 - 0.01P) + 0.01P w_2 \qquad (1-35)$$

式中：w'_0——校正后的最佳含水率(%)计算至 0.01；

$\quad w_0$——用粒径小于 40mm 的土样试验所得的最佳含水率(%)；

$\quad P$——同前；

$\quad u_2$——粒径大于 40mm 颗粒的吸水率(%)。

7. 精密度和允许误差

本试验含水率须进行两次平行测定，取其算术平均值，其允许差值应符合表 1-13 规定。

含水率测定的允许平行差值 表 1-13

含水率(%)	允许平行差值(%)	含水率(%)	允许平行差值(%)
5 以下	0.3	40 以上	≤2
40 以下	≤1		

检测项目七　土的承载比 CBR(室内)试验

1. 目的和适用范围

本方法只适用于在规定的试筒内制件后，对各种土和路面基层、底基层材料进行承载比试验。试样的最大粒径宜控制在 20mm 以内，最大不得超过 40mm 且含量不超过 5%。

2. 仪器设备

(1) 圆孔筛:孔径 40mm、20mm 及 5mm 筛各一个。

(2) 试筒:内径 152mm、高 170mm 的金属圆筒;套环,高 50mm;筒内垫块,直径 151mm、高 50mm;夯实底板,同击实仪。试筒的形式和主要尺寸如图 1-38 所示。

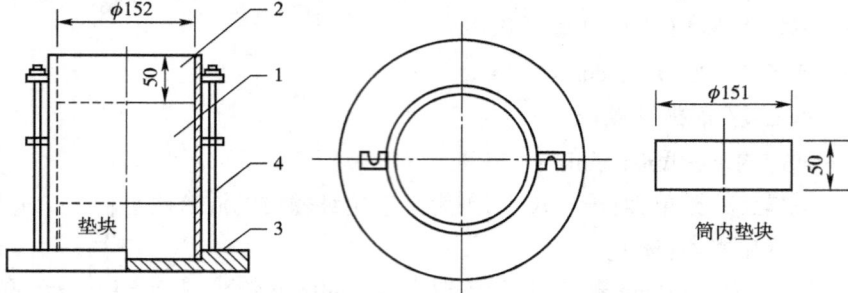

图 1-38　承载比试筒(尺寸单位:mm)
1-试筒;2-套环;3-夯击底板;4-拉杆

(3) 击锤和导管:夯锤的底面直径 50mm,总质量 4.5kg。夯锤在导管内的总行程为 450mm,夯锤的形式和尺寸与重型击实试验法所用的相同。

(4) 贯入杆:端面直径 50mm、长约 100mm 的金属柱。

(5) 路面材料强度仪或其他荷载装置:能量不小于 50kN,能调节贯入速度至每分钟贯入 1mm,可采用测力计式。

(6) 百分表:3 个。

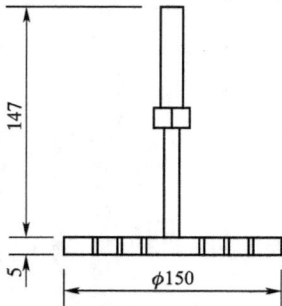

图 1-39　带调节杆的多孔板(尺寸单位:mm)

(7) 试件顶面上的多孔板(测试件吸水时的膨胀量),如图 1-39 所示。

(8) 多孔底板(试件放上后浸泡水中)。

(9) 测膨胀量时支承百分表的架子,如图 1-40 所示。

(10) 荷载板:直径 150mm,中心孔眼直径 52mm,每块质量 1.25kg,共 4 块,并沿直径分为两个半圆块,如图 1-41 所示。

(11) 水槽:浸泡试件用,槽内水面应高出试件顶面 25mm。

(12) 其他:台秤,感量为试件质量的 0.1%;拌和盘;直尺;滤纸;脱模器等与击实试验相同。

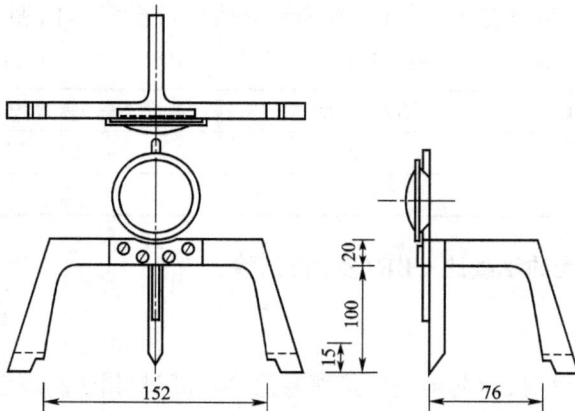

图 1-40　膨胀量测定装置(尺寸单位:mm)

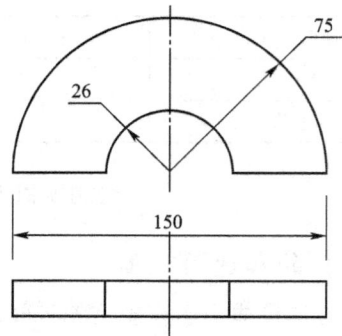

图 1-41　荷载板(尺寸单位:mm)

3. 试样

(1) 将具有代表性的风干试样(必要时在 50℃ 烘箱烘干),用木碾捣碎,但应尽量注意不使土或粒料的单个颗粒破碎。土团均应捣碎到通过 5mm 的筛孔。

(2) 采取有代表性的试料 50kg,用 40mm 筛筛除大于 40mm 的颗粒,并记录超尺寸颗粒的百分数。过筛的试料按四分法取出约 25kg,再用四分法将取出的试料分成 4 份,每份质量 6kg,供击实试验和制试件之用。

(3) 在预定做击实试验的前一天,取有代表性的试料测定其风干含水率。

4. 试验步骤

(1) 称试筒本身质量 m_1,将试筒固定在底板上,将垫块放入筒内,并在垫块上放一张滤纸,安上套环。

(2) 将 1 份试料,按规定的层数和每层击数进行击实,求试料的最大干密度和最佳含水率。

(3) 将其余 3 份试料,按最佳含水率制备 3 个试件,将一份试料铺于金属盘内,按事先计算得的该份试料应加的水量均匀地喷洒在试料上,并用小铲将试料充分拌和到均匀状态,然后装入密闭容器或塑料口袋内浸润备用。

浸润时间:重黏土不得少于 24h,轻黏土可缩短至 12h,砂土可缩短至 1h,天然砂砾可缩短至 2h。制每个试件时候,都要取样测定试料的含水率。

注:需要时,可制备三种干密度试件。如每种干密度试件制 3 个,则共制 9 个试件。每层击数为 30 次、50 次及 98 次,使试件干密度从低于 95% 到等于 100% 的最大干密度。这样,9 个试件共需试料约 55kg。

(4) 将试筒放在坚硬的地面上,取备好的试样分 3 次倒入筒内(视最大粒径而定)。每层需试样约 1700g(其量应使击实后的试样高出 1/3 筒高 1~2mm)。整平表面,并稍加压紧,然后按规定的击数进行第一层试样的击实,击实时锤应自由垂直落下,锤迹必须均匀分布于试样面上。每一层击实完后,将试样层面"拉毛",然后再装入套筒。重复上述方法进行其余每层试样的击实,试筒击实制件完成后,试样不宜高出筒高 10mm。

(5) 卸下套环,用直刮刀沿试筒顶修平击实的试件,表面不平整处用细料修补。取出垫块,称量筒和试件的质量 m_2。

(6) 泡水测膨胀量的步骤如下:

①在试件制成后,取下试件顶面的破残滤纸,放一张好滤纸,并在其上安装附有调节杆的多孔板,在多孔板上加 4 块荷载板。

②将试筒与多孔板一起放入槽内(先不放水),并用拉杆将模具拉紧,安装百分表,并读取初读数。

③向水槽内放水,使水自由进到试件的顶部和底部,在泡水期间,槽内水面应保持在试件顶面以上大约 25mm。通常试件要泡水 4 昼夜。

④泡水(96h)终了时,读取试件上百分表的终读数,并用下式计算膨胀量:

$$膨胀量 = \frac{泡水后试件高度的变化}{原试件高(=120mm)} \times 100\% \tag{1-36}$$

⑤从水槽中取出试件,倒出试件顶面的水,静置 15min,让其排水,然后卸去附加荷载和多孔板、底板和滤纸,并称其质量 m_3,以计算试件的湿度和密度的变化。

(7) 贯入试验:

①将泡水试验终了的试件放到路面材料强度试验仪的升降台上,调整偏球座,使贯入杆与试件顶面全面接触,在贯入杆周围放置4块荷载板。

②先在贯入杆上施加45N的预压荷载,然后将测力和测变形的百分表的指针均调整至整数,并记录起始读数。

③加荷使贯入杆以 $1 \sim 1.25$mm/min 的速度压入试件,记录测力计内百分表某些整读数(如20、40、60)时的贯入量,并注意贯入量为 250×10^{-2}mm 时,能有5个以上的读数。因此,测力计内的第一个读数应是贯入量 30×10^{-2}mm 左右。

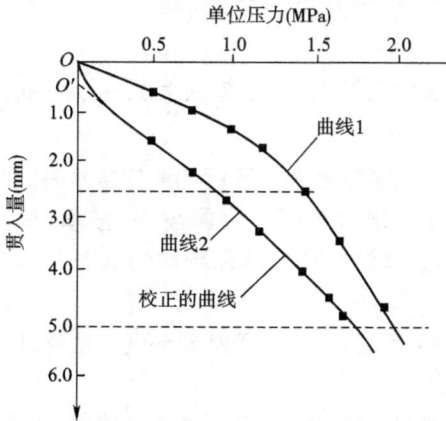

图1-42 单位压力—贯入量曲线

5. 结果整理

(1)绘制单位压力—贯入量曲线以单位压力(p)为横坐标,贯入量(l)为纵坐标,绘制 p-l 关系曲线,如图1-42所示。

图1-42上曲线1是合适的,曲线2开始段是凹曲线,需要进行修正。修正时,在变曲率点引一切线,与纵坐标交于 O' 点,O' 即为修正后的原点。

说明:绘图前应将量力环百分表读数通过量力环系数转换为荷载,并由贯入杆面积计算某级贯入量下的单位压力。

(2)计算承载比

一般采用贯入量为2.5mm时的压力与标准压力之比作为材料的承载比(CBR),即

$$CBR = \frac{p}{7000} \times 100\% \qquad (1\text{-}37)$$

式中:p——贯入量为2.5mm时的单位压力(kPa);

CBR——承载比(%),计算至0.1。

同时计算贯入量为5mm时的承载比,即

$$CBR = \frac{p}{10500} \times 100\% \qquad (1\text{-}38)$$

式中:p——贯入量为5mm时的单位压力(kPa);

CBR——承载比(%),计算至0.1。

如贯入量为5mm时的承载比大于2.5mm时的承载比,则试验要重做,如结果仍然如此,采用5mm时的承载比。

(3)计算试件的湿密度

试件的湿密度用式(1-39)计算:

$$\rho = \frac{m_2 - m_1}{2177} \qquad (1\text{-}39)$$

式中:ρ——试件的湿密度(g/cm³),计算至0.01;

m_2——试筒和试件的合计质量(g);

m_1——试筒的质量(g);

2177——试筒的体积(cm³)。

(4)计算试件的干密度

试件的干密度用式(1-40)计算:

$$o_d = \frac{\rho}{1 + 0.01w} \tag{1-40}$$

式中：ρ_d——试样的干密度（g/cm³），计算至 0.01；

$\quad\quad \rho$——试样的湿密度（g/cm³），计算至 0.01；

$\quad\quad w$——试件的含水率（%）。

（5）计算泡水后试件的吸水量

$$w_a = m_3 - m_2 \tag{1-41}$$

式中：w_a——泡水后试件的吸水量（g）；

$\quad\quad m_3$——泡水后试筒和试件的合计质量（g）；

$\quad\quad m_2$——试筒和试件的合计质量（g）。

6. 精度要求

如根据 3 个平行试验结果计算得的承载比变异系数 C_V 大于 12%，则去掉一个偏大的值，取其余 2 个结果的平均值。如 C_V 小于 12%，且 3 个平行试验结果计算的干密度偏差小于 0.03g/cm³，则取 3 个结果的平均值。如 3 个试验结果计算的干密度偏差超过0.03g/cm³，则去掉一个偏离大的值，取其 2 个结果的平均值。

承载比小于 100，相对偏差不大于 5%；承载大于 100，相对偏差不大于 10%。

任务 3　公路路基工程施工阶段试验检测

▶▶任务分析

路基工程施工过程中的现场检测是施工过程控制的关键程序，能够及时发现施工过程中存在的质量问题，保证整个工程的质量。施工过程中的试验检测主要包括两个方面，在准备阶段所做的原材料试验及路基工程现场试验检测。

▶▶任务实施

一、检测项目

路基工程施工阶段的检测项目见表 1-14。

路基工程施工阶段的检测项目表　　　　　　　　　　　　　　表 1-14

检 测 项 目		采 用 规 程
原材料试验检测	土的含水率	《公路土工试验规程》（JTG E40—2007）
	土的密度	
	土的颗粒分析试验	
	土的界限含水率试验（液塑限试验）	
	土的击实试验	
	土的承载比（CBR）试验	
	土的相对密度试验	

检 测 项 目		采 用 规 程
现场试验检测	压实度试验	《公路路基路面现场测试规程》(JTG E60—2008)
	弯沉试验	
	现场承载比(CBR)试验	
	厚度检测	
	土基回弹模量试验	

二、检测方法

原材料试验同施工准备阶段各试验方法,路基弯沉试验参考本教材学习情境 5 沥青混凝土路面试验检测部分。下面介绍路基压实度试验、现场承载比(CBR)试验及土基回弹模量试验。

检测项目一 压实度试验检测

路基、路面压实质量是道路工程施工质量管理最重要的内在指标之一,只有对路基、路面结构层进行充分压实,才能保证路基、路面的强度、刚度及路面的平整度,并可以保证及延长路基、路面工程的使用寿命。

现场压实质量用压实度表示,对于路基土及路面基层,压实度是指工地实际达到的干密度与室内标准击实试验所得的最大干密度的比值。其现行检测方法主要包括灌砂法、环刀法、和核子密湿度仪法,其他有路用雷达法、瑞利法等快速无破损的检测方法尚在研究阶段,尚未正式推广使用。下面介绍灌砂法、环刀法、和核子密湿度仪法。

【检测方法 1】 灌砂法

灌砂法的原理是利用均匀颗粒的砂去置换试坑的体积。很多工程都把灌砂法列为现场测定密度的主要方法,它是当前施工过程中最常用的试验方法之一。挖坑灌砂法的缺点是需要携带较多量的砂,而且称量次数较多,因此测试速度较慢。

本方法适用于在现场测定基层(或底基层)、砂石路面及路基土的各种材料压实层的密度和压实度检测,但不适用于填石路堤等有大孔洞或大孔隙材料的材料压实层的压实度检测。

采用挖坑灌砂法测定密度和压实度时,应符合下列规定:

(1)当集料的最大粒径小于 13.2mm,测定层的厚度不超过 150mm 时,宜采用 $\phi100mm$ 的小型灌砂筒测试。

(2)当集料的最大粒径等于或大于 13.2mm,但不大于 31.5mm,测定层的厚度不超过 200mm,应用 $\phi150mm$ 的大型灌砂筒测试。

1. 仪具与材料技术要求

(1)灌砂筒:有大小两种,根据需要采用,主要尺寸见表 1-15。当尺寸与表中不一致,但不影响使用时,亦可使用。上部为储砂筒,筒底中心有一个圆孔。下部装一倒置的圆锥形漏斗,漏斗上端开口,直径与储砂筒的圆孔相同。漏斗焊接在一块铁板上,铁板中心有一圆孔与漏斗上开口相接。在储砂筒筒底与漏斗顶端铁板之间设有开关。开关为一薄铁板,一端与筒底及漏斗铁板铰接在一起,另一端伸出筒身外,开关铁板上也有一个相同直径的圆孔。

灌砂筒的主要尺寸 表 1-15

结 构		小型灌砂筒	大型灌砂筒
储砂筒	直径(mm)	100	150
	容积(cm³)	2120	4600
流砂孔	直径(mm)	10	15
金属标定罐	内径(mm)	100	150
	外径(mm)	150	200
金属方盘基板	边长(mm)	350	400
	深(mm)	40	50
中孔	直径(mm)	100	150

注:如集料的最大粒径超过 31.5mm,则应相当地增大灌砂筒和标定灌的尺寸;如集料的最大粒径超过 53mm,灌砂筒和现场试洞的直径应为 200mm。

(2)金属标定罐:用薄铁板制作的金属罐,上端周围有一罐缘,如图 1-43 所示。

(3)基板:用薄铁板制作的金属方盖,盘的中心有一圆孔。

(4)玻璃板:边长为 500～600mm 的方形板。

(5)试样盘:小筒挖出的试样可用饭盒存放,大筒挖出的试样可 300mm×500mm×40mm 的搪瓷盘存放。

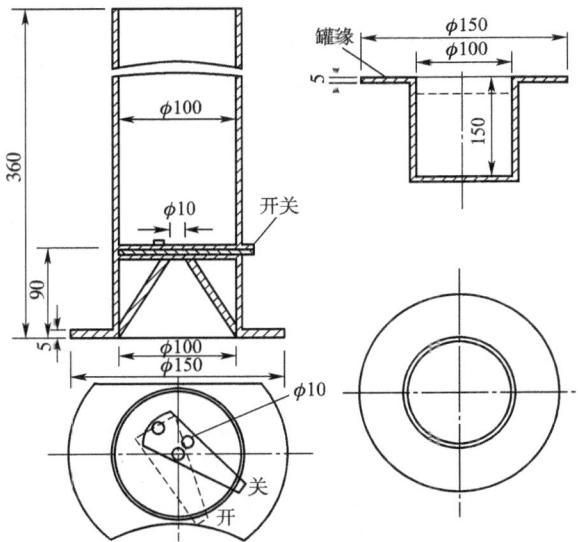

图 1-43 灌砂筒和标定罐(尺寸单位:mm)

(6)天平或台秤:称量 10～15kg,感量不大于 1g。用于含水率测定的天平精度,对细粒土、中粒土、粗粒土宜分别为 0.01g、0.1g、1.0g。

(7)含水率测定器具:如钼盒、烘箱等。

(8)量砂:粒径 0.30～0.60mm 清洁干燥的砂,重 20～40kg。使用前须洗净、烘干,并放置足够的时间,使其与空气的湿度达到平衡。

注:通常,量砂烘干后存放 7d,就足以使砂的含水率与空气的湿度相平衡。不要将砂放在

密闭的容器内，在使用前应该将砂彻底拌和。

（9）盛砂的容器：塑料桶等。

（10）其他：凿子、改锥、铁锤、长把勺、长把小簸箕、毛刷等。

2. 仪器的标定

1）标定灌砂筒下部圆锥体内砂的质量

（1）向灌砂筒内装砂至距筒顶的距离 15mm 左右为止。称取筒内砂的质量 m_1，精确 1g。以后每次标定及试验都应维持装砂高度与质量不变。

（2）将开关打开，使灌砂筒筒底的流砂孔、圆锥形漏斗上端开口圆孔及开关铁板中心的圆孔上下对准重叠在一起，让砂自由流出，并使流出砂的体积与工地所挖试坑内的体积相当（或等于标定罐的容积），然后关上开关。

（3）如图 1-44 所示，将灌砂筒移至玻璃板上，将开关打开，让砂流出，直到筒内砂不再下流时，将开关关上，收集并称量留在玻璃板上的砂或称量筒内的砂，准确至 1g。玻璃板上的砂就是填满筒下部圆锥体的砂 m_2。重复测量三次，取平均值。

图 1-44　圆锥体的砂 m_2

2）标定量砂的松方密度 ρ_s（g/cm³）

（1）用水确定标定罐的容积 V，准确至 1mL。

如图 1-45 所示，将空罐放在台秤上，使罐的上口处于水平位置，读记罐的质量 m_7，准确至 1g。如图 1-46 所示，向标定罐中灌水，注意不要将水弄到台秤上或罐的外壁，将一直尺放在罐顶，在罐中水面快接近直尺时，用滴管向罐中加水，直到水面接触直尺，移去直尺，读记罐和水的总质量 m_8，准确到 1g。重复测量 5~6 次，以获得精确的平均值 m_8，重复测量时，仅需从罐中取出少量水（用吸管），并用滴管重新将水加满到接触直尺。标定罐的体积：

$$V = \frac{m_8 - m_7}{\rho_w} \tag{1-42}$$

式中：V——标定罐的体积（cm³），计算至 0.01；

m_8——标定罐和水的合计质量（g）；

m_7——标定罐的质量（g）；

ρ_w——水的密度（g/cm³）。

图 1-45　测定空罐质量 m_7

图 1-46　测定罐和水的合重 m_8

（2）在储砂筒中装入质量为 m_1 的砂，并将灌砂筒放在标定罐上，将开关打开，让砂流出。在整个流砂过程中，不要碰动灌砂筒，直到储砂筒内的砂不再下流时，将开关关闭。取下灌砂筒，称取筒内剩余砂的质量（m_3），准确到 1g。

（3）按式（1-43）计算填满标定罐所需砂的质量：

$$m_a = m_1 - m_2 - m_3 \qquad (1-43)$$

式中：m_3——标定灌中砂的质量（g）；

m_1——装入灌砂筒内砂的总质量（g）；

m_2——灌砂筒下部圆锥体内砂的质量（g）；

m_3——灌砂入标定罐后，筒内剩余砂的质量（g）。

（4）重复上述测量三次，取其平均值。

（5）计算量砂的密度：

$$\rho_s = \frac{m_a}{V} \qquad (1-44)$$

式中：ρ_s——量砂的密度（g/cm³）；

V——标定罐的体积（cm³）。

3. 试验步骤

（1）如图1-47所示，在试验地点，选一块平坦表面，并将其清扫干净，其面积不得小于基板面积。

（2）如图1-48所示，将基板放在平坦表面上。当表面的粗糙度较大时，则将盛有量砂 m_5 的灌砂筒放在基板中间的圆孔上，将灌砂筒的开关打开，让砂流入基板的中孔内，直到储砂筒内的砂不再下流时关闭开关。取下灌砂筒，并称量筒内砂的质量 m_6，准确至 1g。

图1-47　基板放在平坦表面

图1-48　盛量砂 m_5 的灌砂筒

（3）如图1-49所示，取走基板，并将留在试验地点的量砂收回，重新将表面清扫干净。

（4）如图1-50所示，将基板放回清扫干净的表面上（尽量放在原处），沿基板中孔凿洞（洞的直径与灌砂筒一致）。在凿洞过程中，应注意不使凿出的材料丢失，并随时将凿松的材料取出装入塑料袋中，不使水分蒸发。也可放在大试样盒内。试洞的深度应等于测定层厚度，但不得有下层材料混入，最后将洞内的全部凿松材料取出。对土基或基层，为防止试样盘内材料的水分蒸发，可分几次称取材料的质量，全部取出材料的总质量为 m_t。

图1-49　量砂收回

图1-50　凿试洞图

（5）从挖出的全部材料中取有代表性的样品，放在铝盒或洁净的搪瓷盘中，测定含水率 w，以%计。样品的数量如下：用小型灌砂筒测定时，对于细粒土，不少于100g，对于粗粒土，不少于500g。用大型灌砂筒测定时，对于细粒土，不少于200g，对于各种中粒土，不少于1000g。对于粗粒土或水泥、石灰、粉煤灰等无机结合料稳定材料，宜将取出的全部材料烘干，且不少于2000g。

（6）从挖出的全部材料中取有代表性的样品，放在铝盒或洁净的搪瓷盘中，测定含水率 w，以%计。样品的数量如下：用小型灌砂筒测定时，对于细粒土，不少于100g，对于粗粒土，不少于500g。用大型灌砂筒测定时，对于细粒土，不少于200g，对于各种中粒土，不少于1000g。对于粗粒土或水泥、石灰、粉煤灰等无机结合料稳定材料，宜将取出的全部材料烘干，且不少于2000g。

（7）如图1-51所示，将基板安放在试坑上。

将灌砂筒安放在基板中间（储砂筒内放满砂到要求质量 m_1），打开灌砂筒的开关，让砂流入试坑内。直到储砂筒内的砂不再下流时，关闭开关。仔细取走灌砂筒，并称量筒内剩余砂的质量 m_4，准确至1g。

图1-51　基板安放试坑

（8）如清扫干净的平坦表面的粗糙度不大，也可省去步骤（2）、（3）的操作。在试洞挖好后，将灌砂筒直接对准放在试坑上，中间不需要放基板，打开筒的开关，让砂流入试坑内。在此期间，应注意勿碰动灌砂筒。直到储砂筒内的砂不再下流时，关闭开关。仔细取走灌砂筒，并称量剩余砂的质量 m_4'，准确至1g。

（9）仔细取出试筒内的量砂，以备下次试验时再用。若量砂的湿度已发生变化或量砂中混有杂质，则应该重新烘干、过筛，并放置一段时间，使其与空气的湿度达到平衡后再用。

4. 计算

1）计算填满试坑所用的砂的质量

（1）灌砂时，试坑上放有基板时：

$$m_b = m_1 - m_4 - (m_5 - m_6) \tag{1-45}$$

（2）灌砂时，试坑上不放基板时：

$$m_b = m_1 - m_4 - m_2 \tag{1-46}$$

上两式中：m_b——填满试坑的砂的质量（g）；

m_1——灌砂前灌砂筒内砂的质量（g）；

m_2——灌砂筒下部圆锥体内砂的质量（g）；

m_4——灌砂后，灌砂筒内剩余砂的质量（g）；

$m_5 - m_6$——灌砂筒下部圆锥体内及基板和粗糙表面间砂的合计质量（g）。

2）计算试坑材料的湿密度

$$\rho = \frac{m_t}{m_b} \times \rho_s \tag{1-47}$$

式中：ρ——土的湿密度（g/cm³），计算至0.01；

m_t——试坑中取出的全部土样的质量（g）；

m_b——填满试坑的砂的质量（g）；

ρ_s——量砂的密度（g/cm^3）。

3）计算试坑材料的干密度

$$\rho_d = \frac{\rho_w}{1 + 0.01w} \qquad (1-48)$$

式中：ρ_d——土的干密度（g/cm^3），计算至 0.01；

ρ_w——土的湿密度（g/cm^3）；

u——土的含水率（%）。

当为水泥、石灰、粉煤灰等无机结合料稳定土的场合时，可按式(1-49)计算干密度 ρ_d（g/cm^3）

$$\rho_d = \frac{m_d}{m_b} \times \rho_s \qquad (1-49)$$

式中：m_d——试坑中取出的稳定土的烘干质量（g）。

4）计算施工压实度

$$K = \frac{\rho_d}{\rho_c} \times 100\% \qquad (1-50)$$

式中：K——测试地点的施工压实度（%）；

ρ_d——试样的干密度（g/cm^3）；

ρ_c——由击实试验得到的试样最大干密度（g/cm^3）。

注：当试坑材料组成与击实试验的材料有较大差异时，可以试坑材料做标准击实，求取实际的最大干密度。

5）使用注意事项

（1）量砂要规则。量砂如果重复使用，一定要注意晾干，处理一致，否则影响量砂的松方密度。

（2）每换一次量砂，都必须测定松方密度，灌砂筒下部圆锥体内砂的数量也应该每次重新标定。因此量砂宜事先准备较多数量。切勿到试验时临时找砂，又不作试验，仅使用以前的数据。

（3）地表面处理要平整，只要表面凸出一点（即使 1mm），使整个表面高出一薄层，其体积便算到试坑中去了，会影响试验结果。因此本方法一般宜采用先放上基板测定一次粗糙表面消耗的量砂。只有在非常光滑的情况下方可省去此步骤操作。

【检测方法 2】 核子密湿度仪测定法

核子密湿度仪（以下简称核子仪）检测技术在国际上已经广泛应用了近四十年，对世界各地的高速公路等土木工程的质量控制和保障施工速度起到了重要作用。随着国内各种新规范的实施，用核子密湿度仪测定路基路面材料的密度、含水率的检测方法已得到广泛的应用。由于核子仪有使用方便、快速的优点，现在广泛用于工地的施工质量控制及快速评定，但由于受测定层温度及多种环境因素的影响，其测定值的波动性较大，规定检测时必须经常标定。

目前最常用的核子仪主要有以下两种类型。

1）浅层核子仪

通常指测量深度为 30cm 的核子密度测试仪，如 MC—3C 型和 MC—4C 型，也是在公路和铁路等施工中应用最常见的核子仪。

2）中层核子仪（双杆核子仪）

中层核子仪测量深度为 60~90cm，如 MC—S—24 型和 MC—S—36 型，其放射源和检测器分别放置在两根不同的探杆的端部,沿水平层面逐层检测被压实材料,一般应用于压实层较厚的情况,特别适用于碾压混凝土(RCC)工程项目的压实检测。

以上两种核子仪都是用于检测材料的密度和湿度的,工作原理基本一样,但是使用方法和适宜的检测范围不相同。

1. 目的与适用范围

本方法适用于现场用核子密湿度仪以散射法或直接透射法测定路基或路面材料的密度和含水率,并计算施工压实度。其检测结果可作为工程质量评定与验收的依据。本方法可检测土壤、碎石、土石混合物、沥青混合料和非硬化水泥混凝土等材料。本方法属非破坏性检测,允许对同一测试位置进行重复测试,并监测密度和压实度的变化,以确定合适的碾压方法,达到所要求的压实度。

2. 干扰因素

(1)核子密湿度仪对靠近表层材料的密度最为敏感,当测试材料的表面与仪器底部之间存在空隙时,测试结果可能存在表面偏差(仅对散射法)。如果采用直接透射法测试,表面偏差不明显。

(2)材料的粒度、级配、均匀度以及组成成分等因素对密度的测试结果影响较小。但是对一些含有结晶水或有机物的材料,如高岭土、云母、石膏、石灰等可能会对水分的测试有明显的影响,检测时需要与其他可靠的方法进行对比,对测试结果进行调整。

(3)对刚铺筑完的热沥青混合料路面标测时,仪器不能长时间放置在路面上,测试完成后仪器应该从路面上移走冷却,避免影响测试结果。

(4)测量进行时,在周围10m之内不能存在其他核子仪和任何其他放射源。

3. 仪器的标定

(1)每12个月以内要对核子密湿度仪进行一次标定。标定可以由仪器生产厂家或独立的有资质的服务机构进行。

(2)对新出厂的仪器事先已经标定的,可以不标定。对现存仪器如果经过维修后,可能影响仪器的结构,必须进行新的标定后才能使用。现存仪器如果在标定核实过程中被发现不能满足规定的限值,也必须重新标定。

(3)标定后的仪器密度(或含水率)值应达到要求,所有标定块上的每一测试深度上的标定响应应该在±16kg/m³。

4. 仪具与材料

(1)核子密度湿度仪,如图1-52所示:符合国家规定的关于健康保护和安全使用标准,密度的测定范围为1.12 ~ 2.73g/cm³,测定误差不大于±0.03g/cm³。含水率测量范围为0 ~ 0.64g/cm³,测定误差不大于±0.015g/cm³。它主要包括下列部件。

①γ射线源:双层密封的同位素放射源,如铯-137、钴-60或镭-226等。

图1-52 核子密度湿度仪

②中子源:如镅(241)-铍等。

③探测器:γ射线探测器,如 G-M 计数管;热中子探测器,如氦-3 管。

④读数显示设备:如液晶显示器、脉冲计数器、数率表或直接读数表。

⑤标准计数块:密度和含氢量都均匀不变的材料块,用于标定仪器运行状况和提供射线计数的参考标准。

⑥钻杆:用于打测试孔以便插入探测杆。

⑦安全保护设备:符合国家规定要求的设备。

⑧刮平板、钻杆、接线等。

(2)细砂:0.15~0.3mm。

(3)天平或台秤。

(4)其他:毛刷等。

5. 方法与步骤

本方法用于测定沥青混合料面层的压实密度或硬化水泥混凝土等难以打孔材料的密度时宜使用散射法;用于测定土基、基层材料或非硬化水泥混凝土等可以打孔材料的密度及含水率时,应使用直接透射法。在表面用散射法测定时,所测定沥青面层的层厚应根据仪器的性能决定最大厚度。用于测定土基或基层材料的压实密度及含水率时,打洞后用直接透射法所测定的层厚不宜大于 30cm。

1)准备工作

(1)每天使用前或者对测试结果有怀疑的时候,按下列步骤用标准计数块测定仪器的标准值:

①进行标准值测定时的地点至少离开其他放射源 10m 距离,地面必须经压实而且平整。

②接通电源,按照仪器使用说明书建议的预热时间,预热测定仪。

③在测定前,应检查仪器性能是否正常。将仪器在标准计数块上放置平稳,按照仪器使用说明书的要求进行标准化计数并判断仪器标准化计数值必须符合要求。如标准化计数值超过规定的限值时,应确认标准计数的方法和环境是否符合要求,并重复进行标准化计数;若第二次标准化计数值仍超出规定的限值时,需视作故障并进行仪器检查。

(2)在进行沥青混合料压实层密度测定前,应用核子仪对钻孔取样的试件进行标定;测定其他材料密度时,宜与挖坑灌砂法的结果进行标定。标定的步骤如下:

①选择压实的路表面,与试验段测定时的条件一致,对纹理较大的路面必须用细砂填平,然后将仪器放置在测试点上转动几下,或者在测试点上用刮平板平刮几下,以达到测试条件。按要求的测定步骤用核子仪测定密度,读数。

②在测定的同一位置用钻孔钻孔法或挖坑灌砂法取样,量测厚度,按相关规范规定的标准方法测定材料的密度。

③对同一种路面厚度及材料类型,在使用前至少测定 15 处,求取两种不同方法测定的密度的相关关系,其相关系数 R 应不小于 0.95。

(3)测试位置的选择:

①按照随机取样的方法确定测试位置,但距路面边缘或其他物体的最小距离不得小于 30cm。核子仪距其他射线源的距离不得小于 10m。

②当用散射法测定时,应按图 1-53 的方法用细砂填平测试位置路表结构凸凹不平的空隙,使路表面平整,能与仪器紧密接触。

③当使用直接透射法测定时,应按图1-54的方法用导板和钻杆打孔。在拟测试材料的表面打一个垂直的测试孔,测试孔要以插入探测杆后仪器在测点表面上不倾斜为准。孔深必须大于探测杆达到的测试深度。再按图1-54的方法将探测杆放下插入已打好的测试孔内,前后或左右移动仪器,使之安放稳固。

(4)按照规定的时间,预热仪器。

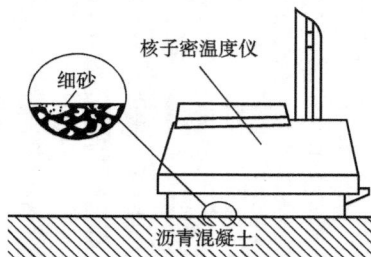

图1-53 用细砂填平测试位置的方法图   图1-54 在路表面上打孔的方法

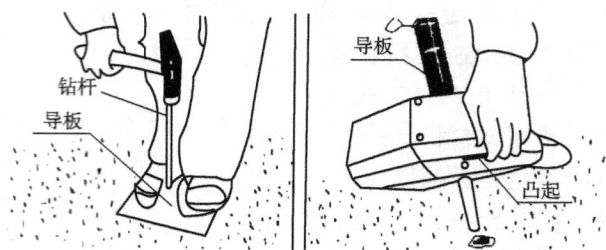

2)测定步骤

(1)如用散射法测定沥青混合料压实层密度时,应按图1-55所示的方法将核子仪平稳地置于测试位置上。测点应随机选择,测定温度应与试验段测定时一致,一组不少于13点,取平均值。检测精度通过试验路段与钻孔试件比较评定。

(2)如用直接透射法测定时,应按图1-56所示的方法将放射源棒放下插入已预先打好的孔内。

(3)打开仪器,测试员退出仪器2m以外,按照选定的测定时间进行测量,到达测定时间后,读取显示的各项数值,并迅速关机。

注:有关各种型号的仪器在具体操作步骤上略有不同,可按照仪器使用说明书进行。

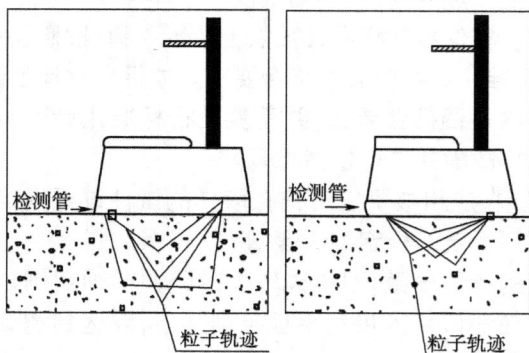

图1-55 用散射法测定的方法   图1-56 用直接透射法测定的方法

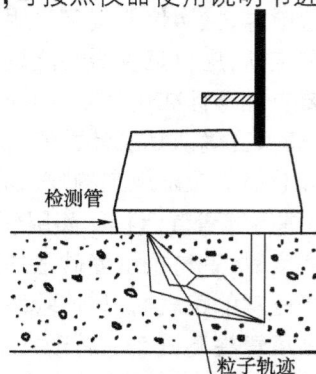

3)计算

按式(1-51)、式(1-52)计算施工干密度及压实度:

$$\rho_d = \frac{\rho_w}{1+w} \tag{1-51}$$

$$K = \frac{\rho_d}{\rho_c} \times 100\% \tag{1-52}$$

式中:w——含水率,以小数表示;

K——测试地点的施工压实度(%);

ρ_w——试样的湿密度(g/cm^3);

ρ_d——由核子密湿度仪测定的压实沥青混合料的实际密度(g/cm^3);

ρ_e——沥青混合料的标准密度(g/cm^3),按照《公路沥青路面施工技术规范》(JTG F40—2004)附录 E 的规定选用。

4)使用安全注意事项

(1)仪器工作时,所有人员均应退至距离仪器 2m 以外的地方。

(2)仪器不使用时,应将手柄置于安全位置,仪器应装入专用的仪器箱内,放置在符合核辐射安全规定的地方。

(3)仪器应由经有关部门审查合格的专人保管,专人使用。从事仪器保管及使用的人员,应符合有关核辐射检测的规定。

【检测方法3】 环刀法

用环刀法测得的密度是环刀内土样所在深度范围内的平均密度。它不能代表整个碾压层的平均密度。由于碾压土层的密度一般是从上到下减小的,若环刀取在碾压层的上部,则得到的数值往往偏大,若环刀取的是碾压层的底部,则所得的数值将明显偏小,就检查路基土和路面结构层的压实度而言,我们需要的是整个碾压层的平均压实度,而不是碾压层中某一部分的压实度,因此,在用环刀法测定土的密度时,应使所得密度能代表整个碾压层的平均密度。然而,这在实际检测中是比较困难的;只有使环刀所取的土恰好是碾压层中间的土,环刀法所得的结果才可能与灌砂法的结果大致相同。另外,环刀法适用面较窄,对于含有粒料的稳定土及松散性材料无法使用。

1.适用范围

本方法适用于测定细粒土及无机结合料稳定细粒土的密度。但对无机结合料稳定细粒土,其龄期不宜超过 2d,且宜用于施工过程中的压实度试验。

2.仪具与材料

(1)人工取土器:如图 1-57 所示,包括环刀、环盖、定向筒和击实锤系统(导杆、落锤、手柄)。环刀内径 6~8cm,高 2~3cm,壁厚 1.5~2mm。

(2)电动取土器:如图 1-58 所示,由底座、行走轮、立柱、齿轮箱、升降机构、取芯头等组成。

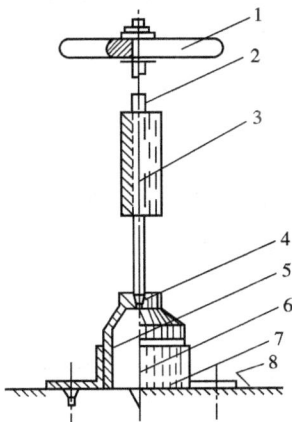

图 1-57 人工取土器

1-手柄;2-导杆;3-落锤;4-环盖;5-环刀;6-定向筒;7-定向筒齿钉;8-试验地面

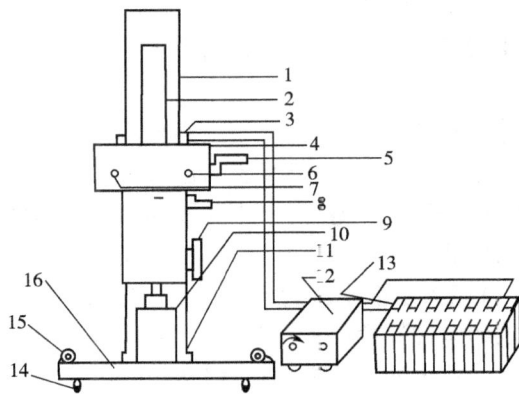

图 1-58 电动取土器

1-立柱;2-升降轴;3-电源输入;4-直流电机;5-升降手柄;6、7-电源指示;8-锁紧手柄;9-升降三轮;10-取芯头;11-立柱套;12-调速器;13-蓄电池;14-定位销;15-行走轮;16-底座平台

①底座：由底座平台（16）、定位销（15）、行走轮（14）组成。平台是整个仪器的支撑基础；定位销供操作时仪器定位用；行走轮供换点取芯时仪器近距离移动使用，当定位时四只轮子可扳起离开地表。

②立柱：由立柱（1）和立柱套（11）组成，装在底座平台上，作为升降机构、取芯机构、动力和传动机构的支架。

③升降机构：由升降手轮（9）、锁紧手柄（8）组成，供调整取芯机构高低用。松开锁紧手柄，转动升降手轮，取芯机构即可升降，到所需位置时拧紧手柄定位。

④取芯机构：由取芯头（10）、升降轴（2）组成，取芯头为金属圆筒，下口对称焊接两个合金钢切削刀头，上端面焊有平盖，其上焊螺母，靠螺旋接于升降轴上。取芯头有三种规格，即 50mm×50mm、70mm×70mm、100mm×100mm，取芯头为可换式。另配有相应的取芯套筒、扳手、铝盒等。

⑤动力和传动机构：主要由直流电机（4）、调速器（12）、齿轮箱组成，另配有蓄电池（13）和充电器。当电机工作时，通过齿轮箱的齿轮将动力传给取芯机构，升降轴旋转，取芯头进入旋切工作状态。

⑥电动取土器主要技术参数为：

工作电压 DC24V（36A·h）；转速 50～70r/min，无级调速；整机质量约 35kg。

（3）天平：感量 0.1g（用于取芯头内径小于 70mm 样品的称量），或 1.0g（用于取芯头内径为 100mm 样品的称量）。

（4）其他：镐、小铁锹、修土刀、毛刷、直尺、钢丝锯、凡士林、木板及测定含水率设备等。

3. 方法和步骤

（1）按有关试验方法对检测对象用同种材料进行击实试验，得到最大干密度及最佳含水率。

（2）用人工取土器测定黏性土及无机结合料稳定细粒土密度的步骤：

①擦净环刀，称取环刀质量 m_2，准确至 0.1g。

②在试验地点，将面积约 30cm×30cm 的地面清扫干净，并将压实层铲去表面浮动及不平整的部分，达一定深度，使环刀打下后，能达到要求的取土深度，但不得将下层扰动。

③将定向筒齿钉固定于铲平的地面上。顺次将环刀、环盖放入定向筒内与地面垂直。

④将导杆保持垂直状态，用取土器落锤将环刀打入压实层中，至环盖顶面与定向筒上口齐平为止。

⑤去掉击实锤和定向筒，用镐将环刀及试样挖出。

⑥轻轻取下环盖，用修土刀自边至中削去环刀两端余土，用直尺检测，直至修平为止。

⑦擦净环刀外壁，用天平称取环刀及试样合计质量 m_1，准确至 0.1g。

⑧自环刀中取出试样，取具有代表性的试样，测定其含水率 w。

（3）用人工取土器测定砂性土或砂层密度的步骤：

①如为湿润的砂土，试验时不需使用击实锤和定向筒，在铲平的地面上，细心挖出一个直径较环刀外径略大的砂土柱，将环刀刃口向下，平置于砂土柱上，用两手平稳地将环刀垂直压下，直至砂土柱突出环刀上端约 2cm 时为止。

②削掉环刀口上的多余砂土，并用直尺刮平。

③在环刀上口盖一块平滑的木板，一手按住木板，另一手用小铁锹将试样从环刀底部切断，然后将装满试样的环刀反转过来，削去环刀刃口上部的多余砂土，并用直尺刮平。

④擦净环刀外壁,称环刀与试样合计质量 m_1,准确至 $0.1g$。

⑤自环刀中取具有代表性的试样测定其含水率 w。

⑥干燥的砂土不能挖成砂土柱时,可直接将环刀压入或打入土中。

(4)用电动取土器测定无机结合料细粒土和硬塑土密度的步骤:

①装上所需规格的取芯头。在施工现场取芯前,选择一块平整的路段,将四只行走轮打起,四根定位销采用人工加压的方法,压入路基土层中。松开锁紧手柄,旋动升降手轮,使取芯头刚好与土层接触,锁紧手柄。

②将蓄电池与调速器接通,调速器的输出端接入取芯机电源插口。指示灯亮,显示电路已通;启动开关,电动机工作,带动取芯机构转动。根据土层含水率调节转速,操作升降手柄,上提取芯机构,停机,移开机器。由于取芯头圆筒外表有几条螺旋状突起,切下的土屑排在筒外顺螺纹上旋抛出地表,因此,将取芯套筒在切削好的土芯立柱上摇动即可取出样品。

③取出样品,立即按取芯套筒长度用修土刀或钢丝锯修平两端,制成所需规格土芯,如拟进行其他试验项目,装入铅盒,送试验室备用。

④用天平称量土芯带套筒质量 m_1,准确至 $0.1g$。从土芯中心部分取试样测定含水率 w。

(5)本试验须进行两次平行测定,其平行差值不得大于 $0.03g/cm^3$,求其算术平均值。

4. 计算

(1)按式(1-53)、式(1-54)计算试样的湿密度及干密度:

$$\rho = \frac{4 \times (m_1 - m_2)}{\pi \times d^2 \times h} \tag{1-53}$$

$$\rho_d = \frac{\rho}{1 + 0.01w} \tag{1-54}$$

上两式中:ρ——试样的湿密度(g/cm^3)

ρ_d——试样的干密度(g/cm^3)

m_1——环刀或取芯套筒与试样合计质量(g);

m_2——环刀或取芯套筒质量(g);

d——环刀或取芯套筒直径(cm);

h——环刀或取芯套筒高度(cm);

w——试样的含水率(%)。

(2)按式(1-55)计算施工压实度:

$$K = \frac{\rho_d}{\rho_c} \times 100\% \tag{1-55}$$

式中:K——测试地点的施工压实度(%);

ρ_d——试样的干密度(g/cm^3);

ρ_c——由击实试验得到的试样的最大干密度(g/cm^3)。

检测项目二 土基现场 CBR 值测试

土工试验中通常所指的 CBR 值是规定贯入量时荷载压强与标准压强的比值,最早由加利福尼亚公路局提出,用于评定路基土和路面材料的强度指标。而土基现场 CBR 值是在公路现场条件下测定,更多是为了衡量土基的整体承载能力。

我国柔性路面设计中,以路基土和路面材料的回弹模量值作为设计参数,但由于 CBR 试验过程简洁,还是为许多单位所青睐,不少科研单位对回弹模量和 CBR 的关系进行了大量的试验工作,通过数值分析和理论给出了各地区各类土基 CBR 与 E_0 之间的近似关系式(表 1-16)。

土基的 E_0 与 CBR 的关系 表 1-16

资料来源	关系式	备注
SHELL 公司	$E_d = 10CBR$	动模量
	$E_0 = 5CBR$	静模量
英国 TRRL	$E_d = 17.6CBR^{0.64}$	动模量
AI 协会	$E_d = 10.5CBR$	动模量
日本道路公团	$E_0 = 2 \sim 4CBR$	静模量

本方法适用于在现场测定各种土基材料的现场 CBR 值,同时也适合于基层、底基层砂性土、天然砂砾、级配碎石等材料 CBR 值的试验。所用试样的最大集料粒径宜小于 19.0mm,最大不得超过 31.5mm。

1. 仪具与材料技术要求

(1)荷载装置:装载有铁块或集料等重物的载重汽车,后轴重不小于 60kN,在汽车大梁的后轴之后设有一加劲横梁作反力架用。

(2)现场测试装置:如图 1-59 所示,由千斤顶(机械或液压)、测力计(测力环或压力表)及球座组成。千斤顶可使贯入杆的贯入速度调节成 1mm/min。测力计的容量不小于土基强度,测定精度不小于测力计量程的 1%。

(3)贯入杆:直径 ϕ50mm,长约 200mm 的金属圆柱体。

(4)承载板:每块 1.25kg,直径 ϕ150mm,中心孔眼直径 ϕ52mm,不少于 4 块,并沿直径分为两个半圆块。

(5)贯入量测定装置:由图 1-59 中所示的平台及百分表组成。百分表量程 20mm,精度 0.01mm,数量 2 个,对称固定于贯入杆上,端部与平台接触,平台跨度不小于 50cm。

注:此设备也可用两台贝克曼梁弯沉仪代替,但需要进行贯入量的换算。

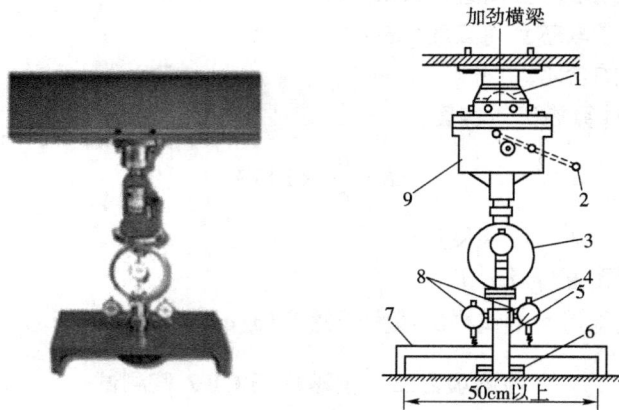

图 1-59 CBR 现场测试装置

1-球座;2-手柄;3-测力计;4-百分表夹具;5-贯入杆;6-承载板;7-平台;8-百分表;9-加载千斤顶

(6)细砂:洁净干燥的细干砂,粒径 0.3 ~ 0.6mm。

(7)其他:铁铲、盘、直尺、毛刷、天平等。

2.方法与步骤

1)准备工作

(1)将试验地点约$\phi 30cm$范围的表面找平,用毛刷刷净浮土,如表面为粗粒土时,应撒布少许洁净的干砂填平,但不能覆盖全部土基避免形成夹层。

(2)安装测试设备:按图1-59设置贯入杆及千斤顶。千斤顶顶在加劲横梁上且调节至高度适中。贯入杆应与土基表面紧密接触。

(3)安装贯入量测定装置,冷支架平台、百分表(或两台贝克曼梁弯沉仪)按图1-59安装好。

2)测试步骤

(1)在贯入杆位置安放4块1.25kg的分开成半圆的承载板,共5kg。

(2)试验贯入前,先在贯入杆上施加45N荷载后,将测力计及贯入量百分表调零,记录初始读数。

(3)启动千斤顶,使贯入杆以1mm/min的速度压入土基,相应于贯入量为0.5mm、1.0mm、1.5mm、2.0mm、2.5mm、3.0mm、4.0mm、5.0mm、6.5mm、10.0mm及11.5mm时,分别读取测力计读数。根据情况,也可在贯入量达6.5mm时结束试验。

注:用千斤顶连续加载,两个贯入量百分表及测力计均应在同一时刻读数。当两个百分表读数不超过平均值的30%时,以其平均值作为贯入量,当两个表读数差值超过平均值的30%时,应停止试验。

(4)卸除荷载,移去测定装置。

(5)在试验点下取样,测定材料含水率。取样数量如下:

①最大粒径不大于4.75mm,试样数量约120g;

②最大粒径不大于19.0mm,试样数量约250g;

③最大粒径不大于31.5mm,试样数量约500g。

(6)在紧靠试验点旁边的适当位置,用灌砂法或环刀法等测定土基的密度。

3.计算

1)绘制荷载压强—贯入量曲线

用贯入试验得到的等级荷重数除以贯入断面积(19.625cm²),得到各级压强(MPa),绘制荷载压强—贯入量曲线如图1-60所示。当图中曲线在起点处有明显凹凸的情况时,应在曲线的拐弯处作切线延长进行修正,以与坐标轴相交的点O'作原点,得到修正后的压强—贯入量曲线。

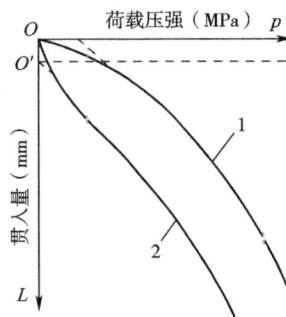

图1-60 荷载压强—贯入量关系曲线

2)计算现场CBR值

从压强—贯入量曲线上误取贯入量为2.5mm及5.0mm时的荷载压强p_1,按下式计算现场CBR值。CBR一般以贯入量2.5mm时的测定值为准,当贯入量5.0mm时的CBR大于2.5mm时的CBR时,应重新试验,如重新试验仍然如此时,则以贯入量5.0mm时的CBR为准。

$$现场 CBR = \frac{p_1}{p_0} \times 100\% \qquad (1-56)$$

式中:p_1——荷载压强(MPa);

p_0——标准压强,当贯入量为 2.5mm 时为 7MPa,当贯入量为 5.0mm 时为 10.5MPa。

检测项目三 土的回弹模量试验

所谓回弹模量,是指土基强度的一种表示方法,以回弹模量表征土基承载能力,可以反映土基在瞬时荷载作用下的可恢复变形性质,因而可以应用弹性理论公式描述荷载与变形的关系。试验方法有承载板法和强度仪法,下面仅介绍承载板法。

【检测方法】 承载板法

本方法采用刚性承载板,在现场土基表面,通过逐级加载、卸载的方式,测出每级荷载下相应的土基回弹变形值,通过计算求得土基回弹模量,结果可以在弹性为基本体系的各种路面结构设计方法中应用。

1. 仪具与材料技术要求

(1)加载设施:载有铁块或集料等重物、后轴重不小于 60kN 的载重汽车一辆,作为加载设备。在汽车大梁的后轴之后约 80cm 处,附设加劲横梁一根作反力架。汽车轮胎充气压力 0.50MPa。

(2)现场测试装置,如图 1-61 所示,由千斤顶、测力计(测力环或压力表)及球座组成。

(3)刚性承载板一块,板厚 20mm,直径为 ϕ30cm,直径两端设有立柱和可以调整高度的支座,供安放弯沉仪测头用。承载板安放在土基表面上。

(4)路面弯沉仪两台,由贝克曼梁、百分表及其支架组成。

(5)液压千斤顶一台,80~100kN,装有经过标定的压力表或测力环,其容量不小于土基强度,测定精度不小于测力计量程的 1%。

(6)秒表。

(7)水平尺。

(8)其他:细砂、毛刷、垂球、镐、铁锹、铲等。

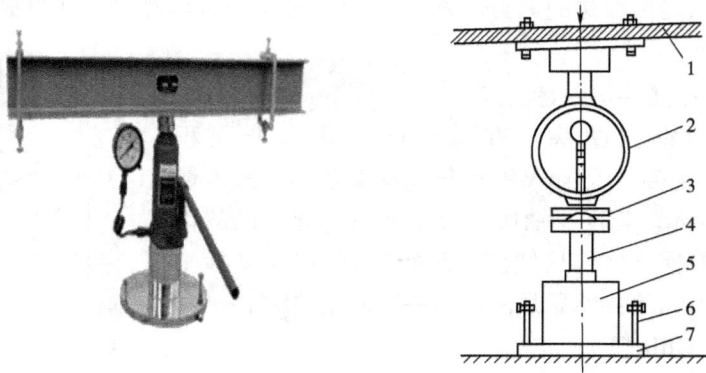

图 1-61 承载板试验现场测试装置

1-加劲横梁;2-测力计;3-钢板及球座;4-钢圆筒;5-加载千斤顶;6-立柱及支座;7-承载板

2. 方法与步骤

1)准备工作

(1)根据需要选择有代表性的测点。测点应位于水平的路基上,土质均匀,不含杂物。

(2)仔细平整土基表面,撒干燥洁净的细砂填平土基凹处,砂子不可覆盖全部土基表面,避免形成夹层。

（3）安置承载板，并用水平尺进行校正，使承载板处于水平状态。

（4）将试验车置于测点上，在加劲横梁中部悬挂垂球测试，使之恰好对准承载板中心，然后收起垂球。

（5）在承载板上安放千斤顶，上面衬垫钢圆筒、钢板，并将球座置于顶部与加劲横梁接触。如用测力环时，应将测力环置于千斤顶与横梁中间，千斤顶及衬垫物必须保持垂直，以免加压时千斤顶倾斜发生事故并影响测试数据的准确性。

（6）安放弯沉仪，将两台弯沉仪的测头分别置于承载板立柱的支座上，百分表对零或其他合适的初始位置上。

2）测试步骤

（1）用千斤顶开始加载，注视测力环或压力表，至预压 0.05MPa，稳压 1min，使承载板与土基紧密接触，同时检查百分表，其工作情况应正常，然后放松千斤顶油门卸载，稳压 1min 后，将指针对零或记录初始读数。

（2）测定土基的压力—变形曲线。用千斤顶加载，采用逐级加载卸载法，用压力表或测力环控制加载量，荷载小于 0.1MPa 时，每级增加 0.02MPa，以后每级增加 0.04MPa 左右。为了使加载和计算方便，加载数值可适当调整为整数。每次加载至预定荷载 P 后，稳定 1min，立即读记两台弯沉仪百分表数值，然后轻轻放开千斤顶油门卸载至 0，待卸载稳定 1min 后，再次读数，每次卸载后百分表不再对零。当两台弯沉仪百分表读数之差不超过平均值的 30% 时，取平均值；如超过 30%，则应重测。当回弹变形值超过 1mm 时，即可停止加载。

（3）各级荷载的回弹变形和总变形，按以下方法计算：

回弹变形 L = （加载后读数平均值 – 卸载后读数平均值）× 弯沉仪杠杆比　　（1-57）

总变形 L' = （加载后读数平均值 – 加载初始前读数平均值）× 弯沉仪杠杆比　　（1-58）

注： 国产贝克曼梁弯沉仪的杠杆比一般为 2:1。

（4）测定总影响量 a。最后一次加载卸载循环结束后，取走千斤顶，重新读取百分表初读数，然后将汽车开出 10m 以外，读取终读数，两只百分表的初、终读数差之平均值即为总影响量 a。

（5）在试验点下取样，测定材料含水率。取样数量如下：

①最大粒径不大于 4.75mm，试样数量约 120g；

②最大粒径不大于 19.0mm，试样数量约 250g；

③最大粒径不大于 31.5mm，试样数量约 500g。

（6）在紧靠试验点旁边的适当位置，用灌砂法或环刀法等测定土基的密度。

（7）本试验的各项数值可记录于记录表上。

3. 计算

（1）各级压力的回弹变形值加上该级的影响量后，则为计算回弹变形值。表 1-17 是以后轴重 60kN 的标准车为测试车的各级荷载影响量的计算值。当使用其他类型测试车时，各级压力下的影响量 a_i 按式（1-59）计算：

$$a_i = \frac{(T_1 + T_2)\pi D^2 p_i}{4T_1 Q} \cdot a \qquad (1-59)$$

式中：T_1——测试车前后轴距（m）；

T_2——加劲小梁距后轴距离（m）；

D——承载板直径（m）；

Q——测试车后轴重（N）；

p_i——该级承载板压力(Pa);

a——总影响量(0.01mm);

a_i——该级压力的分级影响量(0.01mm)。

各级荷载影响量(后轴60kN车)   表1-17

承载板压力(MPa)	0.05	0.10	0.15	0.20	0.30	0.40	0.50
影响量	$0.06a$	$0.12a$	$0.18a$	$0.24a$	$0.36a$	$0.48a$	$0.60a$

(2)将各级计算回弹变形值点绘于标准计算纸上,排除显著偏离的异常点并绘出顺滑的 p-L 曲线。如曲线起始部分出现反弯,应按图1-62所示修正原点 O,O' 则是修正后的原点。

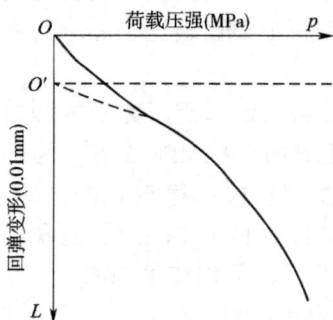

图1-62　修正原点示意图

(3)按式(1-60)计算相应于各级荷载下的土基回弹模量度:

$$E_i = \frac{\pi D}{4} \cdot \frac{p_i}{L_i}(1 - \mu_0^2) \qquad (1-60)$$

式中:E_i——相应于各级荷载下的土基回弹模量(MPa);

μ_0——土的泊松比,根据相关路面设计规范规定取用;

D——承载板直径,取30cm;

p_i——承载板压力(MPa);

L_i——相对于荷载 p_i 时的回弹变形(cm)。

(4)取结束试验前的各回弹变形值按线性回归方法由式(1-61)计算土基回弹模量:

$$E_0 = \frac{\pi D}{4} \cdot \frac{\sum p_i}{\sum L_i}(1 - \mu_0^2) \qquad (1-61)$$

式中:E_0——土基回弹模量(MPa);

μ_0——土的泊松比,根据相关路面设计规范规定选用;当无规定时,非黏性土取0.30,高黏性土取0.50。一般可取0.35或0.40。

L_i——结束试验前的各级实测回弹变形值;

p_i——对应于 L_i 的各级压力值。

任务4　公路路基工程竣工验收阶段试验检测

▶▶任务分析

路基竣工阶段需检测的项目除了按试验检测频率对施工阶段的项目进行检测外,还需对路基填筑质量进行检测。

▶▶任务实施

一、检测项目

路基工程竣工阶段试验检测工作如下。

(1)按照1~3km为一个单元对路基工程压实度进行整体评定。

（2）按照 1km 为一个单元对路基工程弯沉值进行整体评定。

（3）按照竣工资料编制办法要求及时准确完成试验资料的整理归档工作，包括以下内容

①路基原地面各项常规试验记录及汇总表的收集、整理及归档。

②路基取土场各项常规试验记录及汇总表的收集、整理及归档。

③现场检测压实度记录及评定表的收集、整理及归档。

④现场检测弯沉值记录及评定表的收集、整理及归档。

二、检测方法

公路路基工程压实度检测方法同施工阶段压实度检测内容，路基弯沉试验可参考本教材学习情境 5 沥青混凝土路面试验部分。

综合练习题

一、名词解释

1.路堤；2.路堑

二、填空题

1.路床是路面的基础，是指路面以下（　　　）cm 范围内的路基部分，承受由路面传来的荷载。在结构上分上路床（　　　）cm 及下路床（　　　）cm 两层。

2.路基横断面形式可分为（　　　）、（　　　）、（　　　）和（　　　）等四种形式。

3.路堑分为（　　　）、（　　　）和（　　　）三种。

4.土的基本指标包括（　　　）、（　　　）和（　　　），在试验室中分别用（　　　）、（　　　）和（　　　）来测定。

5.土的不均匀系数 C_u 越大，曲线越（　　　），粒径分布越（　　　）。

6.击实试验目的是求（　　　），而测试的是（　　　）。

7.筛分试验，筛后总重量与筛前总重量之差不得大于（　　　）。

8.路基边坡坡度是以（　　　）与（　　　）之比来表示的，为了方便起见，通常冷（　　　）定为 1，（　　　）比值是几，这个坡度就是 1 比几，写成 $1:m$ 或 $1:n$。

三、问答题

1.液、塑限试验资料整理时，当含水率与锥入深度在双对数坐标纸上不是直线时怎么办？

2.密度测试中的难题是什么？

3.采用挖坑灌砂法进行压实度检测时，应注意哪几个问题？在测试中若没有测试粗糙表面的耗砂量，将对测试结果有怎样影响？为什么？

4.现场采用承载板法测定土基模量时，需要测定总影响量，为什么？

四、计算题

1.某地基土样，用体积为 $100cm^3$ 的环刀取样试验，测得环刀加湿土质量为 241.00g，环刀质量为 55.00g，烘干后土样质量为 162.00g，土粒比重为 2.70。试计算该土样的含水率、饱和度、孔隙比、湿土密度、干密度与饱和密度。

2.将土以不同含水率制成试样，片标准的夯击能使土样击实，测定其含水率及密度如题表 1-1 所示。

含水率 w(%)	17.2	15.2	12.2	10.0	8.8	7.4
密度 ρ(g/cm³)	2.06	2.10	2.16	2.13	2.03	1.89

试绘出击实曲线,并求出其最佳含水率 w 及最大干密度 ρ_{dmax}。

3. 用承载板测定土基回弹模量,检测结果如题表 1-2 所示,请计算该测点的土基回弹模量。

p_i(MPa)	0.02	0.04	0.06	0.08	0.10	0.14	0.18	0.22
加载读数(0.01mm)	12.3	21.1	39.4	50.6	58.7	77.5	97.3	127.0
卸载读数(0.01mm)	10.2	12.0	23.1	28.3	32.4	41.2	51.5	61.8

(**注**: $a_i = \dfrac{(T_1 + T_2)\pi D^2 p_i}{4 T_1 Q} a = 0.97 p_i a, D = 30\text{cm}, \mu_0 = 0.35, a = 10.4 \times 10^{-2}\text{mm}$)

4. 某承载板试验结果如题表 1-3 所示,请绘制 p-l 曲线。(**注**: $a_i = 0.79 p_i a$)

序 号	承载板 p 压力（MPa）	百分表读数(0.01mm)			
		加载后		卸载后	
		左	右	左	右
1	0.02	14	13	3	3
2	0.04	28	29	7	8
3	0.06	38	40	8	9
4	0.08	52	54	10	11
5	0.10	66	72	12	14
总影响量	0	左6			
		右8			

5. 某二级公路路基压实施工中,用灌砂法测定压实度,测得灌砂筒内量砂质量为 5820g,填满标定罐所需砂的质量为 3885g,测定砂锥的质量为 615g,标定罐的体积 3035cm³,灌砂后称灌砂筒内剩余砂质量为 1314g,试坑挖出湿土重为 5867g,烘干土重为 5036g,室内击实试验得最大干密度为 1.68g/cm³,试求该测点压实度和含水率。

高速铁路路基工程检测

情 境 描 述

高速铁路路基工程检测学习情境包括：高速铁路路基工程认知、高速铁路路基工程施工准备阶段试验检测、高速铁路路基工程施工阶段试验检测、高速铁路路基工程竣工验收阶段试验检测四个方面。本学习情境旨在通过四项不同的工作任务，使学生熟悉高速铁路路基组成、特点工及施工工艺，玥确高速铁路路基工程在各阶段中所要进行的各种检测项目，具备对高速铁路路基工程在各阶段质量检验评定的能力。

任务1　高速铁路路基工程认知

▶▶任务分析

　　路基工程是高速铁路工程的先行工序,高速铁路工程的质量评定与检测贯穿于工程的各个过程。为了掌握正确的相应检测方法,了解高速铁路工程的特点及其施工工艺就显得尤为必要。

▶▶任务实施

1.1　高速铁路工程概述

　　自 1964 年日本建成世界上第一条高速铁路以来,法国、英国、德国、西班牙、意大利和美国等发达国家也相继修建了高速铁路。而其中最具代表性的法国高速铁路,其最高商业运行时速已突破 300km,同时新一代的 TGV 高速列车创造了时速 515.3km 的超高速记录。

　　据相关资料统计表明,到 2012 年底,世界高速铁路的总长已达 6858km。目前全世界已投入运行和正在修建的高速铁路里程超过 1.4 万 km,约占铁路总营业里程的 2%。欧洲有关部门做出的长远规划是到 2015 年,全欧高速铁路网总长达 3 万 km,其中新建路段 9100km,约占 30%。与此同时,世界上许多国家和地区也做出了自己相应的规划和目标。高速铁路的诸多特点和优势,使得传统的铁路运输重新焕发了生机,并在世界各地得到了蓬勃发展,从而加速了高速铁路现代化的步伐,为世界高速铁路网的形成和发展打下了良好的基础。

　　与发达国家相比,我国高速铁路的规划和建设虽然起步较晚,但是发展非常迅速。我国第一条高速铁路——120km 长的京津城际铁路于 2008 年 8 月 1 日开通运营。最高运行时速350km,将北京和天津两大直辖市紧紧相连。到 2020 年,我国铁路营业里程将达到 12 万 km以上。其中,新建高速铁路将达到 1.6 万 km 以上;加上其他新建铁路和既有线提速线路,我国铁路快速客运网将达到 5 万 km 以上,连接所有省会城市和 50 万人口以上城市,覆盖全国90% 以上人口,"人便其行、货畅其流"的目标将成为现实。

1.2　高速铁路路基概述

一、普通铁路路基

1. 普通铁路路基的组成

　　铁路路基是为满足轨道铺设和运营条件而修建的土工构筑物。它是轨道的基础,承受着轨道及机车车辆的静荷载和动荷载,并将荷载向地基深处传递扩散。在纵断面上,路基必须保证轨顶需要的高程;在平面上,路基与桥、隧连接组成完整贯通的铁路线路。在铁道工程的发展过程中,路基为轨道结构的不断更新、改善和轨道定型化提供了必要的条件。

　　为了保证路基正常工作,铁路路基工程主要由三部分建筑物组成:

　　(1)路基本体:路基本体是直接铺设轨道结构并承受列车荷载的部分,例如路堤、路堑等。它是路基工程的主体建筑物。

　　(2)路基防护和加固建筑物:属于路基的附属建筑物,例如挡土墙、护坡等。

（3）路基排水设备:也属于路基的附属建筑物,例如排除地面水的排水沟、侧沟、天沟和排除地下水的排水槽、渗水暗沟等。

2.路基本体的组成

在路基横断面中,路基本体由路基顶面、路肩、基床、边坡、基底五部分构成,如图2-1、图2-2所示。

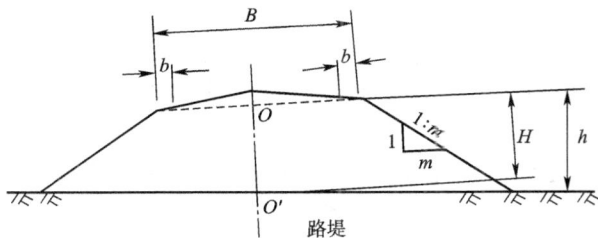

图2-1 路堤横断面　　　　　　　　　　图2-2 路堑横断面

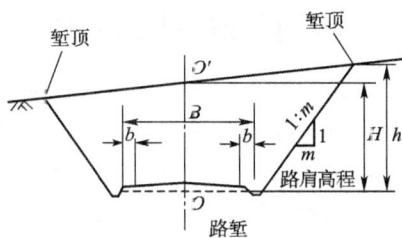

（1）路基顶面。是指路基本体中心为形成轨道铺设条件和确保线路正常运营而构筑的构造面,称为路基顶面或简称路基面。在路堤中路基顶面即为路堤堤身的顶面,也称路堤顶面;在路堑中,路基顶面即为堑体开挖后形成的构造面。

（2）路肩。铁路路基顶面中,道床覆盖以外的部分称为路肩。路肩作用是保护路堤受力的堤心部分,防止道砟失落,保持路基面的横向排水,供养护维修人员作业行走避车,放置养护机具,防洪抢险临时堆放砂石料,埋设各种标志、通信信号、电力给水设备等。

（3）路基基床。铁路路基面以下受到列车动荷载作用和受水文、气候四季变化影响的深度范围称为基床。列车动应力由轨道、道床传至路基本体,然后沿深度逐渐衰减,在路基的某一深度处,列车荷载引起的动应力只占路基自重荷载的一小部分,例如 1/5 或 1/10。在此深度以下,动荷载对土基的影响很小,可以忽略不计。这一深度范围内称为路基基床。路基基床分为基床表层和基床底层。我国高速铁路路基的基床厚度为 3.0m。

（4）边坡。路基横断面两侧的边线称为路基边坡。边坡与路基顶面的交点称为顶肩;边坡与地面的交点在路堤中为坡脚,路堑中为堑顶。边坡坡面的斜率以边坡上下两点间的高差与水平距离之比表示,斜率为 1:m。

（5）路基基底。路堤下地基内承受路堤及轨道、列车等荷载作用的部分称为路堤基底。

3.路基防护与加固设备

路基常用的防护设备有坡面防护设备和冲刷防护设备。

为防止路基边坡和坡脚受坡面雨水的冲刷,防止日晒雨淋引起土的干湿循环,防止气温变化引起土的冻融变化而影响边坡的稳固,常采用坡面防护。常用的坡面防护设施有植物防护、圬工防护、骨架植物防护三种。

为了防止河水对边坡、坡脚或坡脚处地基不断的冲刷和淘刷,应设冲刷防护,冲刷防护的措施有直接和间接两类。

路基加固设备是用以加固路基本体或地基的工程设施,包括护堤、挡土墙、支垛、抗滑桩及其他地基加固措施。

4.路基排水设备

路基的排水设备分地面排水设备和地下排水设备两种。

地面排水设备用以拦截地面径流,汇集路基范围内的雨水并使其畅通地流向天然排水沟谷,以防止地面水对路基的浸湿、冲刷,影响其良好状态。常用的路基地面排水设施有边沟、截水沟、排水沟、跌水与急流槽、倒虹吸管与渡水槽以及蒸发池等几种。

地下排水设备用以拦截、疏导地下水和降低地下水位,以改善地基土和路基边坡的工作条件,防止或避免地下水对地基和路基本体的有害影响。常用的地下排水设施有暗沟、渗沟和渗井等。

二、高速铁路路基工程特点

调整铁路路基与普通铁路路基的本质区别在于强化基床表层结构,提高和完善压实标准,同时对填料及路基与结构物过渡段的刚度提出了更高的要求。

高速铁路的出现对传统铁路的设计、施工和养护维修提出了新的挑战,在许多方面变化和改变传统的设计观念。就路基工程而言,高速铁路表现出以下特点:

1. 路基轨道结构形式的变化

为保证路基强度大、变形小,并具有足够的稳定性和耐久性,高速铁路路基结构的形式较传统铁路路基有明显的变化。

高速铁路轨道结构主要有有砟轨道和无砟轨道两种类型。从技术上看,两类轨道结构都能满足高速行车的要求。作为传统轨道结构的重要组成部分,碎石道床在列车重复荷载的作用下,承受来自轨枕的压力和振动,并传递到路基,以及担负抵抗轨枕纵向和横向移动、缓和机车车辆冲击等作用,具有弹性良好、价格低廉、更换与维修方便、吸噪特性好等优点,自有铁路一百多年以来,碎石道床仍保持其旺盛生命力。

高速铁路有砟轨道线路结构已经突破了传统的轨道—道床—土路基这种结构形式。在高速铁路发达国家,铁路路基基床结构各不相同,有各自的特点。

高速铁路的另一种轨道类型为无砟轨道。目前国外主要有板式、双块式和长轨枕埋入式、弹性支撑块式等无砟轨道类型。此外还有 PACT 及浮置板式轨道。无砟轨道以其轨道弹性均匀、线路状态稳定、养护维修工作量少、行车安全性和舒适性好等优点,在高速铁路中呈不断发展态势。如日本新建铁路的无砟轨道已超过全线的 80%,德国新建高速铁路上无砟轨道占线路总长的 70% 以上。我国在秦沈客运专线上也铺设了板式轨道和长轨埋入式无砟轨道,在秦岭隧道铺设了弹性支撑块式无砟轨道,在郑西、武广等客运专线均大量采用无砟轨道。

2. 控制路基工后沉降是高速铁路路基设计的关键

路基工后沉降包括长期行车引起的基床累积下沉以及路基本体填土和地基的压缩下沉。路基工后沉降是高速铁路设计所考虑的主要控制因素,尤其是路基,强度不是问题,因为一般来说,在达到强度破坏前,已经出现了不能容许的过大有害变形。

世界各国高速铁路都十分重视路基沉降控制。日本第一条高速铁路——东海道新干线修建时,由于对高速铁路路基的重要性重视不够,标准偏低,致使通车后出现大量路基下沉、基床翻浆病害,轨道难以达到正常的工作状态,列车运行速度无法达到设计速度目标值。日本修建高速铁路初期拟定的工后总沉降为 10cm,年沉降量 3cm;在后来的修建高速铁路时,工后总沉降已按 3cm 控制,对无砟轨道工后沉降的控制更严格。

3. 高速铁路对轨道的平顺性要求

高速铁路对轨道的平顺性提出了更高的要求,对轨道不平顺管理标准要求非常严格。路基是铁路线路工程的重要的组成部分,是承受轨道重力和列车荷载的基础,它也是线路工程中的最薄弱最不稳定的环节,路基几何尺寸的不平顺,自然会引起轨道的几何不平顺。因此,高速铁路的路基除应具备一般铁路路基的基本性能之外,还应满足高速铁路轨道对基础提出的性能要求。不仅要求静态平顺,还要求动态条件下平顺。

4. 在轨下基础刚度变化处设置过渡段

铁路线路由不同特点的结构物(桥、隧、路基等)和轨道结构构成,这些结构在强度、刚度、变形等方面都有很大的差异,因此在路桥、桥涵、路隧等相连地段,纵向轨下基础刚度的变化必然影响路基、轨道、车辆系统刚度的均匀性,导致高速铁路系统振动的加剧,也加大了对轨下基础的动力作用,影响高速行车的平稳和安全。因此在路基与桥(涵)间设置一定长度的过渡段,以控制轨道刚度的逐渐变化,并最大限度减少由于桥涵的沉降不均匀而引起的轨道不平顺,保证列车高速、安全、舒适运行。

除此之外,为控制路基工后沉降和保证路基刚度,高速铁路对路基填料及压实标准较普通铁路有更严格的要求,并且对路基各部位的地基系数、静态变形模量或者动态变形模量有严格的要求。

三、高速铁路路基结构构造

1. 高速铁路路基标准横断面

在高速铁路路基工程中,路基本体的各种防护和加固措施的设计,常常有设计要求和设计条件相同或基本相同的情况,为了减少或避免做许多重复性的设计计算工作,将各种在设计中常遇到并可以共用的设计图式加以认定,便成为可直接引用的标准图式。如图2-3~图2-5所示为我国京沪高速铁路路基的标准横断面图。

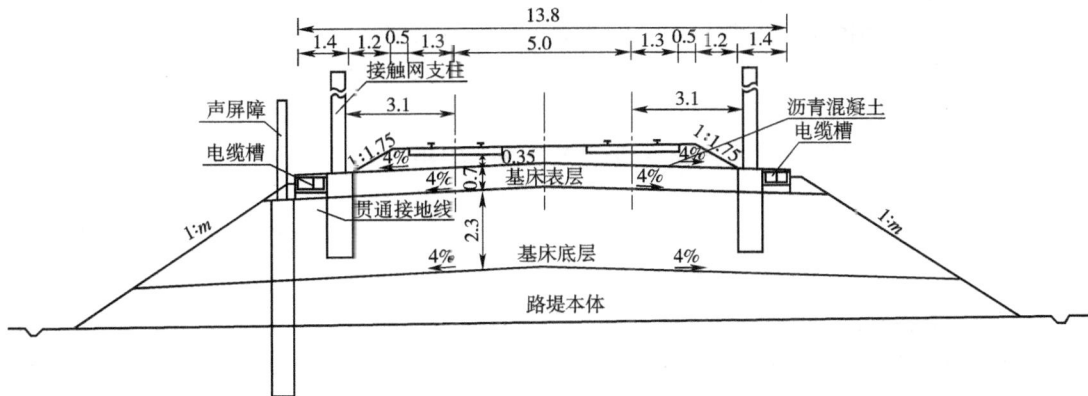

图2-3 双线路堤标准横断面示意图(尺寸单位:m)

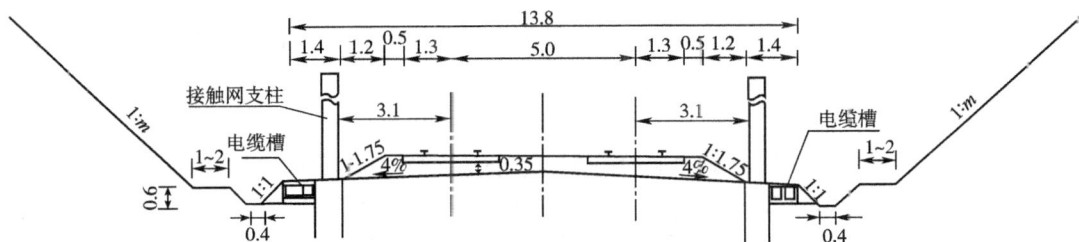

图2-4 双线路堑(硬质岩石)标准横断面示意图(尺寸单位:m)

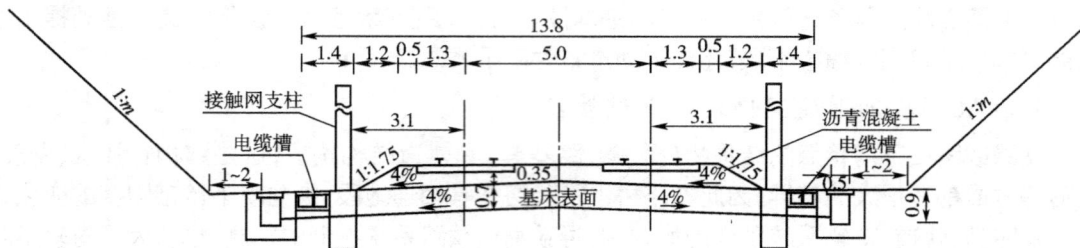

图2-5 双线路堑(土质、软质岩石及强风化硬质岩石)标准横断面示意图(尺寸单位:m)

2. 高速铁路路基基床结构

1) 基床的结构

一般情况,高速铁路路基基床是由基床表层和底层组成的两层结构。我国高速铁路基床表层厚度无砟轨道为0.4m,有砟轨道为0.7m,基床底层厚度为2.3m。其中,基床表层由5~10cm厚的沥青混凝土和65~60cm厚的级配碎石或级配砂砾石组成。

2) 基床的作用

基床是铁路路基最重要的关键部位,其主要作用有以下几个方面:

(1)基床有足够的强度,它能抵抗列车荷载产生的动应力而不使基床破坏,能抵抗道砟压入基床土中,防止道砟陷槽等病害的形成,在路基填筑阶段能承受重型施工车辆走行而不形成印坑,以免留下隐患。

(2)基床具有足够的刚度,在列车荷载的重复作用下,塑性积累变形很小,能避免形成过大的不均匀下沉而造成轨道的不平顺,增加养护维修的困难。在列车高速行驶时,基床的弹性变形应满足高速走行的安全性和舒适性的要求,同时还能保障道床的稳固。

(3)基床具有良好的排水性,能防止雨水浸入造成路基土软化,防止发生翻浆冒泥等病害。

(4)在可能发生冻害的地区,基床还有防冻等特殊作用。

3) 基床表层

基床表层是路基直接承受列车荷载的部分,又常被称为路基的承载层或持力层,因此基床表层的设计是路基设计中最重要的部分。

(1)基床表层的作用

①增加线路强度,使路基更加坚固、稳定,并具有一定的刚度,使列车通过时的弹性变形控制在一定范围之内;

②扩散作用到基床底层顶面上的动应力,使其不超出基床底层填料的临界动应力;

③防止道砟压入基床及基床土进入道砟层;

④防止雨水浸入基床使基床土软化,发生翻浆冒泥等基床病害,并保证基床肩部表面不被雨水冲刷;

⑤防冻等。

实践表明,基床表层的优劣对轨道变形影响很大。国外铁路工程实践表明,不良基床表层引起的轨道变形是良好基床表层的几倍,而且其差距还随速度的提高而增大。这说明高速铁路设置一个良好基床表层是必不可少的。因此,需要对基床表层厚度、填料、结构及压实标准等多方面进行精心设计。

（2）基床表层结构

高速铁路路基基床表层一般均由两层结构组成,日本、德国、法国、西班牙均如此。上层大多要求填料变形模量大,渗透系数小。但这两个要求的统一是较难满足的。因此,日本采用了沥青混凝土,它可以满足这些要求。由于基床表层接近轨道,受较大动荷载作用,即使在厚度不足 1m 的范围内,上下部分产生的动应变也有相当大的差距,上层受到的动应变比下层要大得多。因此,在使用级配砂砾石的国家,一般都把基床表层分成上下两部分。上层较薄,大多为 0.2～0.3m,要求变形模量高,有时还对颗粒的耐磨性提出要求,因此在选用砂石料时应采用石英质母岩。其次,为了提高该层的刚度,颗粒的最大粒径可适当提高,粗颗粒含量增加。下层的作用偏重于保护,颗粒粒径应与基床填料匹配,使基床底层填料不能进入基床表层,同时要求渗透系数小,至少要小于 $4～10\text{m/s}$。如果不得已,只能采用经改良的黏性土作为基床底层填料时,需考虑在基床表层的底面铺设土工合成材料。如果基床底层部分采用粗颗粒渗水性填料,则不仅基床表层厚度可以减小,而且可以考虑采用一层。

（3）基床的表层填料

从日、法、德三国和我国铁路以前进行的少量强化基床的试验研究来看,基床表层使用的材料大致有以下几类:级配砂砾石、级配碎石、级配矿物颗粒材料（高炉炉渣）和各种结合料（如石灰、水泥等）的稳定土。

级配矿物颗粒材料,特别是水硬性的级配高炉炉渣是很好的基床表层材料。它的主要成分是 CaO、SiO_2、Al_2O_3,其成分与水泥的成分相似。施工后很长时间内会继续硬化,承载能力相应提高,这显然是非常有用的。这种材料的无侧限强度在 1200kPa 以上,弹性模量在 300MPa 以上。但也有一些不利的地方。它必须以炼铁厂为中心进行再加工,对矿渣碎石的品质要求高,否则水硬性的特点就得不到发挥。矿渣碎石对施工工艺要求严格,使用不当时,其含有的硫化钙、氧化钙还会污染环境。这种材料在日本已大量使用,欧洲也有少量使用,我国铁路还很少用。从我国现有的施工条件来看,采用这类材料难度较大。我国高速铁路路基基床表层填料主要采用级配碎石。

级配碎石是我国高等级公路上普遍采用的用作路基基层的填料。它是由粒径大小不同的粗、细碎石集料和石屑各占一定比例的混合料,并且其颗粒组成符合密实级配要求（级配要求见表2-1）。级配碎石可由未筛分碎石和石屑组配成。未筛分碎石是指控制最大粒径（仅过一个规定筛孔的筛）后,由碎石机轧制的未经筛分的碎石料。它的理论粒径组成为 $0～50\text{mm}$,并且具有较好的级配,可直接用作高速铁路基床表层填料。石屑是指实际颗粒组成常为 $0～10\text{mm}$ 的筛余料,并具有良好的级配。级配碎石的颗粒粒径、级配范围和材料性能应符合现行《铁路碎石道床底碴》（TB/T 2897—98）规定,其中级配碎石基床表层颗粒级配要求见表2-1,并且在变形、强度等方面应满足高速铁路路基基床表层的有关技术条件。为了防止道砟嵌入或基床底层填料进入基床表层,级配碎石与上部道床及下部填土之间应满足 $D_{15}<4d_{85}$。当与基床底层填料之间不能满足该要求时,基床表层应采用颗粒级配不同的两层结构,或在基床底层表面铺设土工合成材料。

基床表层级配碎石 表 2-1

方孔筛边长（mm）	0.1	0.5	1.7	7.1	22.4	31.5	45
过筛质量百分率%	0～11(5)	7～32	13～46	41～75	67～91	82～100	100

4）基床底层填料

高速铁路路基基床底层填料只能用 A、B 组填料或改良土,其压实标准见表2-19。

3. 高速铁路路堤

1）基床以下路堤填料要求

高速铁路基床以下路堤填料应满足下列三个基本要求：①在列车和路堤自重荷载作用下，路堤能长期保持稳定；②路堤本体的压缩沉降能很快完成；③其力学特性不会受其他因素（水、温度、地震）影响而发生不利于路堤稳定的变化。因此，只要土质经过处理后能满足上述要求，就可以用作基床以下路堤填料。

基床以下路堤宜选用 A、B 组填料和 C 组碎石、砾石类材料，其粒径级配应符合压实性能要求；当选用 C 组细粒土填料时，应根据填料性质进行改良。

2）路基工后沉降

工后沉降是指铺轨工程完成以后，基础设施产生的沉降量。路基工后沉降值应控制在允许范围内，地基处理措施应根据地形和地质条件、路堤高度、填料及工期等进行计算分析确定。对路基与桥台及路基与横向结构物过渡段、地层变化较大处和不同地基处理措施连接处，应采取逐渐过渡的地基处理方法，减少不均匀沉降。路基施工应进行系统的沉降观测，铺轨前应根据沉降观测资料进行分析评估，确定路基工后沉降符合要求后方可进行轨道铺设。路基工后沉降量应符合下列规定：

（1）无砟轨道路基工后沉降应满足扣件调整和线路竖曲线圆顺的要求。工后沉降不宜超过 15mm；沉降比较均匀并且调整轨面高程后的竖曲线半径应满足下式的要求时，允许的工后沉降量为 30mm。

$$R_{\mathrm{sh}} \geqslant 0.4 v_{\mathrm{sj}}^2 \qquad (2-1)$$

式中：R_{sh}——轨面圆顺的竖曲线半径（m）；

v_{sj}——设计最高速度（km/h）。

路基与桥梁、隧道或横向结构物交界处的工后沉降差不应大于 5mm，不均匀沉降造成的折角不应大于 1/1000。

（2）有砟轨道路基工后沉降应符合下表 2-2 的要求。

路基工后沉降控制标准　　　　　　　　　　　　　　　表 2-2

设计行车速度（km/h）	一般地段工后沉降（cm）	桥台台尾过渡段工后沉降（cm）	沉降速率（cm/年）
250	≤10	≤5	≤3
300、350	≤5	≤3	≤2

4. 过渡段

铁路线路是由不同特点、性质迥异但又相互作用、相互依存、相互补充的构筑物（桥、隧、路基等）和轨道构成的。由于组成线路的结构物强度、刚度、变形、材料等方面的巨大差异，因此必然会引起轨道的不平顺。

为了满足列车平稳舒适且不间断地运行，必须将其不平顺控制在一定范围之内。例如，与桥梁连接处的路堤一直是铁路路基的一个薄弱环节，由于路基与桥梁刚度差别很大，一方面引起轨道刚度的变化；另一方面，路基与桥台的沉降也不一致，在桥路过渡点附近极易产生沉降差，导致轨面发生弯折。当列车高速通过时，必然会增加列车与线路的振动，引起列车与线路结构的相互作用力的增加，影响线路结构的稳定，甚至危及行车安全。

在路基与桥梁之间设置一定长度的过渡段，可使轨道的刚度逐渐变化，并最大限度地减少路基与桥梁之间的沉降差，达到降低列车与线路的振动，减缓线路结构的变形，保证列车安全、平稳、舒适运行的目的。路基与桥台、横向结构物、隧道及路堤与路堑、有砟轨道与无砟轨道等连接处均应设置过渡段,保证刚度及变形在线路纵向的均匀变化。

1.3 土的工程分类

土在工程建设中既可作为建筑物地基又可作为构筑物的填料,前者是保持天然结构状态的土,后者是经由人工扰动或配制的土。对不同工程用途的土,选取影响显著的指标,按其差异划分成类或组,给予合适的定名,可从土类和土名中初步了解其主要的工程特性。

当用作地基土时,可结合其他指标确定地基土的承载力,初步估计建筑物的沉降。

当用于路基填料时,可初步评估填料的压实强度、透水性和稳定性,合理地选择施工方案。

由于历史和专业的原因,我国铁路系统长期存在两种"土的工程分类",即铁路路基设计规范中的"填料分类"和铁路工程地质技术规范中的"岩土分类"。两种分类方法服务于不同的工程目的,针对的是两种不同状态的土。"铁路工程岩土分类"的服务对象主要是自然界中保持天然结构状态的地基土,它的土性决定于土的地质成因、矿物成分、粒径组成和水的含量,将它们按一定的规律划分成类或组,其主要目的是确定地基土的承载力,初步估算构筑物的沉降,如:①用孔隙比和含水率等指标确定地基承载力;②用含水率确定淤泥质土地基承载力;③进行相关原位试验确定地基承载力。"铁路路基工程填料分类"是针对天然结构已被破坏的扰动土,将其按粒径组成、按细粒含量和级配情况等划分成类和组,用以估算填料压实后的强度、可压实性和渗透性、冻胀性等。

下面,对两种分类方法分别进行介绍。

一、一般土的分类

(1)土的颗粒按表2-3分类。

(2)根据颗粒的形状和级配,碎石类土按表2-4分类。

(3)根据土的颗粒级配,砂类土按表2-5分类。

(4)塑性指数等于或小于10,且粒径大于0.075mm颗粒的质量不超过全部质量50%的土,定名为粉土。

土 的 颗 粒 分 类　　　　　　　　　表 2-3

颗 粒 名 称		粒 径 d(mm)
漂石(浑圆、圆棱)或块石(尖棱)	大	$d > 800$
	中	$400 < d \leqslant 800$
	小	$200 < d \leqslant 400$
卵石(浑圆、圆棱)或碎石(尖棱)	大	$100 < d \leqslant 200$
	小	$60 < d \leqslant 100$
粗圆砾(浑圆、圆棱)或粗角砾(尖棱)	大	$40 < d \leqslant 60$
	小	$20 < d \leqslant 40$
细圆砾(浑圆、圆棱)或细角砾(尖棱)	大	$10 < d \leqslant 20$
	中	$5 < d \leqslant 10$
	小	$2 < d \leqslant 5$
砂粒	粗	$0.5 < d \leqslant 2$
	中	$0.25 < d \leqslant 0.5$
	细	$0.075 < d \leqslant 0.25$
粉粒		$0.005 \leqslant d \leqslant 0.075$
黏粒		$d < 0.005$

碎石类土的划分   表2-4

土的名称	颗粒形状	土的颗粒级配
漂石土	浑圆或圆棱状为主	粒径大于200mm的颗粒超过总质量的50%
块石土	尖棱状为主	
卵石土	浑圆或圆棱状为主	粒径大于60mm的颗粒超过总质量的50%
碎石土	尖棱状为主	
粗圆砾土	浑圆或圆棱状为主	粒径大于20mm的颗粒超过总质量的50%
粗角砾土	尖棱状为主	
细圆砾土	浑圆或圆棱状为主	粒径大于2mm的颗粒超过总质量的50%
细角砾土	尖棱状为主	

砂类土的分类   表2-5

土的名称	土的颗粒级配
砾砂	粒径大于2mm颗粒的质量占总质量的25%~50%
粗砂	粒径大于0.5mm颗粒的质量超过总质量的50%
中砂	粒径大于0.25mm颗粒的质量超过总质量的50%
细砂	粒径大于0.075mm颗粒的质量超过总质量的85%
粉砂	粒径大于0.075mm颗粒的质量超过总质量的50%

（5）根据土的塑性指数，黏性土按表2-6分类。

（6）根据结构特征、地貌、天然坡形态、开挖及钻探情况，碎石类土的密实程度按表2-7分类；根据标准贯入锤击数或相对密度，砂类土的密实程度按表2-8划分；根据孔隙比，粉土的密实程度按表2-9划分；根据压缩系数、黏性土的压缩性按表2-10划分。

黏性土的分类   表2-6

土的名称	塑性指数 I_P	土的名称	塑性指数 I_P
粉质黏土	$10 < I_P \leq 17$	黏土	$I_P > 17$

碎石类土密实程度的分类   表2-7

密实程度	结构特征	天然坡和开挖情况	钻探情况
密实	骨架颗粒交错紧贴连接接触，空隙填满密实	天然陡坡稳定，坎下堆积物较少，镐挖掘困难，用撬棍才能松动，坑壁稳定，从坑壁取出大颗粒处，能保持凹面形状	钻进困难。钻探时，钻具跳动剧烈，孔壁较稳定
中密	骨架颗粒疏密不匀，部分颗粒不接触，空隙填满但不密实	天然坡不易陡立或堆积物较多，天然坡大于颗粒的安息角。镐可挖掘，坑壁有掉块现象。填充物为沙粒类石，坑壁取出大颗粒处，不易保持凹面形状	钻进困难。钻探时，钻具跳动不剧烈，孔壁有坍塌现象
稍密	多数骨架颗粒不接触，孔隙基本填满，但较松散	不易形成陡坎，天然坡略大于颗粒的安息角。镐可挖掘，坑壁易掉块，从坑壁取出大颗粒后易坍塌	钻进较难，钻探时，钻具有跳动，孔壁较易坍塌
松散	骨架颗粒之间有较大空隙，充填物少，且松散	镐可挖掘。天然坡度为主要颗粒的安息角，坑壁坍塌	钻进较容易。钻进中孔壁易坍塌

（7）碎石类土、砂类土的潮湿程度，应根据饱和度，按表2-11划分。

（8）粉土潮湿程度应根据天然含水率按表2-12划分。

（9）黏性土的塑性状态，应根据液性指数，按表2-13划分。

砂类土密实程度的划分　　　　　　　　　　　表 2-8

密 实 程 度	相对密度 D_r	标准贯入锤击数 N
密实	$D_r < 0.67$	$N > 30$
中密	$0.4 < D_r \leqslant 0.67$	$15 < N \leqslant 30$
稍密	$0.33 < D_r \leqslant 0.4$	$10 < N \leqslant 15$
松散	$D_r \leqslant 0.33$	$N \leqslant 10$

粉土密实程度的划分　　　　　　　　　　　表 2-9

密 实 程 度	孔隙比 e 值
密实	$e < 0.75$
中密	$0.75 \leqslant e \leqslant 0.9$
稍密	$e > 0.9$

黏性土压缩性的划分　　　　　　　　　　　表 2-10

压缩性分级	压缩系数 $a_{0.1 \sim 0.2}$（MPa）
低压缩性的	$a_{0.1 \sim 0.2} < 0.1$
中压缩性的	$0.1 \leqslant a_{0.1 \sim 0.2} < 0.5$
高压缩性的	$a_{0.1 \sim 0.2} \geqslant 0.5$

碎石类土和砂类土潮湿程度的划分　　　　　　　　　　　表 2-11

分　级	饱和度 s_r（%）	分　级	饱和度 s_r（%）
稍湿	$s_r \leqslant 50$	饱和	$s_r > 80$
潮湿	$50 < s_r \leqslant 80$		

粉土潮湿程度的划分　　　　　　　　　　　表 2-12

分　级	天然含水率 w（%）	分　级	天然含水率 w（%）
稍湿	$w < 20$	饱和	$w > 30$
潮湿	$20 \leqslant w \leqslant 30$		

黏性土塑性状态的划分　　　　　　　　　　　表 2-13

塑性状态	液性指数 I_L	塑性状态	液性指数 I_L
坚硬	$I_L \leqslant 0$	软塑	$0.5 < I_L \leqslant 1$
硬塑	$0 < I_L \leqslant 0.5$	流塑	$I_L > 1$

二、路基填料的分类

路基填料分类是以原《铁路路基设计规范》（TB 10001—99）中的"填土分类"为基础,进行了局部修订,在"一级定名"上与岩土分类标准进行了统一,以铁建设【2004】148 号文发布,并纳入《铁路工程岩土分类标准》（TB 10077—2001）。

（1）一般土作为路基填料时,可按土颗粒的粒径大小分为巨粒土、砂类土和细粒土。

（2）巨粒土、粗粒土及砂类土应应根据颗粒组成、颗粒形状、细粒含量、颗粒级配、抗风化能力等,按表 2-14 进行分组。

（3）细粒土填料应根据土的塑性指数 I_P 和液限含水率 w_L,按表 2-15 进行分组。

（4）以填料的剪切强度、可压实性、压缩性、对气候环境的敏感性等为依据,将填料分为 A、B、C、D、E 共五组,见表 2-14。其中 A 组为优质填料;B 组为良好填料;C 组为一般填料;D 组为不宜使用的差质填料;E 组为严禁使用的劣质填料。

一 级 定 名				二 级 定 名			填料分组
类别		名称	说明	细粒含量	颗粒级配	名称	
巨粒土	块石类	块石土 硬块石土	粒径大于200mm颗粒的质量超过总质量的50%（不易风化，尖棱状为主）	—	—	硬块石	A
		块石土 软块石土	粒径大于200mm颗粒的质量超过总质量的50%（易风化，尖棱状为主）	—	—	$Rc>15MPa$的不易风化软块石	A
						$Rc≤15MPa$的不易风化的软块石	B
						易风化的软块石	C
						风化的软块石	D
		漂石土	粒径大于200mm颗粒的质量超过总质量的50%（浑圆或圆棱状为主）	<5%	良好	级配好的漂石	A
					不良	级配不好的漂石	B
				5%～15%	良好	级配好的含土漂石	A
					不良	级配不好的含土漂石	B
				15%～30%	—	土质漂石	B
				>30%	—	土质漂石	C
	碎石类土	碎石类 卵石土	粒径大于60mm颗粒的质量超过总质量的50%（浑圆或圆棱状为主）	<5%	良好	级配好的卵石	A
					不良	级配不好的卵石	B
				5%～15%	良好	级配好的含土卵石	A
					不良	级配不好的含土卵石	B
				15%～30%	—	土质卵石	B
				>30%	—	土质卵石	C
		碎石土	粒径大于60mm颗粒的质量超过总质量的50%（尖棱状为主）	<5%	良好	级配好的碎石	A
					不良	级配不好的碎石	B
				5%～15%	良好	级配好的含土碎石	A
					不良	级配不好的含土碎石	B
				15%～30%	—	土质碎石	B
				>30%	—	土质碎石	C
粗粒土	粗砾土	粗圆砾土	粒径大于20mm颗粒的质量超过总质量的50%（浑圆或圆棱状为主）	<5%	良好	级配好的粗圆砾	A
					不良	级配不好的粗圆砾	B
				5%～15%	良好	级配好的含土粗圆砾	A
					不良	级配不好的含土粗圆砾	B
				15%～30%	—	土质粗圆砾	B
				>30%	—	土质粗圆砾	C
		粗角砾土	粒径大于20颗粒的质量超过总质量的50%（尖棱状为主）	<5%	良好	级配好的粗角砾	A
					不良	级配不好的粗角砾	B
				5%～15%	良好	级配好的含土粗角砾	A
					不良	级配不好的含土粗角砾	B
				15%～30%	—	土质粗角砾	B
				>30%	—	土质粗角砾	C

路基路面试验与检测

一级定名			二级定名			填料分组
类别	名称	说明	细粒含量	颗粒级配	名称	分组
砾石类	细砾土 细圆砾土	粒径大于2mm颗粒的质量超过总质量的50%（浑圆或圆棱状为主）	<5%	良好	级配好的细圆砾	A
				不良	级配不好的细圆砾	B
			5%~15%	良好	级配好的含土细圆砾	A
				不良	级配不好的含土细圆砾	B
			15%~30%	—	土质细圆砾	B
			>30%	—	土质细圆砾	C
	细角砾土	粒径大于2mm颗粒的质量超过总质量的50%（尖棱状为主）	<5%	良好	级配好的细角砾	A
				不良	级配不好的细角砾	B
			5%~15%	良好	级配好的含土细角砾	A
				不良	级配不好的含土细角砾	B
			15%~30%	—	土质细角砾	B
			>30%	—	土质细角砾	C
砂类土	砾砂	粒径大于2mm颗粒的质量超过总质量的25%~50%	<5%	良好	级配好的砾砂	A
				不良	级配不好的砾砂	B
			5%~15%	良好	级配好的含土砾砂	A
				不良	级配不好的含土砾砂	B
			>15%	—	土质砾砂	B
	粗砂	粒径大于0.5mm颗粒的质量超过总质量的50%	<5%	良好	级配好的粗砂	A
				不良	级配不好的粗砂	B
			5%~15%	良好	级配好的含土粗砂	A
				不良	级配不好的含土粗砂	B
			>15%	—	土质粗砂	B
	中砂	粒径大于0.25mm颗粒的质量超过总质量的50%	<5%	良好	级配好的中砂	A
				不良	级配不好的中砂	B
			5%~15%	良好	级配好的含土中砂	A
				不良	级配不好的含土中砂	B
			>15%	—	土质中砂	B
	细砂	粒径大于超过总质量的85%	<5%	良好	级配好的细砂	B
				不良	级配不好的细砂	C
			5%~15%	—	含土细砂	C
	粉砂	粒径大于0.075mm颗粒的质量超过总质量的50%	—	—	粉砂	C

注:1. 颗粒级配分为良好($C_u \geq 5$,且$C_c = 1~3$)和不良($C_u < 5$,且$C_c \neq 1~3$)。式中:不均匀系数$C_u = d_{60}/d_{10}$;曲率系数$C_c = d_{30}^2/(d_{10} \times d_{60})$,$d_{10}$、$d_{30}$、$d_{60}$分别为颗粒级配曲线上相应于10%、30%、60%含量颗粒的粒径。

2. 硬块石为单轴饱和抗压强度$R_c > 30$MPa的块石,软块石为单轴饱和抗压强度$R_c \leq 30$MPa的块石。

3. 细粒指黏粒($d \leq 0.075$mm)的质量占总质量的百分数。

细粒土填料分组 表2-15

一级定名			二级定名			填料分组
土名			液限含水率 w_L	土名	塑性图	
细粒土	粉土	$I_P \leq 10$，且粒径大于 0.075mm 颗粒的质量不超过全部质量的 50% 的土	$w_L < 40\%$	低液限粉土	塑性指数 I_P；B线:$w_L=40$；CH；A线:$I_P=0.63(w_L-20)$；D线:$I_P=17$；C线:$I_P=10$；M_L；M_H；液限w_L(%)	C
			$w_L \geq 40\%$	高液限粉土		D
	黏性土	粉质黏土 $10 < I_P \leq 17$	$w_L < 40\%$	低液限粉质黏土		C
			$w_L \geq 40\%$	高液限粉质黏土		D
		黏土 $I_P > 17$	$w_L < 40\%$	低液限黏土		C
			$w_L \geq 40\%$	高液限黏土		D
	有机土		有机质含量大于 5%			E

注：1. 液限含水率试验采用圆锥仪法，圆锥仪总质量为 76g，入土深度 10mm。

2. A 线方程中的 w_L 按去掉%后的数值进行计算。

1.4 高速铁路路基工程施工

一、高速铁路路基施工特点

高速铁路由于设计标准及工程的内在质量要求都较高，使得高速铁路工程的施工也不同于普通铁路。与普通铁路路基工程的施工相比，高速铁路路基施工具有如下特点：

1. 填土高度增加

为了减少横向交通干扰，必须在高速铁路下设置行人和车辆行走的设施。对于山岭重丘区，可利用地形布置天桥式横穿道；对于平原区，则只能以提高路基填土高度来满足设置下穿式通道的要求，其填土高度一般在 4～5m 以上。

由于填土高度的增加，路基本体发生过大的和不均匀沉降变形的可能性增大，而高速铁路对路基的变形控制非常严格，因此必须对填料的性质、含水率、压实标准等指标的要求相应提高。

2. 取土、弃土的矛盾较为突出

当线路通过山区和丘陵区时，由于线形标准的提高，设计时很难实现土方的填挖平衡，有可能增大借土或弃土的数量，以及带来铁路用地范围的扩大，给工程施工造成困难。

3．工程地质条件复杂、特殊土和特殊地区的路基较多

由于高速铁路线形的重要性，路线通过不良地质地段的情况较多。在丘陵区，通常进行深挖和高填；在山区，通常会遇到大的滑坡体、泥石流及稻田、水库等情况；在冲积平原及三角洲地区，还会遇到大面积深层的软土地基。由于以上情况，在工程施工中就要求采取特殊的施工工艺。

4．线路中的桥涵和通道等特殊工程多

高速铁路必须采取全封闭的方式，以保证列车的快速通行和安全行驶。为解决高速铁路与地方交通的关系，以及广大农村生活、耕作、灌溉等问题，就需要增设较多的桥涵及通道等特殊构筑物，这就给施工增加了困难，如施工对过渡段填土的实际压实标准要求很高等。

5．路基边坡的技术要求高

在高速铁路上，为了行车的舒适和安全，对路基边坡的稳定性和线路的绿化、美化均有较高的要求。路基边坡的防护和加固工程较多，其施工的技术要求和美学要求也较高。

6．路基施工组织与管理更加严格

高速铁路建设项目繁多、工程投资巨大、工程任务艰巨、工期要求紧、质量要求高，这就使路基施工的组织与管理更加精细和严格。

7．路基施工机械化程度高

高速铁路路基建设除需大批的常规设备外，还需要一批大型化、专业化、智能化的专用设备和专用试验、检测设备，以确保技术指标的控制，保障施工能力，保证生产率。如大吨位压路机、机械密度仪或智能密实度系统等。

由上述高速铁路路基施工特点，决定了它的施工规律。只有研究并遵循这些规律，科学地组织高速铁路路基施工，才能圆满地完成施工任务。

二、基床以下路堤填筑施工

高速铁路路堤填筑按结构层分为：基床表层、基床底层及基床以下路堤填筑。下面仅介绍基床以下路堤填筑施工。

1．填筑施工工艺流程

基床以下路堤填筑按"三阶段、四区段、八流程"的施工工艺组织施工，填筑施工工艺流程如图 2-6 所示。每个区段的长度应根据使用机械的能力、数量确定，一般宜在 200m 以上或以构造物为界。各区段严禁几种作业交叉进行，并设置明显标识。

2．卸料及摊铺

根据工艺试验确定的虚铺厚度确定分层填筑厚度。细粒土虚铺厚度一般按 35 ~ 40cm；砂类土一般按 40cm 虚铺。碎石类土分层最大压实厚度不大于 40cm，砂类土分层最大压实厚度不大于 30cm。分层填筑的最小厚度不小于 10cm，根据虚铺厚度计算卸土间距，在路基上用干石灰粉画好方格，控制卸土位置。在交叉点插好标杆，拉上施工绳，高度等于虚铺厚度，控制摊铺厚度。

施工顺序为:布料——摊铺——静压——振压——终压——精平。

摊铺要求为:当上下填层采用不同种类或颗粒条件的填料时,对于渗水土间其粒径应符合 $D_{15}/d_{85} \leqslant 4$ 的要求,对于非渗水土间其粒径应符合 $D_{15} \leqslant 0.5\text{mm}$ 的要求,否则应铺设隔离作用的土工合成材料。

不同土层的填料应分层填筑,不得混填,每一水平层的全宽应用同一种填料填筑,每种填料层累计总厚度不宜小于50cm。

摊土机平整的同时,应对路肩进行初步压实,保证压路机械进行压实时,压到路肩而不致滑坡。

摊土机或平地机摊铺整平,使填层在纵向和横向平顺均匀。

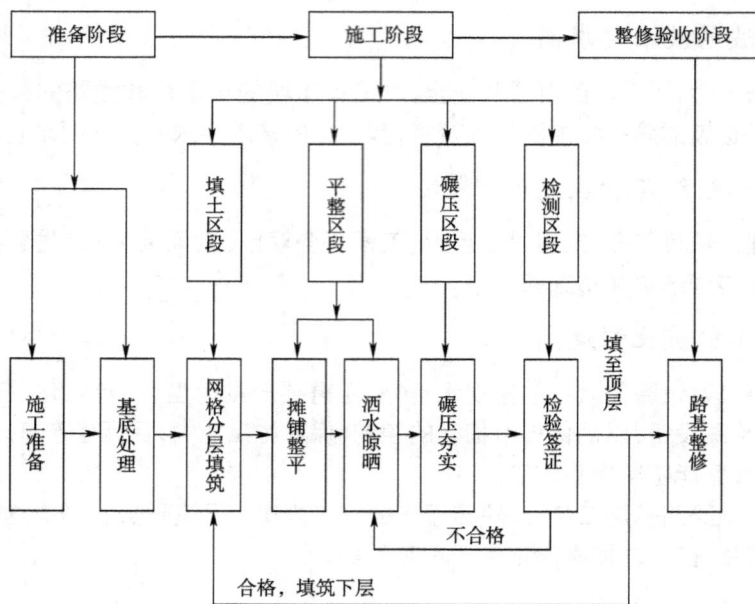

图 2-6 基床以下填筑施工工艺流程图

3. 碾压

碾压顺序应按先两侧后中间,先静压后弱振、再强振的操作程序进行碾压。各种压路机的最大碾压行驶速度不宜超过4km/h。各区段交接处,应互相重叠压实,纵向搭接长度不应小于2.0m,纵向行与行之间压实重叠不应小于40cm,上下两层填筑接头应错开不小于3.0m。

4. 基床以下路堤填筑施工控制

(1)填料的复查试验应符合有关规定。

(2)施工中应检查核对填料的试验和实际使用情况,当实际使用填料发生变化时,应另取样做土工试验进行鉴定。

(3)在每一层的填筑过程中,应确认填料质量、含水率、铺土厚度、符合工艺试验确定的标准后再进行碾压。

(4)填筑高度小于基床厚度的路堤基底处理应符合有关规定,处理后的质量检验应根据所处路堤部位的要求进行。对于填筑压实质量可疑地段,应根据工程质量控制的需要,增加检验的点数。

(5)基床以下路堤填筑压实质量应符合表 2-16 的要求。

基床以下路堤压实标准 表 2-16

指标	压实标准		
	化学改良土	砂类土及细砾土	碎石类及粗砾土
压实系数 K	≥0.92	≥0.92	≥0.92
地基系数 K_{30}(MPa/m)	—	≥110	≥130
7d 饱和无侧限抗压强度 q_u(kPa)	≥250	—	—

注:无砟道可采用 K_{30} 或 E_{v2}。采用 E_{v2} 时,其控制标准为 E_{v2}≥45MPa 且 E_{v2}/E_{v1}≤2.6。

(6)基床以下路堤顶面外形尺寸允许偏差应符合表 2-17 的要求。

基床以下路堤顶面外形尺寸允许偏差 表 2-17

序号	项 目	允 许 偏 差	序号	项 目	允 许 偏 差
1	中线至边缘距离	±50mm	3	横坡	±0.5%
2	宽度	不小于设计值	4	平整度	不大于 15mm

任务 2 高速铁路路基工程施工准备阶段试验检测

▶▶任务分析

同公路工程一样,在路堤填筑前,应对取土场路基填料进行取样试验,确定填料名称、分类、工程性质等,与设计规定值、规范容许值比较,选定填料最大干密度、最佳含水率等指标。按《铁路工程土工试验规程》(TB 10102—2010)规定的方法进行颗粒分析、含水率与密实度、液限和塑限、有机质含量、击实试验等试验。对改良土进行配配试验确定配合比和改良拌和的各种工艺参数。

符合规范要求后,用于路基填筑,对不符合规范要求的填料,要修改取土场位置,或采取改良土质等措施,必须经过监理工程师的认可。在施工中定期对利用的填料进行抽检;在更换取土场,土质变化时重新取样进行试验。

▶▶任务实施

高速铁路路基填料检测项目具体要求见表 2-18。

路基面试验与检验

表2-18

高速铁路路基填料检测要求

序号	部位	填料名称		检测项目	技术要求	检测方法	检验数量	备注
1	基床底层	普通填料	主控项目	粒径、颗粒级配及细粒含量	①填料的粒径应小于60mm；②用于寒冷地区路基冻结影响范围内的填料，砾石类土的细粒含量应不大于15%，砂类土的细粒含量应不大于5%	《铁路工程土工试验规程》(TB 10102—2010)(采用筛分试验)	施工单位每10000m³检验1次填料的粒径、颗粒级配、细粒含量和最大干密度，当填料土质发生变化或更换土场时应重新进行检验。监理单位按施工单位检验	填料中的细粒含量是指小于0.075mm的粉粒和黏粒含量
				最大干密度试验		《铁路工程土工试验规程》(TB 10102—2010)(重型击实或振实法试验)		
			一般项目	含水率	出厂时的含水率应在工艺试验确定的填料出场控制含水率范围内	《铁路工程土工试验规程》(TB 10102—2010)(采用烘干法或酒精燃烧法试验)	施工单位每工班检验含水率不少于两次	
				颗粒级配	填料的最大粒径应小于60mm	《铁路工程土工试验规程》(TB 10102—2010)(采用筛分试验)	施工单位每10000m³或土性明显变化时检验一次颗粒级配。监理单位检查施工单位的全部试验结果，且每50000m³平行检验一组	
2		物理改良土改良土填料	主控项目	液限、塑限				
				原材料、外掺料和混合料的出场验验资料的核实		检查相关原材料的产品合格证、复检报告和混合料的出场检验报告	施工单位和监理单位逐地检查检验资料	
				最大干密度试验		重型击实或振实法试验	施工单位每5000m³检验1次，当填料土质发生变化或更换土场时应重新进行检验。监理单位按施工单位平行检验和见证检验数量的10%分别进行检验和见证检验，同一土源不行进行检验不少于1次	

序号	部位	填料名称	检测项目		技术要求	检测方法	检验数量	备注
			土	有机质含量	用石灰改良的原土料,有机质含量不宜大于5%,硫酸盐含量(折算成SO_4^{2-})不应大于0.8%;用水泥改良的原土料,有机质含量不宜大于2%,硫酸盐含量(折算成SO_4^{2-})不应大于0.25%	有机质含量测定采用灼失量或重铬酸钾法,硫酸盐含量测定采用硫酸钡重量法或EDTA滴定法。《铁路工程土工试验规程》(TB 10102—2010)	施工单位和监理单位每50000 m^3检验1次有机质和硫酸盐含量,当原土料土质发生变化或更换土场时应重新进行检验,同一土源不少于1次	
				硫酸盐含量				
				液限、塑限				
2	基床底层	化学改良土填料	水泥等胶材	凝结时间、安定性	水泥产品标准	《水泥标准稠度用水量、凝结时间、安定性检验方法》(GB/T 1346—2011)	同一家、同一品种、同一规格的外掺料,每200t检验1组;水泥进场时同一编号,超过三个月或受潮结块时,水泥进场时应复检;粉煤灰等同类灰掺料量和($SiO_2 + Al_2O_3 + Fe_2O_3$)含量每2000t检验1组。监理单位按施工单位抽检次数的10%分别进行平行检验和见证检验,均不少于1组。	
				胶砂强度	水泥产品标准	《水泥胶砂强度检验方法(ISO法)》(GB/T 17671—99)		
			石灰	细度、未消化残渣含量	石灰产品标准	《建筑石灰试验方法 第1部分:物理试验方法》(JC/T 478.1—2013)		
				CO_2含量、(CaO + MgO)含量	石灰产品标准	《建筑石灰试验方法 第2部分:化学分析方法》(JC/T 478.2—2013)		
			粉煤灰或同类灰渣料	细度		《用于水泥和混凝土中的粉煤灰》(GB/T 1596—2005)		
				烧失量、($SiO_2 + Al_2O_3 + Fe_2O_3$)含量、$SO_3$含量		《水泥化学分析方法》(GB/T 176—2008)		
			主控项目	击实试验、无侧限抗压强度试验	7d龄期的饱和无侧限抗压强度不应小于350 kPa	《铁路工程土工试验规程》(TB 10102—2010)	施工单位对同土源、同配合比和同外掺料做改良土强度验证试验1次;当使用的土源或外掺料发生变化时,应重新进行试验。监理单位平行或见证检验1次	掺水泥改良的土同时作延迟试验

序号	部位	填料名称		检测项目	技术要求	检测方法	检验数量	备注
2	基床底层	改良土填料	一般项目	原土料和混合料的含水率		观察计量系统,采用烘干法或酒精燃烧法精确检验含水率	施工单位每工班检查不少于2次,当遇雨天含水率有显著变化时,应增加含水率检测次数	
				化学改良土外掺料剂量允许偏差	试验配合比的外掺料剂量(以百分率表示)-0.5%～+1.0%	滴定法或仪器法检验	施工单位每工班检验2次	
				未消解石灰颗粒、素土团或素土层	化学改良土混合料中应不含有未消解石灰颗粒,路拌法施工改良素土团或素土混合料中应不含有素土团或素土层	观察	施工单位每场拌法施工时每工班检验3次,路拌法施工时沿线路纵向每100m 每层抽样检验处(左、中、右各2处)	
3	级配碎石基床表层		主控项目	洛杉矶磨耗率	粒径大于1.7mm颗粒的洛杉矶磨耗率应不大于30%	《铁路工程土工试验规程》(TB 10210—2010)	施工单位每一料场抽样检验洛杉矶磨耗率、硫酸钠溶液浸泡损失率、液限和塑限,塑性指数2次。监理单位每料场检验数1次	
				硫酸钠溶液浸泡损失率	硫酸钠溶液浸泡损失率不大于6%			
				液限、塑限	粒径小于0.5mm的细颗粒的液限应不大于25%,塑性指数应小于6			

序号	部位	填料名称	检测项目	技术要求	检测方法	检验数量	备注
3	级配碎石基床表层	主控项目	颗粒级配、黏土及其他杂质含量,大于22.4mm的粗颗粒中带有破碎面的颗粒含量	不均匀系数 C_u 不得小于15,0.02mm以下颗粒质量百分率不得大于3%,大于22.4mm的粗颗粒中带有破碎面的颗粒所占的质量百分率不应小于30%,不得含有黏土及其他杂质	《铁路工程土工试验规程》(TB 10210—2010)	施工单位在级配碎石生产期间,每工班抽样检验1次粒径级配、黏土及其他杂质含量,大于22.4mm的粗颗粒中带有破碎面的颗粒含量。监理单位按施工单位检验数量的10%进行平行检验或见证检验	
			最大干密度试验			施工单位每5000m³检验1次,当级配碎石材质发生变化或更换石场时应重新进行检验。监理单位应按施工单位检验数量和见证检验数量的10%分别进行平行检验和见证检验,同一料场不少于1次	
		一般项目	含水率	级配碎石混合料出场时的含水率宜在工艺试验确定的填料出场控制含水率范围内	观察计量系统,采用烘干法或酒精燃烧法检验	每工班检查2次,当遇雨天含水率有显著变化时,应增加含水率检测次数	
4	基床以下路堤		同基床底层要求				

学习情境2 高速铁路路基工程施工检测

任务3　高速铁路路基工程施工阶段试验检测

▶▶任务分析

施工过程中主要针对不同的填料进行工艺性试验,通过试验获得相应的试验数据,研究填料性质、施工工艺、检测方法等的合理性,并填报试验段总结报告,报监理指挥部和公司评估确认后方准进行路基大面积施工。

▶▶任务实施

一、检测项目

路基填筑工艺试验,是将设计标准和室内试验数据转化为施工控制参数的必要环节,在大规模施工前,或材料来源发生变化后,均应按规定进行现场工艺性试验,确保填筑工艺,保证填筑质量。

选择代表性试验段长度一般不小于100m。编制详细的试验方案,进行现场压实对比试验。在合理的取值范围内,改变各试验参数,根据试验曲线,确定参数最佳值。需要确定的工艺参数有:合理的虚铺厚度和压实厚度;经济的压实遍数;最佳含水率;最优的机械选择与组合;合理的走形路线;合理的施工控制方法。

路基填筑工艺性试验有:①基床以下路堤填筑压实工艺试验;②基床底层填筑压实工艺试验;③基床表层级配碎石填筑压实工艺试验;④过渡段填筑压实工艺试验;⑤改良土填筑压实工艺试验。在压实工艺试验过程中,还涉及原材料、混合料的质量要求,其检测项目在施工准备阶段已经列出,本任务主要讲述压实质量方面的检测要求。

二、检测要求

(1)基床底层:普通填料、物理改良土压实标准应根据填料类别按表2-19采用地基系数 K_{30}、动态变形模量 E_{vd} 和压实系数 K 三项指标控制。化学改良土压实标准按表2-19采用压实系数 K 和7d 饱和无侧限抗压强度指标控制。

基床底层压实标准　　　　　　　　　　　　　　　　表2-19

指　标	压实标准		
	化学改良土	砂类土及细砾土	碎石类及粗砾土
地基系数 K_{30}（MPa/m）	—	≥130	≥150
动态变形模量 E_{vd}（MPa）	—	≥40	≥40
压实系数 K	≥0.95	≥0.95	≥0.95
7d 饱和无侧限抗压强度（kPa）	≥350(550)	—	—

注:1 无砟轨道可采用 K_{30} 或 E_{v2}。当采用 E_{v2} 时,其控制标准为 $E_{v2} \geq 80$MPa 且 $E_{v2}/E_{v1} \leq 2.5$。

　　2 括号内数字为寒冷地区化学改良土考虑冻融循环作用所需强度值。

检验数量：区间正线路基沿线路纵向连续长度每 100m，站场路基折合正线每 100m 施工单位每压实层抽样检测压实系数 6 点，其中：左、右距路肩边线 1m 处各 2 点，路基中部 2 点；每 100m 每填高约 90cm 抽样检验地基系数（无砟轨道可采用 K_{30} 或 E_{v2}）、动态变形模量各 4 点，其中：距路基边线 2m 处左、右各 1 点，路基中部 2 点。监理单位按施工单位抽检数量的 10% 分别进行平行检验，且均不少于一次。化学改良土无侧限抗压强度的检验数量施工单位沿线路纵向每 100m 每压实层抽样检验压实系数 6 点，其中：左、右距路肩边线 1m 处各 2 点，路基中部 2 点；每 2000m³ 抽样检验 3 处无侧限抗压强度（同一连续作业段左、中、右各 1 处）。监理单位按施工单位抽样数量的 10% 平行检验压实系数；每检验批平行检验 1 处无侧限抗压强度。

检验方法：按《铁路工程土工试验规程》（TB 10102—2010）规定的试验方法检验；无侧限抗压强度试样应从已摊铺好填料的地段现场抽样，在室内按要求的压实密度成型，并按规定进行养护和无侧限抗压强度试验。

（2）级配碎石基床表层：压实标准应按表 2-20 采用地基系数 K_{30}、动态变形模量 E_{vd} 和压实系数 K 三项指标控制。

基床表层级配碎石压实标准　　　　　　　　表 2-20

填　料	压　实　标　准		
	地基系数 K_{30}（MPa/m）	动态变形模量 E_{vd}（MPa）	压实系数 K
级配碎石	≥190	≥55	≥0.97

注：无砟轨道可采用 K_{30} 或 E_{v2}。当采用 E_{v2} 时，其控制标准为 E_{v2}≥120MPa 且 E_{v2}/E_{v1}≤2.3。

检验数量：施工单位沿线路纵向每 100m 每压实层抽样检验动态变形模量和压实系数各 6 点，其中：左、右距路肩边线 1.5m 处各 2 点，路基中部 2 点；抽样检验地基系数（无砟轨道可采用 K_{30} 或 E_{v2}）4 点，其中：左、右距路肩边线 1.5m 处各 1 点，路基中部 2 点抽样检查地基系数（无砟轨道可采用 K_{30} 或 E_{v2}）4 点；其中：区间正线路基左、右距路基边线 1.5m 处各一点，路基中部两点，站场路基按填筑分区段情况参照区间正线路基取点方法抽样检查。监理单位按施工单位检验数量的 10% 分别进行平行检验和见证检验，且均不少于一次。

检验方法：按《铁路工程土工试验规程》（TB 10102—2010）规定的试验方法进行检验。

（3）基床以下路堤：压实标准应根据填料类别按表 2-16 进行控制。

检验数量：施工单位沿线路纵向每 100m 每压实层抽样检验压实系数 6 点，其中：左、右距路肩边线 1m 处各 2 点，路基中部 2 点；每 100m 每填高约 90cm 抽样检验地基系数（无砟轨道可采用 K_{30} 或 E_{v2}）4 点，其中：区间正线路基距路基边线 2m 处左、右各 1 点，路基中部两点。站场路基按填筑分块分区段情况参照区间正线路基取点方法抽样检查。监理单位按施工单位抽检次数的 100% 进行平行检验和见证检验，且均不少于一次。

检验方法：按《铁路工程土工试验规程》（TB 10102—2010）规定的试验方法进行检验。

三、检测方法

压实系数指路基经压实实际达到的干密度与由击实试验得到的试样的最大干密度的比值 K。压实系数愈接近 1，表明压实质量要求越高。研究表明，压实土基的作用在于提高土体的密实度，降低土体的透水性，减小毛细水的上升高度，以防止水分积聚和侵蚀而导致土基软化，或因浆胀而引起不均匀变形。其试验方法参照《铁路工程土工试验规程》（TB 10102—2010）

规定。

【检测方法 1】 地基系数试验

1. 地基系数试验定义

地基系数试验(Coefficient of Subgrade Reaction Test)是根据填料的最大粒径,采用不同直径的承载板进行单向单循环荷载试验时通过加载试验确定承载板的单位面积压力与承载板中心点实测沉降的关系曲线。因高速铁路设计规范规定路基填筑填料最大粒径在基床底层内应小于60mm,在基床以下路堤内应小于75mm。所以使用300mm直径承载板,并取K_{30}作为标准值,使用其他直径荷载板测定的地基系数,可按相关公式换算为标准K_{30}值。我国最新规范规定,在采用直径为300mm、400mm或600mm的承载板试验时,地基系数分别以K_{30},K_{40},K_{60}表示,并按照$K_{30} = 1.3K_{40}$,$K_{30} = 1.8K_{60}$进行换算。因此,K_{30}是地基系数的一种。现阶段主要采用30cm承载板进行试验。

2. 适用范围

(1)本试验适用于各类土和土石混合填料,其最大粒径不宜大于承载板直径1/4,测试有效深度约为承载板直径的1.5倍。

(2)检测位置包括基床以下路堤、基床底层、基床表层、改良土等填筑,路基与桥台过渡段、路基与隧道过渡段、路基与横向结构物过渡段、路基与路堑过渡段等填筑。

3. 试验仪器设备

本试验所采用的仪器设备应符合下列规定,荷载及沉降测量宜采用数据自动采集、数字显示的仪器。其结构主要由承载板、加载装置、反力装置、下沉量测量装置及其他辅助工具组成。

(1)电子测力传感器(感量10N,量程不少于50kN)、油压千斤顶(规格为80~100kN)、位移传感器或百分表(精度0.01mm)、水平尺、基准梁、磁性支座、反力提供设备等如图2-7所示。

(2)承载板。

直径为300mm的承载板,板厚为25mm,承载板应带有水准泡,如图2-8所示。

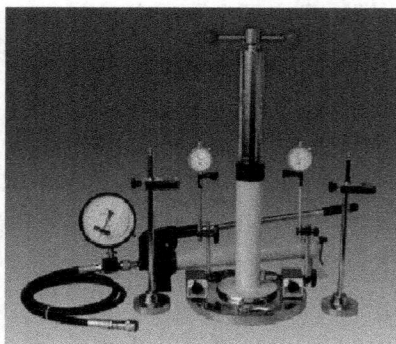

图2-7 K_{30}套件

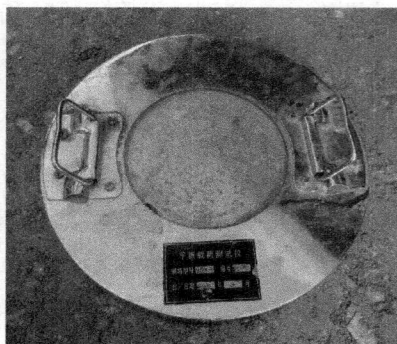

图2-8 直径300mm的承载板

(3)加载装置。

①千斤顶与手动油泵,通过高压油软管连接,液压系统不得漏油。千斤顶顶端应设置球铰,并配有可调节丝杆和加长杆件,直径300mm、400mm、600mm承载板选用的千斤顶最大承载力不小于50kN、65kN和100kN。

②高压油软管长度不应小于1.8m,两端应装有自动开闭阀门的快速接头。

③手动液压泵上应装有一个可调节减压阀,并可准确地对承载板实施分级加、卸载。

④荷载量测装置宜采用误差不大于 1% 的测力计、力传感或精度不低于 0.4 级的防震压力表。

(4)反力装置。

反力装置的承载能力应大于最大试验荷载 10kN 以上。

(5)下沉测量装置。

下沉量测装置由测桥和下沉量测表组成。下沉量测表可采用百分表或位移传感器,并应配有可调试固定支架;下沉量测表最大误差不应大于 0.04mm,分辨力不应低于 0.01mm,量程不应小于 10mm。

①采用 2～3 只下沉量测表测量承载板下沉量的地基系数测试仪(图 2-9),测桥可由长度大于 3m 的支承梁和支撑座组成,用于安装下沉量测表固定支架或作为下沉量测表量测基准面,支承梁应具有足够的刚度。下沉量测表应沿承载板周边等分布置,并应与承载板中心保持等距离。

②采用中心单点测量承压板下沉量的地基系数测试仪,测桥的测量臂可采用杠杆式如图 2-10 所示,测量臂应有足够的刚度。杠杆式测量臂杠杆比 $h_P:h_M$ 可在 1:1 至 2:1 范围内选择,选定后不得改变。测桥支撑座与承载板外缘的距离应不小于 1m。

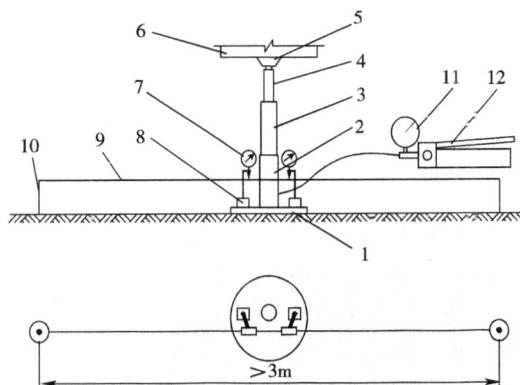

图 2-9　配 2 只下沉量测表的地基系数测试仪
1-承载板;2-千斤顶;3-加长杆件;4-调节丝杆;5-球铰座;6-反力装置;7-下沉量测表;8-测表固定支架;9-支撑梁;10-支撑座;11-压力表;12-手动液压泵

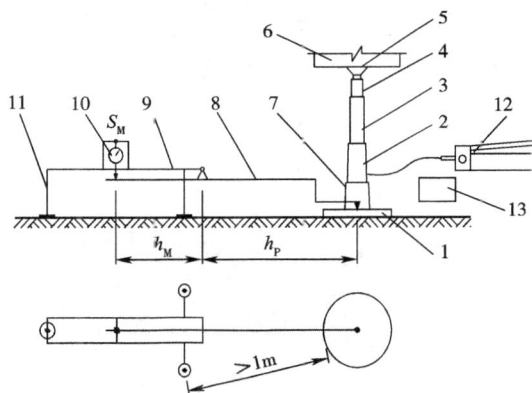

图 2-10　杠杆式单点测量下沉量的地基系数测试仪
1-承载板;2-千斤顶;3-加长杆件;4-调节丝杆;5-球铰座;6-反力装置;7-力传感器;8-测量臂;9-支撑架;10-下沉量测表;11-支撑座;12-手动液压泵;13-数据采集装置

(6)其他:铁锹、钢板尺、毛刷、坊工泥刀、刮铲、水准仪、铅垂、褶尺、干燥中砂、石膏、油、遮阳挡风设施等。

4. 检测方法

1)场地整平

场地测试区域应进行平整,并使用毛刷扫去松土。当处于斜坡上时,应将承载板支撑面做成水平面。

2)安置地基系数测试仪

(1)将承载板放置于测试区域上,应使承载板与地面完全接触,必要时可铺设一层 2～3mm 干燥砂或石膏腻子,同时利用承载板上水准泡或水准仪来调整承载板水平。采用石膏腻子做垫层时,应在承载板底面上抹一层油膜,然后将承载板放在石膏层上,左右转动承载板并轻轻击打顶面,使其与地面完全接触且凝固后方可进行测试,如图2-11所示。

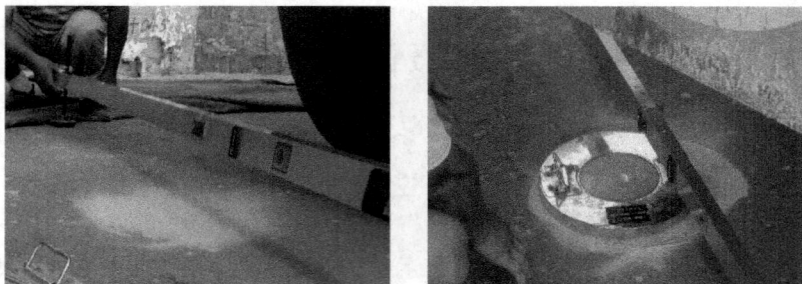

图2-11 承载板安放

图2-12 千斤顶正确放置

(2)将反力装置承载部分安置于承载板上方,并加以制动。反力装置的支撑点与承载板外缘距离不得小于1m。

(3)将千斤顶放置于反力装置下面的承载板上,利用加长杆和调节丝杆,使千斤顶顶端球铰座紧贴在反力装置承载部位上,组装时应保持千斤顶垂直,不出现倾斜,如图2-12所示。

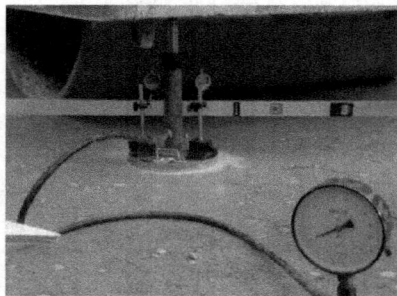

(4)安置测桥,测桥支撑座与承载板外缘、反力装置支承点的距离不应小于1m。采用2~3只下沉量测表测量时,测表应沿承载板周边等分布置,并与承载板中心保持等距离。如图2-13所示。

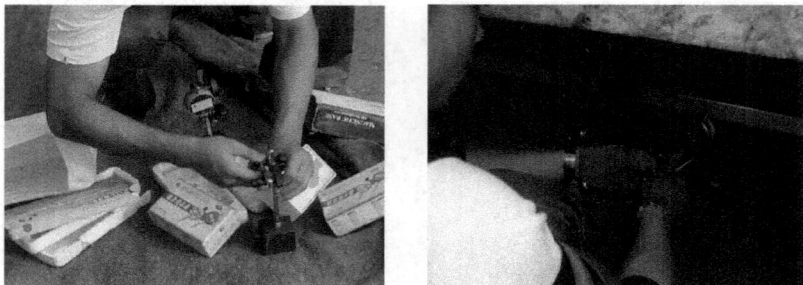

图2-13 安置测桥、测表

3)加载试验

(1)预加荷载,30s后卸除荷载,再等待30s后,将下沉量测表调至零位或读取测表读数作为下沉量的起始读数,如图2-14所示。直径为300mm、400mm和600mm的承载板预加荷载分别为0.04MPa、0.03MPa和0.02MPa。

(2)以0.04MPa的增量,逐级加载。每增加一级荷载,应在下沉量稳定后(即1min的沉降量不大于该级荷载产生的沉降量的1%时),读取荷载强度和下沉量读数。然后增加下一级荷载,每级荷载的稳定时间不得少于3min,试验中施加了比原定荷载值高的荷载时,应保持该荷载,并在试验记录单中记录该荷载和该荷载下的下沉量读数。

(3)达到下列条件之一时,试验即可终止:

①总下沉量超过规定的基准值(1.25mm),且加载级数至少5级;

②荷载强度大于设计标准对应荷载值的1.3倍,且加载级数至少5级;

③荷载强度达到地基屈服点。

4)其他

当试验过程出现异常时(如承载板严重倾斜、承载板过度下沉及试验数据异常),应查明原因,另选点进行试验,并在试验记录表中注明。

5.试验结果计算及制图

1)制图

根据试验结果绘出荷载强度与下沉量关系曲线,如图2-14所示。宜采用计算机或编程软件程序按二次方程拟合,绘制荷载强度与下沉量关系曲线。采用手工描绘曲线时,应使曲线圆滑,且尽量接近各点。

2)曲线修正

曲线的开始段呈凹型或不经过坐标原点时,应按下列规定进行修正:

(1)采用计算机或者编程软件程序绘制荷载强度与下沉量关系曲线时,曲线与坐标交点为修正后的原点,如图2-15所示。

(2)手工描绘荷载强度与下沉量关系曲线时,采用作图修正法,如图2-15所示。试验结果曲线初始部分呈凹型时,应在曲线变曲率点引一切线与纵坐标相交于 O_1 点,O_1 点即为修正后的原点。

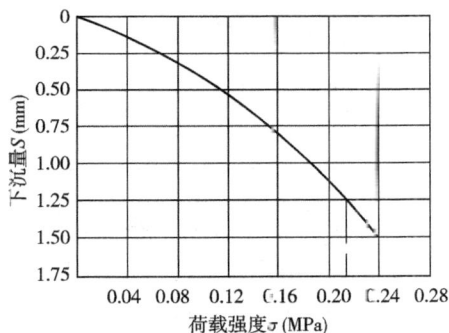

图2-14 荷载强度 σ 与下沉量 S 关系曲线

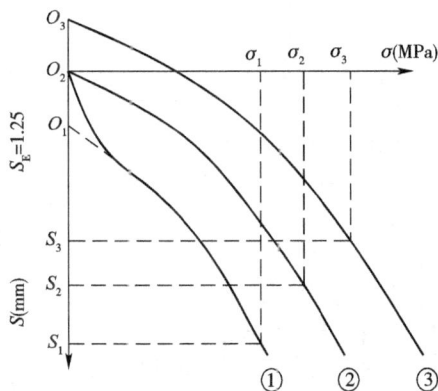

图2-15 曲线修正示意

3)试验结果计算

从荷载强度与下沉量关系曲线得出下沉量基准值时的荷载强度,并按式(2-2)计算出地基系数:

$$K_s = \frac{\sigma_s}{S_s} \qquad (2-2)$$

式中:K_s——由圆形承载板测得的地基系数(MPa/m),计算至1;直径300mm、400mm及600mm的承载板测得的地基系数分别以 K_{30}、K_{40} 及 K_{60} 表示;

σ_s——荷载强度 σ 与下沉量 S 关系曲线中下沉量基准值对应的荷载强度(MPa);

S_s——下沉量基准值(1.25 × 10^{-3}m)。

6. 应用实例(表2-21)

地基系数(K_{30}平板荷载)试验报告

表2-21

<table>
<tr><td colspan="7" align="center">××铁路客运专线
地基系数 K_{30} 试验报告</td></tr>
<tr><td>施工单位</td><td colspan="2">××工程项目部</td><td>填土层次</td><td>9层</td><td>报告编号</td><td>2008-K0003</td></tr>
<tr><td>工程名称</td><td colspan="2">××客运专线6标路基工程</td><td>测点位置及高程</td><td>K296+670 左2m
81.24</td><td>试验日期</td><td>2008-3-11</td></tr>
<tr><td>施工里程及部位</td><td colspan="2">K296+620 ~ K296+680
基床以下</td><td>试验编号</td><td>2008-K0003-4</td><td>报告日期</td><td>2008-3-11</td></tr>
</table>

仪器设备	压力表或测力计		百分表编号			填料名称
	编号	示值范围	1	2		细角砾土
	S-052-1	0~20MPa	7-1	7-2		

加载顺序	压力表或测力计读数（MPa）	承载板荷载强度（MPa）	百分表读数(0.01mm)			累计沉降量 S (0.01mm)
			1	2	平均值	
预压	0.9	0.01	0.193074	0.223809	0.03	
复位	0.00	0.00	0	0	0	0
1	2.4	0.04	19	13	16	16
2	4.4	0.08	42	32	37	37
3	6.5	0.12	70	54	62	62
4	8.5	0.16	99	78	89	89
5	10.5	0.20	131	104	118	118
6	12.5	0.24	168	139	154	154
7	14.5	0.28	212	180	196	196
8						
9						

P(MPa)
P-S曲线

沉降1.25mm 对应荷载强度（MPa）	
0.208	
地基系数 K_{30} 值（MPa/m）	
规范值	实测值
≥110	167

检测环境描述：
附近无震源、晴、微风

检测评定依据：
《铁路工程土工试验规程》(TB 10102—2010)
《铁路路基工程施工质量验收标准》(TB 10414—2003)
路基设计图

试验意见：
该段路基 K_{30} 符合《铁路路基工程施工质量验收标准》(TB 10414—2003)及设计要求

7. 试验仪器校验规定

K_{30} 平板荷载试验仪在使用月中应定期进行校验,以消除由于仪器自身系统液压阻力变化所引起的测量误差。通过校验测定出实际加载值或实际承载板正应力值与系统压力表读数值之间的相关关系,建立其回归方程,并经整理绘制成图表,以作为 K_{30} 平板荷载试验的计算基础。

(1) 测试地基系数时,应对仪器进行测试校验。

(2) 新仪器进行试验的 3 个月内,应每月标定 1 次,以进行相应误差修正。当 3 次标定误差小于 ±5% 时,仪器进入稳定期。

(3) 仪器每次投入新工点或每年必须予以校验 1 次。

8. 小结

1) 测试对象的颗粒级配

K_{30} 平板荷载试验适用于粒径不大于荷载板直径 1/4 的各类土和土石混合填料。由于 K_{30} 的承载板直径只有 300mm。因此对所填路基土的颗粒粒径和级配有一定的限值,否则颗粒粒径过大,级配不均匀,K_{30} 的测试结果就会带来较大的误差,难以真实反映路基的压实情况。根据秦沈客运专线的经验,适用于均匀地基土(如粗、细粒土)的地基系数 K_{30} 检测,对于拌和较均匀的级配碎石也是符合测试要求的,而对于颗粒不均匀的碎石土,其 K_{30} 检测就难以得出准确可靠的测试结果。

2) 有效测试深度

K_{30} 平板荷载试验的测试有效深度范围为 400 ~ 500mm。

由于 K_{30} 平板荷载试验结果所反映的是压板下大约 1.5 倍压板直径深度范围内地基土性状,因此要想真实全面地反映更深土层的情况,尚需结合其他的检测手段进行综合评定。

3) 含水率变化的影响

对于水分挥发快的均粒砂,表面结硬壳、软化,或因其他原因表层扰动的土,平板荷载试验应置于扰动带以下进行。

影响 K_{30} 测试结果的因素很多,但含水率变化是造成 K_{30} 测试结果偶然误差的主要因素,也就是说 K_{30} 测试结果具有时效性。一般来说,控制在最佳含水率附近施工,路基压实系数较高,路基质量好,基床表面刚度较大,K_{30} 测试结果较高。但是由于受季节及天气气温变化的影响,其水分的蒸发程度不同,含水率差别较大,因而含水率为一变量。实践证明,碾压完毕后,路基含水率高时,K_{30} 测试结果就小,含水率低时,K_{30} 测试结果就大。由于击实土处于不饱和状态,含水率对其力学性质的影响很大,这就造成 K_{30} 测试结果因含水率变化而离散性大、重复性差,为此,现场测试应消除土体含水率变化的影响。

4) 测试区域要求

测试区域必须是平整无坑洞的填筑面。对于粗粒土或混合料造成的表面凹凸不平,应铺设一层约 2 ~ 3mm 的干燥中砂或石膏腻子。此外,测试区域必须远离震源,以保持测试精度。细粒土(粉砂、黏土)只有在压实的条件下方可进行检测。在不确定的情况下,要对地面不同深度进行检测,地面以下最深至 d(d = 承载板直径)。

5) 天气影响

雨天或风力大于 6 级的天气,不得进行试验。

【检测方法2】 二次变形模量试验检测技术(变形模量 E_{v2} 静态平板荷载试验)

一、变形模量 E_{v2} 试验概述

1. 概述

高速铁路要求全线铺设无砟轨道,对路基工后沉降的要求十分严格,如何使路基的工后沉降达到铺设无砟轨道的要求是急需解决的关键技术问题。现行《铁路路基设计规范》(TB 1001—2005)和《客货共线铁路路基工程施工技术指南》(TZ 202—2008)中,对路基压实质量的强度指标检测采用的是地基系数 K_{30} 值。在国外,目前只有日本是用 K_{30} 作为控制路基填筑的强度指标,二次变形模量 E_{v2} 的荷载—沉降曲线是在逐级加载后,逐级卸载,再二次加载得出,可认为其沉降(变形)消除了填料的塑性变形,测试结果离散性小,更能反映路基土的真实强度,比地基系数 K_{30} 更科学、更合理。

平板荷载试验的目的在于测出 σ-S 曲线,并对地面的变形量与承载力的关系进行分析计算,通过 σ-S 曲线得出变形模量 E_v。在试验过程中,通过一圆形承载板和加载装置对地面进行反复依次地加载和卸载,将测得的承载板下的标准应力 σ_0 跟与之相应的逐个位移 S 以 σ-S 曲线的形式显示在图表上。

2. 国内外发展现状

国外为了更有效地分析土的变形性质和承载能力,德国标准采用了二次循环静载法,其结果采用二次变形模量 E_{v2} 表示。E_{v2} 是德国、法国及欧洲一直沿用的、成熟的路基压实设计标准和检测技术,德国铁路路基标准 DS836 中规定了 E_{v2} 的设计标准值,且二次变形模量 E_{v2} 的试验规程执行德国工业标准 DIN18134。

因此,为解决我国铁路客运专线路基上修建无砟轨道的关键技术问题,研究无砟轨道对路基的要求、路基压实指标 E_{v2} 的检测方法与标准,完善 E_{v2} 试验检测规程与设计标准,推动我国铁路路基检测技术与设计标准的进步,使之与国际领先水平接轨是十分必要的。

3. 二次变形模量 E_{v2}

1)变形模量 E_v

土体的变形模量 E_v 值是通过一次加载或重复加载测得的应力—位移曲线上 $0.3 \times \sigma_{0max}$ 和 $0.7 \times \sigma_{0max}$ 之间的位移割线斜率来确定的。

2)变形模量 E_{v2}

一次加载的变形模量值为一次变形模量,用 E_{v1} 表示。

二次加载的变形模量值为二次变形模量,用 E_{v2} 表示。

定义:变形模量 E_{v2} 试验是通过圆形承载板和加载装置对地面进行第一次加载和卸载后,再进行第二次加载,用测得的承载板下应力 σ 和与之相对应的承载板中心沉降量 S,来计算变形模量 E_{v2} 及 E_{v2}/E_{v1} 值的试验方法。变形模量 E_{v2} 的计量单位为 MPa。现场试验如图 2-16 所示。

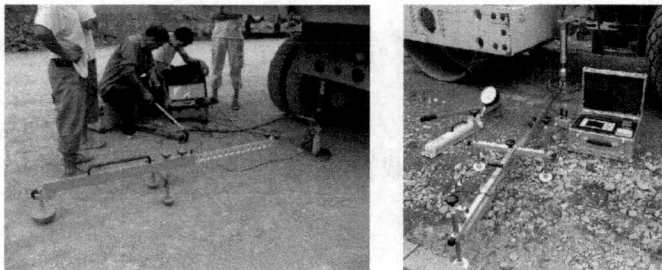

图 2-16　现场测试环节

4. 变形模量 E_{v1} 和 E_{v2} 试验的原理

变形模量 E_{v1} 和 E_{v2} 试验也属于平板荷载试验,在圆形荷载板上分级施加静荷载,测试荷载强度与沉降变形的关系,如图 2-17 所示。由此计算地基的变形模量。该试验方法与地基系数 K_{30} 试验是极其相似的,它们的主要差别在于操作步骤与数据整理和计算方法的不同。

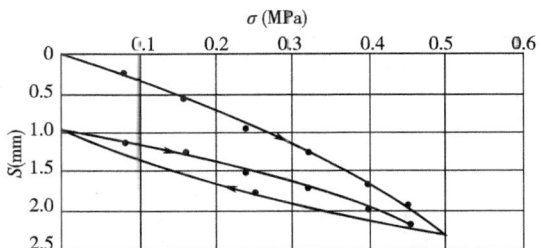

图 2-17 变形模量 E_{v2} 试验曲线

变形模量计算的理论基础是弹性半空间体上圆形局部荷载的公式:

$$E_0 = 0.79(1 - \mu^2) d \frac{\sigma}{S} \tag{2-3}$$

式中 d 为荷载板直径。取 μ 为 0.21,并采用增量形式:

$$E_v = 1.5r \frac{\Delta\sigma}{\Delta S} \tag{2-4}$$

式中 r 为荷载板半径。计算 $0.3\sigma_{0max}$ 到 $0.7\sigma_{0max}$ 的割线。为了有效地利用测试记录的数据,减小误差采用对试验数据进行二次回归:

$$S = a_0 + a_1\sigma + a_2\sigma^2 \tag{2-5}$$

利用式(2-6)计算:

$$E_v = 1.5r \frac{1}{a_1 + a_2\sigma_{max}} \tag{2-6}$$

式中: E_v——变形模量(MPa);

r——荷载板半径(mm);

a_1——次项系数(mm/MPa);

a_2——二次项系数(mm/MPa^2);

σ_{max}——加载时的最大应力(MPa)。

E_{v1} 和 E_{v2} 分别为第一次加载和第二次加载时的变形模量,单位一般为 MPa。在铁路路基填筑施工质量检测中,一般情况下采用直径 300mm 的荷载板。

二、试验内容

1. 试验适用范围

变形模量 E_{v2} 试验在铁路路基填筑施工质量检测中,采用直径为 300mm 的承载板,适用于粒径不大于承载板直径 1/4 的各类土和土石混合填料,测试有效深度约为承载板直径的 1.5 倍。

2. 试验条件

试验场地及环境条件应符合下列要求:

(1)对于水分挥发快的均粒砂,表面结硬壳、软化或因其他原因表层扰动的土,变形模量 E_{v2} 试验应置于其影响以下进行。

(2)试验应避免在测试区域过湿或干燥的情况下进行,宜在压实后 4h 内开始试验。

(3)测试区域应水平无坑洞。

(4)试验时测试点必须远离震源,以保证测试精度。

(5)雨天或风力大于 6 级的天气不得进行试验。

(6)承载板的沉降量应采用中心单点测量。

3. 试验仪器设备

变形模量 E_{v2} 测试仪器应包括承载板、加载装置、反力装置、荷载测量装置及沉降测量装置等如图 2-18 所示。

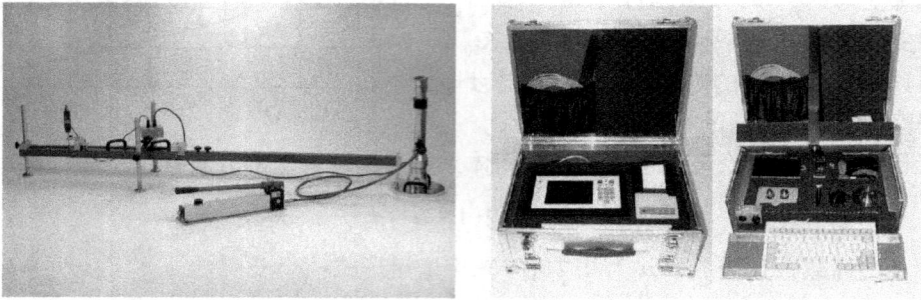

图 2-18　变形模量 E_{v2} 测试仪套件

1)承载板

承载板为圆形钢板,其直径应为(300 ± 0.5)mm,厚度应为(25 ± 0.2)mm,承载板上应带有水准泡,承载板表面粗糙度不应大于 6.3μm。使用 S355J0 型钢制成。加工中对光洁度和粗糙度偏差要求符合图 2-19 要求。承载板加工偏差要求直径为 ±0.5mm,厚度为 ±0.2mm。

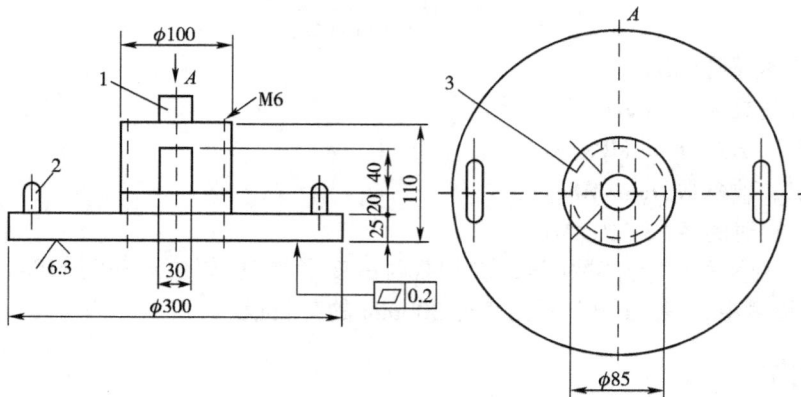

图 2-19　带测量孔的直径 300mm 的承载板(尺寸单位:mm)
1-带有万向头的中心受力栓;2-手柄;3-孔径

2)加载装置

(1)千斤顶与手动液压泵通过高压油软管连接,液压系统不得漏油。千斤顶顶端应设置球铰,并配有可调节丝杆和加长杆件,千斤顶最大承载力应不小于 50kN。

(2)高压油软管长度不应小于 1.8m,并以此来实现对承载板的加载和卸载。两端应装有自动开闭阀门的快速接头。

(3)手动液压泵上应装有一个可调节减压阀,并可准确地对承载板实施分级加、卸载。

(4)千斤顶两边应固定,确保不倾斜,千斤顶活塞的行程不应小于 150mm。试验过程中,千斤顶高度不应超过 600mm。

3)反力装置

反力装置的承载能力应大于最大试验荷载 10kN 以上,载重机动车,压路机及适当固定的重物都可作为加载反力装置。

4)荷载测量装置

荷载测量装置的测表量程应达到最大试验荷载的 1.25 倍,最大误差不大于 1%,显示值应能保证承载板上的荷载强度有效位至少达到 0.001MPa。

5)沉降测量装置

(1)沉降测量装置应由测桥和测表组成,承载板沉降应采用中心单点测量方式测量。

(2)测桥的测量臂可采用杠杆式,如图 2-20 所示,或者垂直抽拉式,如图 2-21 所示。测量臂应有足够刚度。

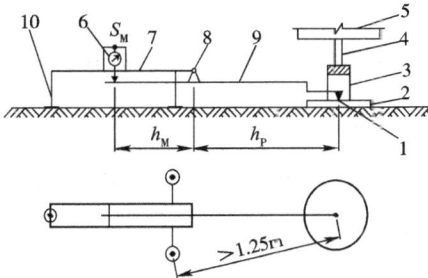

图 2-20 杠杆式测量臂

1-触点;2-承载板;3-千斤顶;4-加长杆件;5-反力装置;6-沉降测表;7-支撑架;8-杠杆支点;9-测量臂;10-支撑座

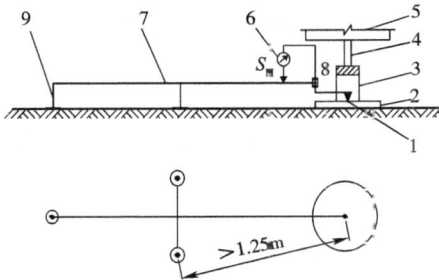

图 2-21 垂直抽拉式测量臂

1-触点;2-承载板;3-千斤顶;4-加长杆件;5-反力装置;6-沉降测表;7-支撑架;8-垂直支架;9-支撑座

(3)承载板中心至测桥支撑座的距离应大于 1.25m。杠杆式测量臂杠杆比 $h_P : h_M$ 可在 $1:1$ 至 $2:1$ 范围内选择,选定后不得改变。

(4)沉降测表最大误差不应大于 0.04mm,分辨力不应低于 0.01mm,量程不应小于 10mm。

6)辅助工具

铁锹、钢板尺、毛刷、刮铲、水准仪、铅锤、褶尺、干燥中砂、石膏粉、油、遮阳挡风装置等。

4.试验检测方法

1)测试准备

场地测试区域应进行平整,并使用毛刷扫去松土。当处于斜坡上时,应将承载板支撑面做成水平面。准备一个与承载板面积大小相适应的测试区域。借助工具(钢尺、抹刀或通过推移和转动承载板)尽可能地将测试区域整平,清除地面上的杂物。

2)安置二次变形模量测试仪

(1)将承载板放置于测试区域,应使承载板与地面完全接触,必要时可铺设一层 2~3mm 干燥标准均粒砂,同时利用承载板上水准泡或水准仪来调整承载板水平。左右转动承载板并轻轻击打顶面,使其与地面完全接触,方可进行测试。

（2）将反力装置承载部分安置于承载板上方，并加以制动。反力装置的支撑点与承载板外缘距离不得小于 1m。

（3）将千斤顶放置于反力装置下面的承载板上，利用加长杆和调节丝杆，使千斤顶顶端球铰座紧贴在反力装置承载部位上，组装时应保持千斤顶垂直，不出现倾斜。

图 2-22　变形模量 E_{v2} 现场测试

（4）安置测桥时应将沉降测量装置的触点自由地放入承载板上测量孔的中心位置，沉降测表应与测试区域垂直。承载板外缘与反力装置支撑点的距离不得小于 0.75m，测桥支撑座与反力装置支撑点的距离不小于 1.25m。试验过程中测桥和反力装置不得晃动。沉降测量装置应有遮阳挡风设施，组装见图 2-22。

3）预加载

预加 0.01MPa 荷载约 30s 后，卸除荷载，将沉降测表读数调零。

4）加载与卸载

加载与卸载应符合下列要求：

（1）试验第一次加载应至少分 6 级，并以相等的荷载增量（0.08MPa）逐级加载，达到最大荷载为 0.5MPa 或沉降量达到 5mm 后再进行卸载。当沉降量达到 5mm 且该级荷载小于 0.5MPa 时，该级荷载视为最大荷载。

（2）卸载时，应按最大荷载的 50%、25% 和 0 三级进行。

（3）卸载后，按照第一次加载的操作步骤，并保持与第一次加载时各级相同的荷载进行第二次加载，直至第一次所加最大荷载的倒数第二数。

（4）每级加载或卸载过程应在 1min 内完成。

（5）加载和卸载时，每级荷载的保持时间应为 2min，荷载应保持恒定。

（6）试验中施加了比预定荷载大的荷载时，应保持该荷载，并将其记录在试验记录表中。

（7）试验过程中出现承载板严重倾斜，以至承载板水准泡上的气泡不能与圆圈标志重合或承载板过沉及量测数据出现异常等情况时，应查明原因，另选点进行试验，并在试验记录表中注明。

5. 结果计算

1）承载板中心沉降量

承载板中心沉降量 S 应按式（2-7）计算：

$$S = S_{M} \frac{h_{P}}{h_{M}} \tag{2-7}$$

式中：S——承载板中心沉降量（mm）；

S_{M}——沉降测表读数（mm）；

$\dfrac{h_{P}}{h_{M}}$——杠杆比。

2）绘制应力—沉降曲线

根据试验结果绘制应力—沉降曲线，如图 2-23 所示。应力—沉降曲线应采用二次方程曲线拟合，不得绘制成折线或其他形式曲线，曲线上应用箭头标明受力方向。

3) 结果计算应符合下列规定

（1）第一次加载和第二次加载所得到的应力—沉降曲线，可用式（2-8）表达：

$$S = a_0 + a_1\sigma + a_2\sigma^2 \qquad (2\text{-}8)$$

式中：σ——承载板下应力（MPa）；

$\quad\ S$——承载板中心沉降量（mm）；

$\quad\ a_0$——常数项（mm）；

$\quad\ a_1$——次项系数（mm/MPa）；

$\quad\ a_2$——二次项系数，单位：（mm/MPa^2）。

（2）应力—沉降曲线方程的系数是将测试值按最小二乘法计算得到的，用于计算系数的方程式为：

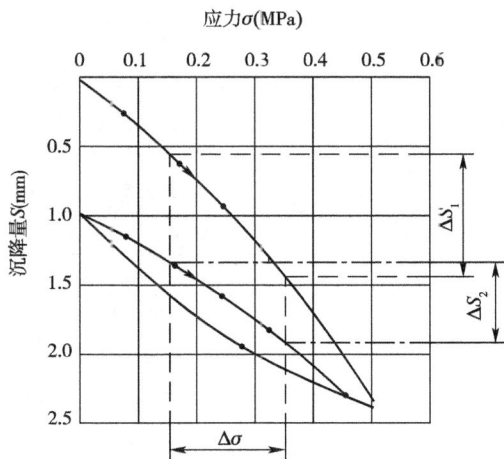

图 2-23　应力—沉降曲线

$$a_0 n + a_1 \sum_{i=1}^{n}\sigma_i + a_2\sum_{i=1}^{n}\sigma_i{}^2 = \sum_{i=1}^{n}S_i \qquad (2\text{-}9)$$

$$a_0\sum_{i=1}^{n}\sigma_i + a_1\sum_{i=1}^{n}\sigma_i{}^2 + a_2\sum_{i=1}^{n}\sigma_i{}^3 = \sum_{i=1}^{n}S_i\sigma_i \qquad (2\text{-}10)$$

$$a_0\sum_{i=1}^{n}\sigma_i{}^2 + a_1\sum_{i=1}^{n}\sigma_i{}^3 + a_2\sum_{i=1}^{n}\sigma_i{}^4 = \sum_{i=1}^{n}S_i\sigma_i{}^2 \qquad (2\text{-}11)$$

式中：$\sigma_1,\sigma_2,\cdots,\sigma_i$——每级荷载的应力；

$\quad\ S_1,S_2,\cdots,S_i$——每级荷载相应的承载板中心沉降量测试值。

（3）变形模量是通过应力—沉降曲线在 $0.3\sigma_{i\max}$ 和 $0.7\sigma_{i\max}$ 之间割线的斜率确定的，变形模量应按照式（2-12）计算：

$$E_{vi} = 1.5r\ \frac{1}{a_1 + a_2\sigma_{i\max}} \qquad (2\text{-}12)$$

式中：E_{vi}——变形模量（MPa）；

$\quad\ r$——承载板半径（mm）；

$\quad\ \sigma_{i\max}$——第一次加载最大应力（MPa）；

$\quad\ a_1$——次项系数（mm/MPa）；

$\quad\ a_2$——二次项系数（mm/MPa^2）。

6. 应用实例（试验报告见表2-22）

（1）本检测实例中 E_{v2} 测试仪测桥的测量臂为杠杆式，杠杆比 $h_P/h_M = 2.0$。

（2）变形模量 E_{v2} 的值是通过测试值计算得出。

【检测方法3】　动态变形模量试验检测技术

（一）概述

1. 动态变形模量试验检测特点

近年来，随着 E_{vd} 动态变形模量测试仪的研究、引进与应用，我国对该项技术的了解和掌握也在不断地深入。动态变形模量 E_{vd} 无论从定义、原理，还是仪器的精度、可靠性以及操作等方面与地基系数 K_{30} 相比均具有明显的合理性和优越性，其中，E_{vd} 为动载测试，符合土体实际受力状况，且 E_{vd} 仪器体积小、质量轻、便于携带、安装及拆卸方便、操作简便、自动化程度高、测试速度快、性能稳定、测试精度高、检测费用低、适应范围广，设计上以人为本，无任何核辐射、废

气等污染,属于环保型技术。具体特点如下:

二次变形模量 E_{v2} 试验报告

表 2-22

××高速铁路 E_{v2} 路基变形模量检测试验报告					
委托单位	××项目监理部中心试验室		报告编号	SZ2-BJTJ0-E_{v2}-20110811-2	
工程名称	××高速铁路 SZ-2 标		取样日期	2011-08-11	
施工里程及部位	DK386+809~DK387+270 基床底层		试验日期	2011-08-11	
高程	55.342m	填土层次 第三层	报告日期	2011-08-11	
试验条件	填料名称		测试部位		备注
	细圆砾土		DK387+211 右 2m		—
加卸载顺序序号	应力 σ（MPa）	沉降量测表读数 S（mm）	加卸载顺序序号	应力 σ（MPa）	沉降量测表读数 S（mm）
预压	0.010	0.07	卸载	0.500	1.50
复位	0.000	0.00	1	0.250	1.37
1	0.080	0.23	2	0.125	1.05
2	0.160	0.49	3	0.000	0.71
3	0.250	0.74	第二次加载	0.000	0.71
4	0.330	1.03	1	0.080	0.84
5	0.420	1.25	2	0.160	1.00
6	0.500	1.50	3	0.250	1.10
7	—	—	4	0.330	1.27
8	—	—	5	0.420	1.40

应力—沉降量曲线

试 验 结 果			
加载次数	a_1	a_2	E_v
1	3.2656	−0.4372	73.84
2	1.6590	−0.0525	137.80
标准规定值	$E_{v2} \geqslant 60$MPa		

检测依据:
《铁路工程土工试验规程》(TB 10102—2010)
《高速铁路路基工程施工质量验收标准》(TB 10751—2010)
路基设计图

试验意见:
　　所测路基试验点变形模量 E_{v2} 值符合设计和《高速铁路路基工程施工质量验收标准》(TB 10751—2010)要求

试验:　　　　复核:　　　　技术负责人:　　　　单位(章):

　　(1)E_{vd} 动态变形模量测试仪的原理是模拟高速列车对路基产生的动应力进行动载测试,能够反映土体的实际受力情况。其承载板下的最大动应力 $\sigma = 0.1$MPa,与高速铁路设计中的土的动应力相符合。它特别适合于受动荷载作用的铁路、公路、机场及工业建筑的地基质量监控测试。

（2）E_{vd}动态变形模量测试仪的测试速度快，检测一点只需 $2 \sim 3min$。在检测数量不变的情况下，可以缩短检测时间，不影响施工进度；在相同的检测时间内，可以增加检测数量，使测试数据更具有代表性；施工中可以随时跟踪检测，发现问题及时处理，真正实现施工过程中的质量监控。

（3）E_{vd}动态变形模量测试仪的操作简便、自动化程度高、大幅度减轻劳动强度。避免了K_{30}人工读表、记录、绘图、计算产生的误判和误差；全自动数据处理系统，数据液晶显示且现场打印输出波形及结果，确保测试结果的准确、客观。

（4）E_{vd}动态变形模量测试仪的体积小、质量轻、便于携带、安装及拆卸方便。仪器总质量不超过35kg，最大单件重不超过15kg，不需要额外的加载设备；仪器测试地点转移迅速、方便。

（5）E_{vd}动态变形模量测试仪的适用范围广。它除了可适用的土壤种类范围与K_{30}相同外，还特别适应于施工场地狭窄的困难地段，如路基与桥涵过渡段、路肩等部位的检测。

（6）E_{vd}动态变形模量测试仪在使用中实际发生的检测费用低。一个人用 $2 \sim 3min$ 便可以完成检测全过程，且不需要K_{30}检测用的加载车辆，节省了台班费和人工费。

（7）E_{vd}动态变形模量测试仪的设计以人为本，是环保型产品。避免了核辐射对人体的危害以及废气对环境的污染。

（8）E_{vd}动态变形模量测试仪不仅可用于施工单位的自检，还适合于监理单位监理工程师的现场抽检，有利于施工质量的监督与保证。

目前，动态变形模量E_{vd}在我国铁路中主要应用于以下两个方面：

（1）新建铁路、既有线提速改造工程中，依据《铁路工程土工试验规程》（TB 10102—2010），将"E_{vd}动态平板荷载试验"作为"K_{30}平板荷载试验"的快速试验方法，根据该规程条文说明中的E_{vd}与K_{30}的换算关系式，由E_{vd}快速推算出K_{30}值（表2-23）。

E_{vd}与K_{30}的相关性参考表 表2-23

土 的 种 类	相关系数	相关关系
细粒土	0.926	$K_{30} = 3.45E_{vd} + 0.1$
粗粒土	0.913	$K_{30} = 3.33E_{vd} + 6.1$
碎石土	0.915	$K_{30} = 3.10E_{vd} + 14.3$
级配碎石	0.915	$K_{30} = 3.49E_{vd} + 14.4$

注：摘自《铁路工程土工试验规程》（TB 10102—2010）条文说明。

（2）在高速客运专线铁路建设中，依据2010年12月18日实施的《高速铁路路基工程施工质量验收标准》，直接将通过"E_{vd}动态平板荷载试验"取得的动态变形模量E_{vd}值，用于评价基床表层和过渡段的路基压实质量。其中，基床表层的压实标准见表2-20。

国际上广泛采用的是德国 HMP 公司生产的 LFG 型 E_{vd} 动态变形模量测试仪，亦称"轻型落锤仪"（LFG 是"轻型落锤仪"的德文缩写），该仪器从开发应用至今已有 20 多年的历史，仪器的性能、质量、功能以及软件已相当完善，居国际领先地位。

德国 HMP 公司生产的 LFG 型 E_{vd} 动态变形模量测试仪在我国有 20 多台已用于秦沈客运专线、新长线、宁启线、渝怀线、京沪高速铁路昆山试验段、胶济线、武九线、郑徐线、滨州线、浙赣线、宣万线、津浦线、大秦线等新线和既有线的建设与改造中。

2.动态变形模量测试仪工作原理

E_{vd}动态变形模量测试仪也称"轻型落锤仪"该仪器的工作原理是利用落锤从一定高度自由下落在弹簧阻尼装置上,产生的瞬间冲击荷载,通过弹簧阻尼装置及传力系统传递给直径300mm的承载板,在承载板下面(即测试区域)产生符合列车高速运行时对路基面所产生的动应力,使承载板发生沉陷S,即阻尼振动的振幅,由沉陷测定仪采集记录下来。沉陷值S越大,则被测点的承载力越小;反之,越大。动态变形模量测试仪的沉陷测试范围为$(0.1 \sim 2.0)\,mm \pm 0.05mm$, E_{vd}测试范围为$10 \sim 225MPa$。

(二)动态变形模量试验定义及适用范围

1.动态变形模量E_{vd}定义

动态变形模量E_{vd}(Dynamic Modulus of Deformation)是指路基填料或土体在一定大小的竖向冲击力F_S和冲击时间t_S作用下抵抗变形能力的参数,其大小与填土种类、含水率、密实度、强度、应力状态等参数有密切关系。

2.适用范围

(1)适用于粒径不大于承载板直径1/4的各类土、土石混合填料,测试有效深度约为承载板直径的1.5倍。

(2)试验场地及环境条件应符合下列规定:

①测试区域宜水平,其倾斜度不大于5°。

②测试区域应平整无坑洞。

③试验时测试区域应远离震源。

(三)检测方法

1.试验仪器设备

动态变形模量测试仪由加载装置、承载板、沉陷测定仪三部分组成,如图2-24所示。

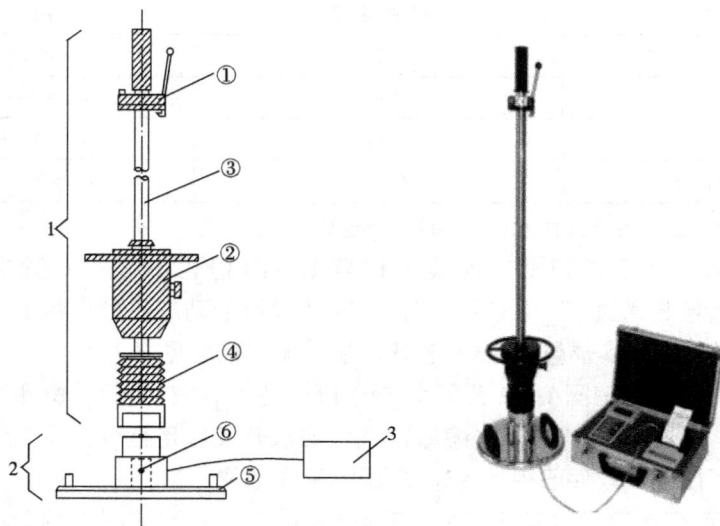

图2-24　动态变形模量测试仪组成示意图

1-加载装置(①挂(脱)钩装置,②落锤,③导向杆,④阻尼装置);2-承载板(⑤圆形钢板,⑥传感器);3-沉陷测定仪

1) 加载装置

加载装置主要由落锤、挂(脱)钩装置、导向杆、阻尼装置部分构成。承载板主要由圆形钢板和传感器等部分组成,沉陷测定仪主要由信号处理、显示、打印和电源等部分构成。

(1) 落锤重:10kg;

(2) 最大冲击力:(7070±70.7)N;

(3) 冲击持续时间:(18±2ms);

(4) 导向杆必须保持平直、光洁。

2) 承载板

承载板为圆形钢板,并安装有测振传感器。承载板直径应为(300±0.5)mm,厚度应为(20±0.2)mm,承载板表面粗糙度不应大于6.3μm,测振传感器必须牢固密贴地安装。

在承载板的中心位置。

3) 沉陷测定仪

沉陷测定仪主要由数据采集装置、显示器和打印机构成。

(1) 沉陷测试范围:(0.1~2.0)mm±0.04mm。

(2) 动态变形模量测试范围:10MPa≤E_{vd}≤225MPa。

2.检测准备

(1) 在测量范围内选择一块平坦区域(倾斜度≤5°的测试区域,并确保其平整无坑洞)。平整测试区域,放置荷载板时轻轻旋转并下压。保证承载板与地面良好接触,以使冲击力有效传递至基层,必要时可用少量干燥标准均粒砂来补平,安放加载装置,将沉陷测定仪和荷载板连接起来,如图2-25所示。

(2) 将承载板置于整平的测试区域上并与测试区域充分接触,安装上导向杆并保持其垂直,如图2-26所示。

图2-25 承载板置于整平的测试区域上并充分接触　　图2-26 导向杆、导向杆安装于承载板并保持其垂直

(3) 将落锤提升至挂(脱)钩装置上挂住,然后使落锤脱钩并自由落下,当落锤弹回后将其抓住并挂在挂(脱)钩装置上,按此操作对测试区域进行三次预冲击。

3.正式测试

打开沉陷测定仪电源开关;调整水准泡,使导向杆与承载板保持垂直,如图2-26所示;然后进行三次冲击测试,作为正式测试记录。测试时应避免荷载板的移动和跳跃。

沉陷测定仪屏幕上将显示检测结果,其中包括:三次冲击测试的沉陷值及其平均值S_m(以mm计)和动态变形模量值E_{vd}(以MPa或MN/m²计)。

4.试验结果计算

1) 试验结果应按式(2-13)计算:

$$E_{vd} = \frac{1.5r\sigma}{S} \qquad\qquad (2\text{-}13)$$

式中:E_{vd}——动态变形模量,计算至 0.1MPa;

$\quad\ r$——圆形刚性承载板的半径,即 $r = 150\text{mm}$;

$\quad\ \sigma$——承载板下的最大动应力,它是通过在刚性基础上,由最大冲击力 $F_s = 7.07\text{kN}$,且冲击时间 $t_s = 18\text{ms}$ 时标定得到的,$\sigma = 0.1\text{MPa}$;

$\quad\ S$——实测承载板下沉陷值(mm);

$\ 1.5$——承载板形状影响系数。

2)实测结果可采用简化公式计算:

$$E_{vd} = \frac{22.5}{S} \qquad\qquad (2\text{-}14)$$

5. 记录表格及报告填写

(1)试验检测记录及检测报告中应注明每个测点的试验编号、工程名称、检测里程、检测部位、填层厚度、检测高程、填料类型、填料最大粒径及仪器型号等相关的参数。

(2)检测记录及检测报告(表 2-24)中应包括用自带打印机输出的完整的实测数据、结果及波形图,也可以将沉陷测定仪与计算机连接,并通过该测试仪的专用软件直接打印出含完整实测数据及波形图的测试报告。

动态变形模量试验记录

表 2-24

试验编号:_____　　　　　　工程名称:_____

冲击顺序	沉陷值 S_i (mm)	平均沉陷值 S (mm)	动态变形模量 $E_{vd} = 22.5/S(\text{MPa})$	备注

检测里程:_____　　检测部位:_____

填层厚度:_____　　检测高程:_____

填料类型:_____　　填料最大粒径:_____

仪器型号:_____

动态变形模量测试仪打印的实测结果及实测 S-t(沉陷—时间)曲线:

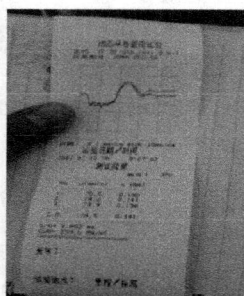

复核:　　　　　　年　月　日　　　　　　试验:　　　　　　年　月　日

任务4 高速铁路路基工程竣工验收阶段试验检测

▶▶任务分析

路基工程竣工阶段进行的试验检测项目,包括主控项目与一般项目,主要为现场的压实工艺检测,试验检测指标有压实系数、K_{30}(有砟轨道)、E_{v2}(无砟轨道可采用 K_{30} 或 E_{v2})、E_{vd},其检测方法参照路基工程施工阶段中的描述。

▶▶任务实施

具体检测内容及评定方法参照《高速铁路路基工程质量验收标准》(TB 10751—2010)中相关规定进行。

综合练习题

一、名词解释

1.地基系数 K_{30};2.二次变形模量 E_{v2};3.动态变形模量 E_{vd}

二、问答题

1.目前我国路基压实质量的评价指标有哪几类,各有何优缺点?

2.试分析 K_{30} 试验与 E_{v2} 试验的异同点。

3.E_{vd} 试验的先进性主要体现在哪些方面?

4.E_{vd}、E_{v2} 试验对检测的基面有何要求?

三、计算题

某次 K_{30} 试验记录如下:完成题表 2-1 所示内容及计算内容。

题表 2-1

加载顺序	荷载强度 σ(MPa)	油压表读数 P(MPa)	下沉量(百分表读数)S(0.01mm)				荷载板中心下沉量 (0.01mm)
			表1	表2	表3	平均	
预压	0.01		0.219825	0.183734	0.1942330		
复位	0		0	0	0		
1	0.04		14	21	17		
2	0.08		34	45	41		
3	0.12		56	75	68		
4	0.16		81	106	90		
5	0.2		108	139	124		
6	0.24		143	177	150		
7	0.28		184	221	197		
8	0.32						
9	0.36						
10	0.4						

(1)绘制 σ-S 曲线(进行必要修正),要求用米格纸。

(2)沉降 1.25mm 对应荷载强度(MPa)是多少?

(3)计算地基系数 K_{30} 值(MPa/m),并判断是否合格?[该路段 K_{30} 设计值为 110(MPa/m)]

学习情境 3

路面基层、底基层工程检测

情境描述

　　路面基层、底基层工程检测学习情境内容包括:路面基层、底基层工程认知,路面基层、底基层工程施工准备阶段试验检测,路面基层、底基层工程施工阶段试验检测,路面基层、底基层工程竣工验收阶段试验检测四个方面。本学习情境旨在通过四项不同的工作任务,使学生熟悉路面基层、底基层工程的施工工艺,明确路面基层、底基层工程在各阶段中所要进行的各种检测项目及频次,具备对路面基层、底基层工程在各阶段质量检验评定的能力。

任务1 路面基层、底基层工程认知

▶▶ 任务分析

路面基层、底基层是主要承重层，是路面结构的主要部分，为切实保证路面基层、底基层的施工质量，对路面基层、底基层材料技术性能的检测是非常重要的。为了正确掌握相应的检测方法，了解路面基层、底基层的特点、组成材料技术要求及其施工工艺就显得尤为必要。

▶▶ 任务实施

1.1 路面基层、底基层概述

路面是用各种筑路材料或混合料铺筑在公路路基上供汽车行驶的层状构造物，其作用是保证汽车在道路上能全天候、稳定、高速、舒适、安全和经济的运行。

一、路面结构层的划分

行车荷载和自然因素对路面的影响，随深度的增加而逐渐减弱。因此，对路面材料的强度、抗变形能力和稳定性的要求也随深度的增加而逐渐降低。为了适应这一特点，路面结构通常是多层次的，按使用要求、受力状况、二基支承条件和自然因素影响程度的不同，划分不同的结构层次，选用不同的材料进行铺筑。

1. 面层

面层位于整个路面结构的最上层，直接同交通荷载和大气接触，承受较大的行车荷载的垂直力、水平力、冲击力以及轮胎真空抽吸力的作用，并且还受到降水和温度变化的影响，是最直接地反映路面使用品质和路容的层次。因此，同路面结构的其他层次相比，面层应具有较高的结构强度、刚度和稳定性、耐久性，并且立耐磨、不透水，其表面还应具有良好的抗滑性和平整度等。此外，还须适应道路所在地区的环境要求。

面层可由一层或数层组成(高等级公路的面层常由2~3层组成)。自上而下分别称之为上(表)面层、中面层和下面层，并根据各分层的要求采用不同的级配等级。

磨耗层指的是面层顶部用坚硬的细粒料和结合料铺筑的薄结构层。其作用是改善行车条件，防止行车对路面的磨损，延长路面的使用周期。

2. 基层

直接位于路面面层之下、用高质量材料铺筑的主要承重层称为基层。铺筑在基层下的次要承重层称为底基层，但一般常将二者统称为基层。基层主要承受由面层传递来的行车荷载垂直应力作用，抵御环境因素的影响，使传递到垫层或土基的应力限制在其容许的范围内。基层是构成路面整体强度的主要组成部分，因此，路面基层既要具有足够的强度，又要具有良好的水温稳定性和耐久性。基层表面虽不直接供车辆行驶，但仍然要求具有较好的平整度，这是保证面层平整性的基本条件。

具体分类如下：

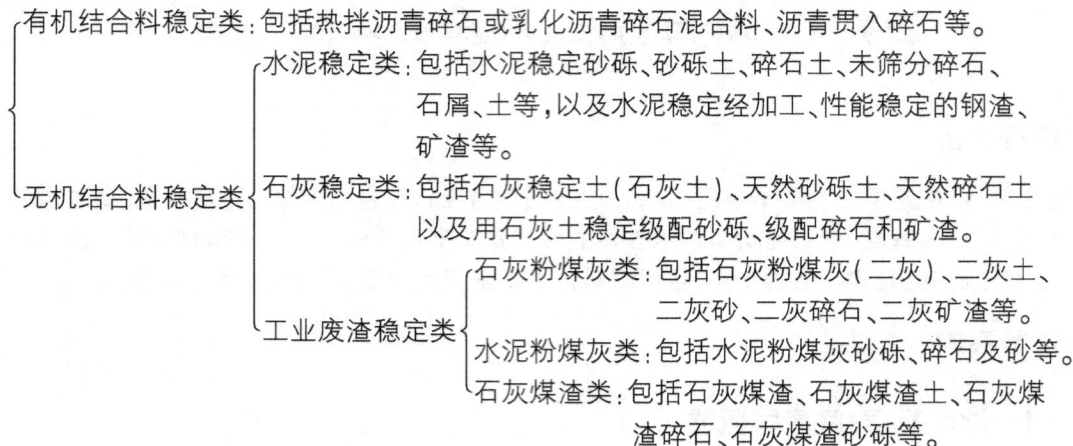

有机结合料稳定类：包括热拌沥青碎石或乳化沥青碎石混合料、沥青贯入碎石等。

水泥稳定类：包括水泥稳定砂砾、砂砾土、碎石土、未筛分碎石、石屑、土等，以及水泥稳定经加工、性能稳定的钢渣、矿渣等。

无机结合料稳定类

石灰稳定类：包括石灰稳定土（石灰土）、天然砂砾土、天然碎石土以及用石灰土稳定级配砂砾、级配碎石和矿渣。

工业废渣稳定类

石灰粉煤灰类：包括石灰粉煤灰（二灰）、二灰土、二灰砂、二灰碎石、二灰矿渣等。

水泥粉煤灰类：包括水泥粉煤灰砂砾、碎石及砂等。

石灰煤渣类：包括石灰煤渣、石灰煤渣土、石灰煤渣碎石、石灰煤渣砂砾等。

粒料类

嵌锁型：包括泥结碎石、泥灰结碎石、填隙碎石等。

级配型：包括级配碎石、级配砾石、符合级配的天然砂砾、部分经轧制掺配而成的级配砾石、碎石等。

基层、底基层视公路等级或交通量的需要可设置一层或两层。当基层或底基层较厚需分两层施工时，可分别称为上基层、下基层或上底基层、下底基层。

3. 垫层

垫层是设置在基层或底基层和土基之间的结构层，主要用于潮湿土基和北方地区的冻胀土基，用以改善土基的湿度和温度状况，即起隔水（地下水、毛细水）、排水（其上面层次下渗的水分）、隔温（防冻胀、翻浆）以及传递荷载和扩散荷载的作用。此外，对于碎石基层，铺设垫层还可以防止路基土挤入基层而影响碎石基层结构的性能，即起隔土作用。

修筑垫层的材料，强度要求不一定高，但是水稳定性要好。此外，还应根据该垫层在路面结构中的具体作用，有针对性地选择隔温、隔水、排水和隔土性能好的材料。

常用的垫层材料分为两类，一类是由松散粒料，如砂、砾石、炉渣等组成的透水性垫层；另一类是用水泥或石灰稳定土等修筑的稳定类垫层。

为了保护路面面层边缘，基层宽度每侧宜比面层宽出25cm，底基层每侧宜比基层宽出15cm。高速公路和一、二级公路的排水垫层应铺至路基同宽，三、四级公路的垫层可比基层或底基层每侧至少宽出25cm。

应当指出，不是任何路面结构都需要上述几个层次，而应根据具体情况设定，而且层次的划分也不是一成不变的。例如，在道路改建中，旧路的面层则可成为新路面的基层。

二、对基层的主要技术要求

1. 足够的强度和刚度

1）强度

基层必须能够承受车轮荷载的反复作用，即在预定设计标准轴载反复作用下，基层不会产生过多的残余变形，更不会产生剪切破坏（无机结合料的粒料基层）或疲劳弯拉破坏（用各种结合料处治的基层）。

2）刚度

基层的刚度（回弹模量）必须与面层的刚度相配。如面层和基层的刚度差别过大，则面层会由于过大的拉应力或拉应变而过早开裂破坏。各种基层材料，就其强度和刚度而言，大致可分为三个等级。强度和刚度最高的一级中可包括水泥稳定粒料（土）、石灰粉煤灰稳定粒料（土）、石灰土稳定碎石（或砂砾）或石灰稳定砂砾石、沥青碎石（混合料）及沥青贯入式碎石（该两种含沥青的材料仅指在较低温度下）。强度和刚度中等的一级中可包括水泥土、石灰粉煤灰土、石灰土、级配碎石和填隙碎石。强度和刚度最低的是级配砾石和级配碎砾石。当然，在同一等级中的不同材料的强度和刚度也是有明显差别的。例如，水泥稳定粒料和石灰粉煤灰粒料的强度和刚度大致相同，但它们的强度却明显高于石灰土碎石和石灰砂砾土。

在重交通道路、一级公路和高速公路上，基层材料还应该有高的抗疲劳破坏能力。就各种材料的抗疲劳破坏能力而言，由强到弱的排序为：沥青混凝土、沥青碎石、石灰粉煤灰粒料（矿渣、碎石、砾石）、水泥粒料（碎石、砾石、砂砾土）以及石灰土粒料或石灰粒料土。

2. 有足够的水稳性和冰冻稳定性

沥青面层，特别是喷洒型（即俗称的层铺法）的沥青表面处治和沥青贯入式面层，往往是透水的，尤其在使用初期，其透水性较大。在冰冻地区，由于冬季水分重分布的结果，路基上层和路面底基层都可能处于潮湿或过分潮湿状态。沥青面层虽不是完全不透水的，但却能阻碍路面结构层和土基中的水分蒸发。调查试验表明，水分从沥青面层蒸发出来，要比透进去困难得多，慢得多。

水泥混凝土路面面板，由于横缝、纵缝及胀缝的存在，尽管广泛采取填缝料灌缝密封，但事实上表面水不可避免地沿缝进入基层、底基层甚至路基。通常情况下，水进入基层顶面，并滞留在那里，在高速行车作用下产生高压水，对基层顶面产生冲刷，致使板下脱空、碎裂、断板。

进入路面结构层的水（包括气态水）能使含土较多、土的塑性指数较大的基层或底基层材料的含水率增加及强度大大降低，从而导致沥青路面过早破坏，或刚性路面损坏。在冰冻地区，这种水造成的危害更大。因此，必须用水稳性好的材料做路面的基层和底基层。

就各种基层材料的水稳性而言，水泥粒料的水稳性最好，石灰粉煤灰粒料次之，细土含量多且塑性指数大的级配碎石和级配砾石的水稳性最差。水泥处治粒料及石灰处治粒料土的水稳性随其中细土含量的增加及其塑性指数增大而降低。必须特别注意，在确定基层材料的强度时，必须考虑表面水不可避免地要进入基层的最不利情况。用于冰冻地区，特别是重冰冻地区的路面基层材料还应该有足够的冰冻稳定性。

3. 有足够的抗冲刷能力

表面水会通过多种途径进入沥青路面结构层内，同样也会进入水泥混凝土路面结构层内。如果进入的水不能及时排出，而是停留在面层与基层的交界面上，就会使得基层局部潮湿甚至接近饱和。在行车荷载作用下，路面结构层内或基层材料中的自由水会产生相当大的水压力。这种有压力的水会冲刷基层材料中的细料。一次冲刷的量是很小的，在行车荷载作用下反复多次冲刷，就会积少成多，在裂缝中形成细料浆，细料浆被逐渐挤压挤出裂缝，形成沥青面层上裂缝处的唧浆现象。显然，路面结构层内自由水产生的水压力随行车荷载的增加而增加，同时冲刷量随行车反复作用的次数而增加。因此，在轻交通道路上不易发生的冲刷唧浆现象，在重交通道路上就容易发生。

行车荷载在路面结构层内引起的水压力是如此之大，它不但可以冲刷级配集料基层中的细料,而且可以冲刷石灰稳定基层材料中的细料。虽然水泥稳定基层材料的 7d 龄期无侧限抗压强度超过 2MPa,但只要原集料中含有较多的细料(特别是小于 0.075mm 的颗粒),仍然会产生冲刷现象。

半刚性基层沥青路面的唧浆现象,多雨地区较为常见,在干旱地区也有发生。我国的高速公路沥青路面几乎全部采用水泥稳定级配集料或石灰粉煤灰稳定级配集料做基层,冲刷唧浆现象是一些高速公路沥青路面早期损坏的主要现象之一。无论是多雨地区,还是干旱地区都有,一般都在雨后发生。水泥混凝土路面的混凝土面板下的基层同样会产生冲刷现象。为了避免这种现象,改善水泥混凝土路面的使用性能和延长其使用寿命,现在普遍地采用水泥稳定碎石集料或水泥稳定砾石集料作为混凝土面的基层。

4. 收缩性小

对于高等级道路上的基层,特别是半刚性基层,还应该要求其收缩性小。半刚性材料的收缩性包括两个方面,一是由于水分减少而产生干缩的程度,二是由于温度降低而产生温度收缩的程度。

5. 有足够的平整度

基层的平整度对薄沥青面层的平整度有十分重大的影响。薄沥青面层的平整度取决于基层的平整度。基层的平整度对较厚沥青混凝土面层的平整度的影响虽不如对薄沥青面层的影响那么大,但基层的不平整会引起沥青混凝土面层厚薄不匀,使沥青面层在使用过程中的平整度降低较快,并导致沥青混凝土面层产生一些薄弱面。它会成为路面使用期间产生温度收缩裂缝的起点。因此,基层的平整度对较厚沥青面层的使用性能也有很重要的影响。

6. 与面层结合良好

面层与基层间的良好结合,对于沥青面层的使用质量是非常重要的。与不结合的情况比较,它可以减少面层底面由于行车荷载引起的拉应力和拉应变,它还可以明显减小由温度变化引起的沥青面层内的拉应力和拉应变。基层与面层良好结合可以使薄沥青面层不产生滑动、推移等破坏。为此,基层表面应该稳定并且具有一定的粗糙度,表面还应该结构均匀,无松散颗粒。

1.2 路面基层、底基层施工

一、水泥稳定土施工

由于路面基层、底基层分类较多,各种类型施工方法均有所不同。此处仅介绍水泥稳定土、石灰稳定土、石灰工业废渣稳定土施工方法。

水泥稳定土具有良好的整体性、足够的力学强度、抗水性和耐冻性,且较为经济,目前,已广泛地应用于各等级公路的路面基层和底基层,但水泥土不得用作二级和二级以上公路高级路面的基层,只能作底基层。

按拌和方法分,水泥稳定土的施工方法主要有三种。第一种方法是就地拌和法或称路拌法,采用这种方法时,先将要稳定的土(可能是沿线挖的就地土,也可能是从附近取土坑中挖的经选择的土)摊铺在下承层上,整型后在上摊铺水泥,也可能是在已翻松整形的原路基上或老中级路面上摊铺水泥,然后用多程式拌和机(在同一条工作道上必需拌和多次才能使水泥土混合料均匀)或单程式拌和机(在同一条工作道上只需拌和一次就能使水泥土混合料均匀)

进行拌和,并进行整平和压实。第二种方法是用移动式拌和机沿路线拌和。第三种方法是中心站拌和法或称集中厂拌法,即集中在某一场地,用固定式拌和机拌和水泥混合料,用自卸汽车将拌成的混合料运送到铺筑工地,然后进行摊铺和压实。国内目前主要是采用第一和和第三种拌和方法。一级公路和高速公路要求采用厂拌法,其他等级公路视情况选择。

1.路拌法施工

采用路拌法施工的一个非常重要的问题是必须严格避免在稳定土层下部留有"素土"夹层,特别在下卧层也是半刚性材料的情况下,这点尤为重要。一旦在半刚性基层下部留有"素土"夹层,特别是细粒土和有塑性细土的粒料土夹层,半刚性基层和其上沥青面层在开放交通后就很容易破坏。水泥稳定土路拌法施工的工艺流程宜按图 3-1 的顺序进行。

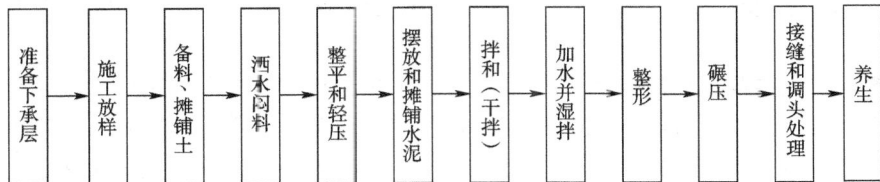

准备下承层 → 施工放样 → 备料、摊铺土 → 洒水闷料 → 整平和轻压 → 摆放和摊铺水泥 → 拌和(干拌) → 加水并湿拌 → 整形 → 碾压 → 接缝和调头处理 → 养生

图 3-1 路拌法施工水泥稳定土的工艺流程图

1) 准备下承层(图 3-2)

水泥稳定土的下承层表面应平整、坚实,具有规定的路拱,没有任何松散的材料和软弱地点。下承层的平整度和压实度应符合有关技术规范的要求。

当水泥稳定土用作基层时,要准备底基层;当水泥稳定土用作老路面的加强层时,要准备老路面;当水泥稳定土用作底基层时,要准备土基。

(1) 对于土基不论是路堤还是路堑,必须用 12 ~ 15t 三轮压路机或等效的碾压机械进行碾压检验(压 3 ~ 4 遍)。在碾压过程中,如发现土过干、表层松散,应适当洒水;如土过湿,发生"弹簧"现象,应该采用挖开晾晒、换土、掺石灰或水泥等措施进行处理。

图 3-2 准备下承层

(2) 对于底基层,应进行压实度检查,对于柔性底基层还应进行弯沉值测定。一般情况下,每 50 延米为一断面,每个断面至少测两个点(内外双轮间隙各一个点)。凡不符合设计要求的路段,必须根据具体情况,分别采用补充碾压、换填好的材料,挖开晾晒等措施,使之达到有关规范的规定标准。

(3) 底基层或老路面上的低洼和坑洞,应仔细填补及压实,搓板和辙槽,应刮除;松散处,应耙松洒水并重新碾压,达到平整密实。

(4) 新完成的底基层或土基,必须按相关规范的规定进行验收。凡验收不合格,必须采取措施,使其达到标准后,方可铺筑水泥稳定土层。

(5) 应逐个断面检查下承层高程是否符合设计要求。下承层高程的误差应符合相关技术规范的规定。

2) 施工放样(图 3-3)

在下承层上恢复中线,直线段每 15 ~ 20m 设一桩,平曲线段每 10 ~ 15m 设一桩,并在两侧路肩边缘外设指示桩;同时进行水准测量,在两侧指示桩上用明显标记标示出基层边缘的设计高程。

图 3-3　施工放样

3）备料

选择稳定混合料中的土料。

料场选择：从选线初步选定的料场，分别选取代表性的土样，做土的性能试验和水泥土混合料的物理力学试验，以选定料场。

选料采集：将料场表层覆盖土、草皮、植被、树根等杂物用推土机清除干净，按预定深度自上而下采集土料，有明显分层变化时，应及时采集样品做各项试验。土中的超尺寸颗粒应予以筛除。

选料的运输与堆放：根据各路段水泥稳定土层的宽度、厚度及预定的干密度，计算各路段所需要的干燥土的数量。根据料场土的含水率和所用运料车辆的吨位，计算每车料的堆放距离。在预定堆料的下承层上，在堆料前应先洒水，使其表面湿润，但不应过分潮湿而造成泥泞。控制每车料基本相等，并由远及近严格按照堆放距离卸料，避免有的路段料不够或过多。土在下承层上的堆置时间不宜过长，运送土只宜比摊铺土工序提前 1～2d，并做好排水工作。

根据水泥稳定土层的厚度和预定的干密度及水泥剂量，计算每 $1m^2$ 水泥稳定土所需的水泥用量，并确定水泥摆放的纵横间距。水泥常以袋为剂量单位，故应计算出每袋水泥的堆放距离。

4）摊铺土

应事先通过试验确定土的松铺系数。人工摊铺混合料时，其松铺系数可按表 3-1 选用。

松铺系数参考值　　　　　　　　　　　　　　　　表 3-1

材 料 名 称	松 铺 系 数	备 注
水泥稳定砂砾	1.30～1.35	
水泥土	1.53～1.58	现场人工摊铺土和水泥，机械拌和，人工整平

摊铺土应在摊铺水泥的前一天进行，避免将料长时间堆放，造成水分大量蒸发，或遭雨而使含水率过大，甚至造成弹簧现象。摊铺长度按日进度的需要量控制，满足次日完成掺加水泥、拌和、碾压成型即可。雨季施工，如第二天有雨，不宜提前摊铺土。

用平地机或其他合适的机具将料均匀地摊铺在预定的宽度上，表面应力求平整，并有规定的路拱。摊料过程中，应将土块、超尺寸颗粒及其他杂物拣除。如集料中有较多土块，应进行粉碎。检查松铺土层的厚度，应符合预计要求；除洒水车外，严禁其他车辆在土层上通行。

5）洒水闷料（图 3-4）

如已平整的土含水率过小，应在土层中洒水闷料，洒水应均匀，防止出现局部水分过多的现象。如为水泥和石灰综合稳定土，应先将石灰和土拌和后一起洒水闷料。在洒水的过程中，严禁洒水车在洒水段内停留和调头。对于细粒土，一般应经一夜闷料；中粒土和粗粒土，应视其中细粒土含量的多少，可缩短闷料时间。

图 3-4　洒水闷料

6）整平和轻压（图 3-5）

对人工摊铺的土层整平后，用 6～8t 两轮压路机碾压 1～2 遍，使素土层具有平整光滑的表面，同时具有一定的密实度，以便摊铺水泥。

7）摆放和摊铺水泥（图 3-6）

根据计算出的每袋水泥的纵横间距，在土层上作安放标记。将水泥当日直接运送到摊铺路段，卸在做标记的地点，并检查有无遗漏和多余；运送水泥的车辆应有防雨设备。用刮板将水泥均匀摊开，并注意使每袋水泥的摊铺面积相等；水泥摊铺完后，表面应没有空白位置，也没有水泥过分集中的地点。

图 3-5　整平和轻压

图 3-6　摆放和摊铺水泥

8）拌和（干拌）

拌和是水泥稳定结构层施工的重要一环，拌和的充分与否，直接影响到工程质量，因此施工时应严格控制，规范作业。

对于二级及二级以上公路，应采用专用稳定土拌和机进行拌和并设专人跟随拌和机，随时检查拌和深度并配合拌和机操作员调整拌和深度。拌和深度达稳定层底并宜侵入下承层 5～10mm，以利于上下层黏结。严禁在拌和层底部留有素土夹层，通常应拌和两遍以上，在最后一遍拌和之前，必要时可先用多铧犁紧贴底面翻拌一遍。

对于三、四级公路在没有专用拌和机械的情况下，可用农用旋转耕作机与多铧犁或平地机相配合进行拌和，但应注意拌和效果，拌和时间不宜过长。

9）补充洒水并湿拌

在干拌结束时，如果混合料的含水率不足，应用喷管式洒水车补充洒水，水车起洒处和另一端调头处都应超出拌和段 2m 以上，洒水车不应在正在进行拌和以及当天计划拌和的路段上调头和停留，以防止局部水量过大。洒水后，应再次进行拌和，使水分在混合料中分布均匀，拌和机械应紧跟在洒水车后面进行拌和，减少水分流失。洒水量要严格控制，一般宜略大于最佳含水率。判断混合料拌和均匀的经验标准是：混合料的颜色一致，没有灰条、灰团和花面，即没有明显粗细集料离析现象，且水分合适和均匀。在洒水拌和过程中，应配合人工拣出超尺寸颗粒，消除粗细颗粒"窝"以及局部过分潮湿或过分干燥之处。

10）整形

（1）混合料拌和均匀后应立即用平地机进行初平。一般在直线段，由两侧向路中心刮平；在曲线段，由内侧向外侧刮平。然后用轮胎压路机、轮胎拖拉机或平地机快速碾压一遍。

（2）不平整的地方，用齿耙把表面 5cm 耙松；必要时，用新拌的混合料找平，再进行碾压。每次整平碾压，均需按要求调整坡度和路拱。

（3）接缝处的整平，应顺适平整，并包括路肩。

（4）为避免出现薄层贴补，在总厚度满足要求的情况下，摊铺时宜"宁高勿低"；整平时，宜"宁刮勿补"。

（5）在整形的过程中，严禁任何车辆通行，并保持无明显的粗细集料离析现象。

11）碾压

（1）整形后当混合料处于最佳含水率不超过 1% ~ 2% 范围时，应立即用轻型压路机并配合 12t 以上压路机在结构层全宽范围内进行碾压。碾压时应遵循先轻后重、先慢后快的原则。直线和不设超高的平曲线段，应由两侧路肩开始向路中心碾压；在设超高的平曲线段，由内侧路肩向外侧路肩进行碾压。碾压时，后轮应重叠 1/2 轮宽；后轮必须超过两段的接缝处。后轮压完路面全宽时，即为一遍。一般需碾压 6 ~ 8 遍，应使表面无明显轮迹。头两遍的碾压速度采用 1.5 ~ 1.7km/h 为宜，以后用 2.0 ~ 2.5km/h。如表面水分不足，应适当洒水。碾压应在水泥初凝前完成碾压，并达到要求的密实度，同时没有明显的轮迹。

（2）在人工摊铺和整形的情况下，应先用拖拉机、6 ~ 8t 两轮压路机或轮胎压路机碾压 1 ~ 2 遍，再用重型轮胎压路机、振动压路机或 12t 以上的三轮压路机进行碾压。

（3）碾压过程中，如有"弹簧"、松散、起皮等现象，应及时翻开重新拌和，或用其他方法处理，使其达到质量要求。

（4）碾压结束之前，用平地机终平一次，使高程、路拱和超高符合设计要求，必须将局部高处部分刮除并扫出路外；对局部低洼之处，不得找补，以免出现薄层贴补现象，可留待铺筑沥青面层时处理。

（5）严禁压路机在已完成的或正在碾压的路段上调头或紧急制动，应保证稳定土表面不受破坏。

（6）用 12 ~ 15t 三轮压路机碾压时，每层的压实厚度不应超过 15cm；用 18 ~ 20t 的三轮压路机碾压时，每层的压实厚度不应超过 20cm。对于稳定中粒土和粗粒土，采用能量大的振动压路机时，压实厚度应根据试验确定。

压实厚度超过上述规定时，应分层铺筑，每层的最小压实厚度为 10cm，下层宜稍厚。

12）接缝和调头处的处理

同日施工的两个工作段衔接处，应搭结拌和。第一段拌和后，留 5 ~ 8cm 不进行碾压，后一段施工时，前段留下未压部分，应再加部分水泥重新拌和，并于后一段一起碾压。

每天最后一段末端缝（即工作缝）处理的具体处理方法如下：

（1）在已碾压完成的水泥稳定土层末端，沿稳定土挖一条横贯铺筑层全宽的宽约 30cm 的槽，直挖到下承层顶面（注意，不要破坏下承层）。此槽应与路的中心线垂直，靠稳定土的一面应切成垂直面，并放两根与压实厚度等厚、长为全宽一半的方木条紧贴其垂直面。

（2）用原挖出的素土回填槽内其余部分。

（3）第二天，邻接作业段正常拌和后，除去方木，用混合料回填。靠近方木条未能拌和的一小段，应人工进行补充拌和。整平时，接缝处的水泥稳定土应较已完成断面高出约 5cm，以利于形成一个平顺的接缝。

（4）在新混合料碾压过程中，应将接缝修整平顺。

调头处理：

一般在准备调头的 8 ~ 10m 长的稳定土层上，先覆盖一张厚塑料布或油毡纸，然后铺上约 10cm 厚的土、砂或砂砾。待新铺层整平后，用平地机将塑料布或油毡纸上大部分土除去，然后人工除去余下的土，并收起塑料布或油毡纸。

纵缝的处理:

水泥稳定土层的施工应避免纵向接缝,在必须分两幅施工时,纵缝必须垂直相接,不应斜接。

①在前一幅施工时,在靠中央一侧月方木或钢模板做支撑,方木或钢模板的高度与稳定土层的压实厚度相同;

②混合料拌和结束后,靠近支撑木(或板)的一部分,应人工进行补充拌和,然后整形和碾压;

③养生结束后,在铺筑另一幅之前,拆除支撑木(或板);

④第二幅混合料拌和结束后,靠近第二幅的部分,应人工进行补充拌和,然后进行整形和碾压。

13)养生与交通管理

水泥稳定土经拌和、压实后,必须有一段养生时间,使稳定土层表面经常湿润,防止水泥稳定土中的水分蒸发,以保证水泥充分发挥作用。这是一个十分重要的问题,可以用潮湿的帆布、粗麻袋、稻草麦秸或其他合适的潮湿材料覆盖,但不能用潮湿的有黏性的土覆盖,因这种土会黏结在稳定土层表面,难于清除干净。

(1)水泥稳定土底基层(或基层)分层施工时,下层水泥稳定土碾压完后,在采用重型振动压路机碾压时,宜养生7d后铺筑上层水泥稳定土。在铺筑上层稳定土之前,应始终保持下层表面湿润。在铺筑上层稳定土时,宜将下层表面清扫干净后撒少量水泥或水泥浆。底基层养生7d后,方可铺筑基层。

(2)每一段碾压完成并经压实度检查合格后,应立即开始养生。

(3)如采用湿砂进行养生,砂层厚宜7~10cm厚,砂铺匀后,应立即洒水,并在整个养生期间保持砂的潮湿状态。养生结束后,必须将覆盖物清除干净。

(4)对于基层,也可以采用沥青乳液进行养生。沥青乳液的用量按0.8~1.0kg/m³(指沥青用量)选用,宜分两次喷洒。第一次喷洒沥青含量约35%的慢裂沥青乳液,使其能稍透入基层表面,第二次喷洒浓度较大的沥青乳液。如不能避免施工车辆在养生层上通行,应在乳液分裂后撒布3~8mm小碎砾石,做成下封层。

(5)无上述条件时,也可用洒水车经常洒水进行养生。每天洒水的次数应视气候而定。整个养生期间应始终保持稳定土层表面潮湿,应注意表层情况,必要时,用两轮压路机压实。

(6)对于高速公路和一级公路,基层的养生期不宜少于7d。对于二级和二级以下的公路,如养生期少于7d即铺筑沥青面层,则应限制重型车辆通行。

(7)对于二级和二级以下公路,如基层上为水泥混凝土面板,且面板是用小型机械施工的,则基层完成后可较早铺筑混凝土面层。

(8)在养生期间采用覆盖措施的水泥稳定土层上,除洒水车外,应封闭交通。在采用覆盖措施的水泥稳定土层上,不能封闭交通时,应限制重车通行。其他车辆的车速不应超过30km/h。

(9)养生期结束后,如其上为沥青面层,应先清扫基层,并立即喷洒透层或黏层沥青。在喷洒透层或黏层沥青后,宜在上均匀撒布3~8mm的小碎(砾)石,用量为全铺一层用量的60%~70%。

在清扫干净的基层上,也可先做下封层,以防止基层干缩开裂,同时保护基层免遭施工车辆破坏,宜在铺设下封层后的7~10d内开始铺筑沥青面层的底面层。如为水泥混凝土面层,不宜让基层长期曝晒,以免开裂。

2. 厂拌法施工

对于高等级公路,尤其是高速公路应采用在中心站用厂拌设备进行集中拌和,以保证拌和质量和消除"素土"夹层的危害。

中心站集中厂拌法施工与路拌法施工的主要区别在:第一,水泥稳定土混合料在中心站用强制式拌和机、双转轴桨叶式拌和机等厂拌设备进行集中拌和;第二,混合料用摊铺机进行摊铺。其特点是:配料精度高,混合料拌和质量好,缩短了延迟时间,摊铺的厚度均匀,平整度好。现行规范规定:高速公路和一级公路的稳定土基层,应采用集中厂拌法施工。不足之处是厂拌设备安装在固定地点作业,且装置多,整机庞大,占地面积较大。厂拌法施工水泥稳定土的工艺流程,如图3-7所示。

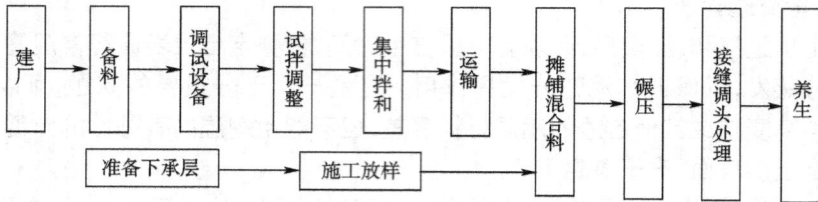

图 3-7 厂拌法施工水泥稳定土的工艺流程图

1) 设备准备

采用中心站拌和法时,所需要的机械主要分三部分:

(1) 用于准备工作,在料场或取土坑需要推土机、装载机或皮带运输机,有时还可能需要筛分机、粉碎机、自卸汽车。

在道路上准备下承层(整型成要求的路拱、坡度和压实度),需要平地机和压路机,有时还可能需要洒水车、水泵等。

(2) 在中心站用于制备水泥土混合料,需要专用稳定土拌和站(图3-8)、装载机等。

(3) 用于铺筑现场需要自卸汽车、摊铺机、压路机、平地机(需要整修时用)、洒水车等。

图 3-8 稳定料拌和站

2) 下承层准备、施工放样同路拌法

3) 备料

选择原则同路拌法。各种不同材料(水泥、土、外掺剂等)及不同规格集料(碎石或砾石、石屑、砂)应隔离,分别堆放。在潮湿多雨地区或其他地区的雨季施工时,应采取措施,保护集料,特别是细集料(如石屑和砂等)应有覆盖,防止雨淋。水泥防潮更为重要。土块应粉碎,最大尺寸不得大于15mm。

4) 拌和

集中拌和时应注意以下事项:

(1) 拌和机与摊铺机的生产能力应互相匹配。对于高速公路和一级公路,为了保持摊铺机连续摊铺,拌和机的产量宜大于600t/h,并宜采用两台拌和机。即每台拌和能力大于300t/h。

(2)在正式拌制混合料之前,必须先调试所用的设备,使混合料的颗粒组成和含水率都达到规定的要求。原集料的颗粒组成发生变化时,应重新调试设备。

(3)配料应准确,拌和应均匀。

(4)拌和出来混合料的含水率宜略大于最佳值,使混合料运到现场摊铺后碾压的含水率不小于最佳值。因此,在拌和过程中应根据集料和混合料含水率的大小,及时调整加水量。

(5)当采用连续式的稳定土厂拌设备拌和时,应保证集料的最大粒径和级配符合要求。

5)运输混合料(图3-9)

拌和好的混合料应尽快运送到铺筑现场。车上的混合料应覆盖,且运输时间一般在30min以内,减少水分损失。运输车辆的运输能力应与拌和站拌和设备的拌和能力以及现场摊铺机的摊铺能力相匹配,以保证施工的连续性,提高机械化施工的效率。

6)摊铺混合料(图3-9)

对于高速公路和一级公路,必须采用沥青混凝土摊铺机或专用的稳定粒料摊铺机摊铺。对于其他公路,有条件宜用摊铺机摊铺,但至少必须采用平地机摊铺,个别面积较小的路段可以采用人工摊铺。

图3-9 稳定料运输、摊铺和碾压

将水泥稳定土混合料通过自卸汽车直接卸入摊铺机的料斗内,由摊铺机均匀摊铺。最好采用两台摊铺机同时摊铺。这两台摊铺机可以是一前一后(相距5~10m)错列前进。在只能用一台较小型的摊铺机工作时,可以在两条线或几条工作道上交替摊铺,但任何一条工作道都不能比邻接的工作道摊铺得太前。相邻接工作道上任一地点摊铺混合料的间隔时间不能超过25min。摊铺均匀的料应当立即碾压。当摊铺机允许摊铺宽度较大时,也可以采用单台摊铺一次摊铺成型,但要注意摊铺过程中混合料的离析。在摊铺机后面应设专人消除粗细集料离析现象,特别应该铲除局部粗集料"窝",并用新拌混合料填补。

用摊铺机和平地机摊铺混合料后的整形和碾压均与路拌法相同。

7)接缝处理

集中厂拌法施工时的横向接缝应符合下列要求:

(1)用摊铺机摊铺混合料时,不宜中断,如因故中断时间超过2h,应设置横向接缝,摊铺机应驶离混合料末端;

(2)人工将末端含水率合适的混合料铺整齐,紧靠混合料放两根方木,方木的高度应与混合料的压实厚度相同,整平紧靠方木的混合料;

(3)方木的另一侧用砂砾或碎石回填约3m长,其高度应高出方木几厘米;

(4)将混合料碾压密实;

（5）在重新开始摊铺混合料之前，将砂砾或碎石和方木除去，并将下承层顶面清扫干净；

（6）摊铺机返回到已压实层的末端，重新开始摊铺混合料；

（7）如摊铺中断后，未按上述方法处理横向接缝，而中断时间已超过2h，则应将摊铺机附近及其下面未经压实的混合料铲除，并将已碾压密实且高程和平整度符合要求的末端挖成与路中心线垂直并垂直向下的断面，然后再摊铺新的混合料。

应避免纵向接缝。高速公路和一级公路的基层应分两幅摊铺，宜采用两台摊铺机一前一后相隔5～10m同步向前摊铺混合料，并一起进行碾压，但必须注意横坡的一致性。在不能避免纵向接缝的情况下，纵缝必须垂直相接，严禁斜接，并符合下列规定：

①在前一幅摊铺时，在靠中央的一侧用方木或钢模板做支撑，方木或钢模板的高度应与稳定土层的压实厚度相同；

②养生结束后，在摊铺另一幅之前，拆除支撑木（或板）；用平地机摊铺混合料时，横向接缝和纵向接缝的处理方法同路拌法。

8）养生及交通管制

同路拌法。

二、石灰稳定土施工

在粉碎的或原来松散的土（包括各种粗、中、细粒土）中，掺入足量的石灰和水，经拌和、压实及养生后得到的混合料，当其抗压强度符合规定的要求时，称为石灰稳定土。用石灰稳定细粒土得到的强度符合要求的混合料，称为石灰土；用石灰稳定中粒土和粗粒土得到的强度符合要求的混合料，视所用原材料而定，原材料为天然砂砾土或级配砂砾时，称为石灰砂砾土；原材料为碎石或级配碎石时，称为石灰碎石土。

石灰稳定土具有较高的抗压强度，一定的抗弯强度和抗冻性，稳定性较好，但干缩和温缩较大。因此，石灰稳定土适用于各级公路的底基层，以及二级和二级以下公路的基层，但石灰土不得用做二级公路及二级以下公路高级路面的基层。在冰冻地区的潮湿路段以及其他地区的过分潮湿路段，不宜采用石灰土做基层。当只能采用时，应采取措施防止水分渗入石灰土层。

石灰稳定土的施工与水泥稳定土的施工基本相同。近年来，随着高速公路的建设速度和规模增大，中心站集中拌和法施工已被广泛采用。

1. 路拌法施工

路拌法施工石灰稳定土的工艺流程（图3-10）。

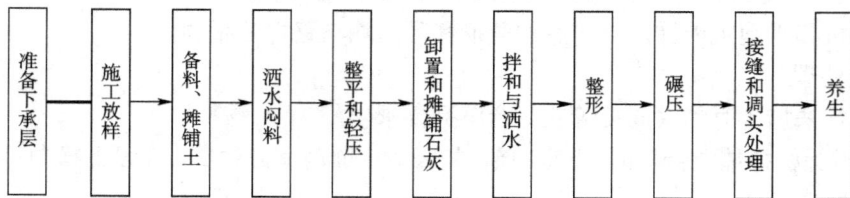

准备下承层 → 施工放样 → 备料、摊铺土 → 洒水闷料 → 整平和轻压 → 卸置和摊铺石灰 → 拌和与洒水 → 整形 → 碾压 → 接缝和调头处理 → 养生

图 3-10　石灰稳定土路拌法施工的工艺流程

1）准备工作

包括流程图的前三道工序。

（1）施工前应对下承层按质量验收标准进行检验，合格后，才能进行中线放样，并在两侧

路肩外缘 0.3～0.5m 处设指示桩,在指示桩上标出基层(或底基层)边缘设计标高及松铺厚度位置。

(2)根据各路段基层(底基层)的宽度、厚度及预定的干密度,计算各路段需要的干燥集料数量。

(3)根据混合料的配合比、材料的含水率以及运输车辆的吨位,计算各种材料每车料的堆放距离。对于以袋为计量单位的石灰等结合料,应计算出每袋结合料的堆放距离。石灰应选择公路两侧宽敞、邻近水源且地势较高的场地集中堆放。当堆放时间较长时,也应覆盖封存。石灰堆放在集中拌和场地时间较长时,也应覆盖封存。生石灰块应在使用前 7～10d 充分消解;消解后石灰应保持一定的湿度,不得产生扬尘,也不可过湿成团;消石灰宜过孔径 10mm 的筛,并尽快使用。

(4)根据各集料所占比例及松干密度,计算各集料的松铺厚度,以控制集料的施工配合比。

2)集料摊铺及闷料

根据试验或试验路段确定的松铺系数,准备集料用量,用平地机、推土机或人工按松铺系数进行摊铺,摊铺力求均匀,不应有离析现象。摊铺前,如下承层的表面过分干燥,应适当洒水,使表面湿润,洒水应均匀,防止出现局部水分过多的现象。细粒土应经一夜闷料;中粒土和粗粒土,视其中细粒土含量的多少,可缩短闷料时间。混合料的松铺系数可参考表3-2。

石灰稳定土混合料的松铺系数　　　　　　　　　表 3-2

混合料名称	松铺系数	备注
石灰土	1.53～1.58	现场人工摊铺土和石灰,用机械拌和、人工整平
	1.65～1.70	路外集中拌和,运到现场人工摊铺
石灰砂砾	1.52～1.56	路外集中拌和,运到现场人工摊铺

3)集料整平和轻压

将石灰在已摊铺均匀的土层或集料层上摊铺均匀是用路拌法施工时的重要环节。如果石灰摊铺不均匀,不管用多好的路拌机械都不可能使石灰在混合料中(从面上到沿深度)分布均匀。只有土层或集料层的表面平整并具有一定的密实度,在用人工摊铺石灰时,才能将石灰在面上摊铺均匀。因此,将土或集料摊铺均匀后,必须进行整型,使其表面具有规定的路拱,并用 6～8t 两轮压路机碾压 1～2 遍,使其表面平整,具有规定的路拱,并具有一定的压实度。

4)摊铺石灰

根据计算的石灰堆放距离,在现场用石灰做标记,同时划出摊铺石灰的边线。用刮板将石灰均匀摊开,石灰摊铺完后,表面应没有空白位置。量测石灰的松铺厚度,根据石灰的含水率和松密度,校核石灰用量是否合适。

5)拌和与洒水

如图 3-11 所示,采用石灰土拌和机或稳定土拌和机进行拌和。拌和机应先调整好拌和深度,由两侧向中心拌和,每次拌和应重叠 10～20cm,要防止漏拌。先用拌和机"干拌"1～2 遍,使石灰分布到全部土中,不要求完全拌和,而是预防加水过程中石灰成团。然后边洒水边拌和,即"湿拌"。

洒水车要求用喷灌式洒水车,并及时检查混合料含水

图 3-11　路拌石灰土稳定料

率,一般宜比最佳含水率略大 1% ~2%,拌和直至水量足够,混合料颜色及含水率均匀为止。洒水车起洒处和另一端"调头"处都应超出拌和段 2m 以上。洒水车不应在进行拌和的以及当天计划拌和的路段上"调头"和停留,以防止局部水量过大。

在两工作段的搭接部分,应在前一段拌和后留 5 ~8m 不进行碾压,待后一段施工时,将前段留下未压部分一起在进行拌和。拌和机械及其他机械不宜在已压实的石灰土层上"调头",如必须进行"调头"时,应采取措施保护"调头"部分,使石灰土表层不受破坏。

如为石灰稳定级配碎石或砂砾时,应先将石灰和需添加的黏性土拌和均匀,然后均匀地摊铺在级配碎石或砂砾层上,再一起进行拌和。

6) 整形

(1) 混合料拌和均匀后应立即用平地机进行初平。一般在直线段,由两侧向路中心刮平;在曲线段,由内侧向外侧刮平。然后用轮胎压路机、轮胎拖拉机或平地机快速碾压一遍。

(2) 不平整的地方,用齿耙把表面 5cm 耙松;必要时,用新拌的混合料找平,再进行碾压。每次整平碾压,均需按要求调整坡度和路拱。

(3) 接缝处的整平,应顺适平整,并包括路肩。

(4) 为避免出现薄层贴补,在总厚度满足要求的情况下,摊铺时宜"宁高勿低";整平时,宜"宁刮勿补"。

(5) 在整形的过程中,严禁任何车辆通行,并保持无明显的粗细集料离析现象。

7) 碾压

(1) 整形后当混合料处于最佳含水率不超过 1% ~2% 范围时,应立即用轻型压路机并配合 12t 以上压路机在结构层全宽范围内进行碾压。碾压时应遵循先轻后重、先慢后快的原则。直线和不设超高的平曲线段,应由两侧路肩开始向路中心碾压;在设超高的平曲线段,由内侧路肩向外侧路肩进行碾压。碾压时,后轮应重叠 1/2 轮宽;后轮必须超过两段的接缝处。后轮压完路面全宽时,即为一遍。一般需碾压 6 ~8 遍,应使表面无明显轮迹。头两遍的碾压速度采用 1.5 ~1.7km/h 为宜,以后用 2.0 ~2.5km/h。如表面水分不足,应适当洒水。碾压应在水泥初凝前完成,并达到要求的密实度,同时没有明显的轮迹。

(2) 在人工摊铺和整形的情况下,先用 6 ~8t 两轮压路机或轮胎压路机碾压 1 ~2 遍,再用重型轮胎压路机、振动压路机或 12t 以上的三轮压路机进行碾压。

(3) 碾压过程中,如有"弹簧"、松散、起皮等现象,应及时翻开重新拌和,或用其他方法处理,使其达到质量要求。

(4) 碾压结束之前,用平地机终平一次,使高程、路拱和超高符合设计要求,必须将局部高处部分刮除并扫出路外;对局部低洼之处,不得找补,以免出现薄层贴补现象,可留待铺筑沥青面层时处理。

(5) 严禁压路机在已完成的或正在碾压的路段上调头或紧急制动,应保证稳定土表面不受破坏。

(6) 用 12 ~15t 三轮压路机碾压时,每层的压实厚度不应超过 15cm;用 18 ~20t 的三轮压路机碾压时,每层的压实厚度不应超过 20cm。对于稳定中粒土和粗粒土,采用能量大的振动压路机时,压实厚度应根据试验确定。压实厚度超过上述规定时,应分层铺筑,每层的最小压实厚度为 10cm,下层宜稍厚。

(7) 一个作业段完成之后,应检查灰土的压实度。开始阶段,每一作业段检查 6 次,然后用碾压遍数与检查相结合,每 1000m 为 6 ~8 次。如果再铺一层或工程验收之前被检验的石灰土材料没有达到所需的压实度,则必须返工。

8)接缝和调头处的处理

同日施工的两个工作段衔接处,应搭接拌和。第一段拌和后,留 5~8cm 不进行碾压,后一段施工时,前段留下未压部分,应再加部分水泥重新拌和,并于后一段一起碾压。

拌和机械及其他机械不宜在已压成的石灰稳定土层上"调头"。如必须在上进行"调头",应采取措施(如覆盖一层 10cm 厚的砂或砂砾),保护"调头"部分,使石灰稳定土表层不受破坏。

石灰稳定土层的施工应该尽可能避免纵向接缝,必须分两幅施工时,纵缝必须垂直相接,不应斜接。纵缝应按下述方法处理:

(1)在前一幅施工时,在靠中央一侧用方木或钢模板做支撑,方木或钢模板的高度与稳定土层的压实厚度相同。

(2)混合料拌和结束后,靠近支撑木(或板)的一条带,应人工进行补充拌和,然后进行整型和碾压。

(3)在铺筑另一幅时,或在养生结束后,拆除支撑木(或板)。

(4)第二幅混合料拌和结束后,靠近第一幅的一条带,应人工进行补充拌和,然后进行整型和碾压。

9)养生及交通管理

石灰稳定土在养生期间应采取保湿措施,保持石灰稳定土碾压时的含水率,不让其变干。石灰稳定土的含水率减少,很容易产生干缩裂缝。采用洒水法养生时,应该注意勿使石灰土表层过湿。养生期一般为 7d 左右。

在养生期间未采用覆盖措施的石灰稳定层上,除洒水车外,应封闭交通。在采用覆盖措施(如覆盖砂养生或喷洒沥青膜养生)的石灰稳定土层上,不能封闭交通时,应限制车速不得超过 30km/h。

养生期结束后,应根据面层厚度结构情况,尽快铺筑其上的结构层。如果其上直接为沥青面层,应立即铺沥青面层,以保护石灰稳定土基层,不让其产生收缩裂缝(对于较厚的沥青面层),或先铺一封层,通车一段时间,让石灰稳定土基层充分开裂后再铺筑沥青面层(对于较薄的沥青面层),以减少反射裂缝。

2. 中心站集中拌和法(厂拌法)

一般利用强制式拌和机或双转轴桨叶式拌和机在中心站集中拌和。集中拌和法的生产工艺流程,如图 3-12 所示。

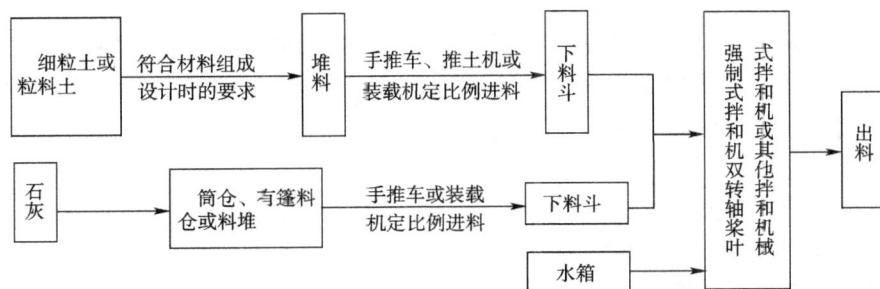

图 3-12　石灰稳定土厂拌法施工的生产工艺流程

1) 拌和要点

拌和时,细粒土应尽可能粉碎,且最大尺寸不超过 15mm。配料要准确,含水率要略大于最佳含水率 1% ~2%,使混合料运到现场摊铺后碾压时的含水率能接近最佳值;拌和要均匀,拌和好的混合料用运输车辆运到现场,用摊铺机、平地机或人工按松铺系数摊铺均匀,如有离析现象,应用机械或人工补充拌和。整形、碾压及养生与路拌法相同。

2) 厂拌法施工注意事项

(1) 当采用连续式的稳定土厂拌设备时,应保证集料的最大粒径和级配都符合要求,必要时,应先筛除集料中不符合要求的颗粒,配料应准确。

(2) 在正式拌制稳定土混合料之前,必须先调试所用的厂拌设备,使混合料的颗粒组成和含水率都达到规定的要求。集料的颗粒组成发生变化时,应重新调试设备。

(3) 在潮湿多雨地区或其他地区的雨季施工时,宜采取措施保护集料,特别是细集料(含土)和石灰免遭雨淋。

(4) 应根据集料和混合料的含水率,及时调整向拌和室中添加的水量。

(5) 拌成的混合料应尽快地运送到铺筑现场。如运距远,车上的混合料应该覆盖,以防止水分过多蒸发。

(6) 摊铺宜采用沥青混凝土摊铺机、水泥混凝土摊铺机或稳定土摊铺机摊铺混合料。

(7) 拌和机与摊铺机的生产能力应互相协调。如拌和机的生产能力较低,在用摊铺机摊铺混合料时,应采用最低速度摊铺,减少摊铺机停机待料的情况。

(8) 在摊铺机后面应设专人消除粗细集料离析现象,特别是局部粗集料窝应该铲除,并用新混合料填补。

(9) 摊铺后,用振动压路机、三轮压路机和轮胎压路机及时进行碾压。

(10) 在一般公路上,也可以用自动平地机摊铺混合料。用平地机摊铺混合料后的整型和碾压与本章路拌法相同。

3) 横向接缝和纵向接缝的处理

横向接缝的处理方法:

(1) 用摊铺机摊铺混合料时,每天的工作缝应做成横向接缝。摊铺机应驶离混合料末端;

(2) 人工将末端混合料弄整齐,紧靠混合料放根方木,方木的高度与混合料的压实厚度相同,整平紧靠方木的混合料;

(3) 方木的另一侧用砂砾或碎石回填约 3cm 长,其高度应高出方木几厘米;

(4) 在重新开始摊铺混合料之前,将砂砾或碎石和方木除去,并将下承层顶面清扫干净和拉毛;

(5) 摊铺机返回到已压实层的末端,重新开始摊铺混合料;

(6) 如压实层末端未用方木做支撑处理,在碾压后末端成一斜坡,则在第二天开始摊铺新混合料之前,应将末端斜坡挖除,并挖成一横向(道路中心线垂直)垂直向下的断面。挖出的混合料加水到最佳含水率拌匀后仍可使用。

纵缝的处理方法:

应避免纵向接缝。如摊铺机的摊铺宽度不够,必须分两幅摊铺时,宜采用两台摊铺机一前一后相隔 8 ~10m 同步向前摊铺混合料,一起进行碾压。在仅有一台摊铺机的情况下,可先在一条摊铺带上摊铺一定长度后,再开到另一条摊铺带上摊铺,然后一起进行碾压。

在不能避免纵向接缝的情况下,纵缝必须垂直相接,严禁斜接,并按下述方法处理:

（1）在前一幅摊铺时，在靠后一幅的一侧用方木或钢模板做支撑，方木或钢模板的高度与稳定土层的压实厚度相同。

（2）养生结束后，在摊铺另一幅之前，拆除支撑木（或板）用平地机摊铺混合料时，横向接缝和纵向接缝的处理方法同本章路拌法。

（3）养生及交通管理，同前面石灰稳定土路拌法施工。

3. 人工沿路拌和法施工

二级以下公路的小工程，在没有拌和机械的情况下，可采用人工沿路拌和法施工。其施工要点如下：

1）备料

将需稳定的土料按事先计算的数量运到路上分堆堆放，应每隔一定的距离留一缺口；将消石灰按事先计算的数量运到路上，直接卸在土堆上或卸在土堆旁。

2）拌和

可采用筛拌法或翻拌法。采用筛拌法时，将细粒土和石灰混合或交替过孔径 15～20mm 的筛，然后加水拌和至均匀为止。采用翻拌法时，将过筛的土和石灰先干拌 1～2 遍，再加水拌和至均匀为止。为使混合料的水分充分均匀，可在当天拌和后堆放闷料，第二天再摊铺。

3）摊铺

将拌和好的石灰混合料按松铺厚度摊铺均匀。

4）整形、碾压和养护

整形、碾压和养护的方法及要点同路拌法施工。

三、石灰工业废渣稳定土施工

一定数量的石灰和粉煤灰或煤渣与其他集料相配合，加入适量的水（通常为最佳含水率），经拌和、压实及养生后得到的混合料，当其抗压强度符合规定的要求时，称为石灰工业废渣稳定土（简称石灰工业废渣）。工业废渣包括：粉煤灰、煤渣、高炉矿渣、钢渣（已经过崩解达到稳定），及其他冶金矿渣、煤矸石等。

石灰工业废渣材料可分为两大类：石灰粉煤灰类和石灰其他废渣类。石灰粉煤灰类是指用石灰粉煤灰稳定细粒土（含砂）、中粒土和粗粒土。视具体情况可分别简称为二灰土、二灰砂砾、二灰碎石、二灰矿渣等。其中砂砾、碎石、矿渣、煤矸石等可能是中粒土，也可能是粗粒土，都统称为集料。石灰其他废渣类是指用石灰直接稳定各类工业废渣。一定数量的石灰和粉煤灰，一定数量的石灰、粉煤灰和土以及一定数量石灰、粉煤灰和砂相配合，加入适量的水，经拌和、压实及养生后得到的混合料，当其抗压强度符合规定的要求时，分别称为二灰、二灰土、二灰砂。用石灰和粉煤灰稳定级配碎石或级配砾石得到的混合料，当其强度符合抗压强度规定的要求时，分别称为石灰、粉煤灰级配碎石和石灰、粉煤灰级配砾石。

石灰工业废渣稳定土，特别是二灰稳定土，具有良好的力学性能、板体性、水稳性和一定的抗冻性，其抗冻性较石灰土高得多。石灰工业废渣的初期强度低，但随龄期的增长幅度大。因而石灰工业废渣稳定土可适用于各级公路的基层和底基层，但二灰、二灰土和二灰砂不应用做二级和二级以上公路高级路面的基层（表3-3）。

（1）路拌法施工，施工工艺流程图如图3-13所示。

（2）中心站集中厂拌法施工，施工工艺流程图如图3-14所示。

为保证配料准确，拌和均匀，应尽可能采用中心站集中拌和法。二级以上公路施工时，宜采用厂拌法施工;对于高速公路和一级公路施工,必须采用厂拌法施工,并配套以摊铺机摊铺。

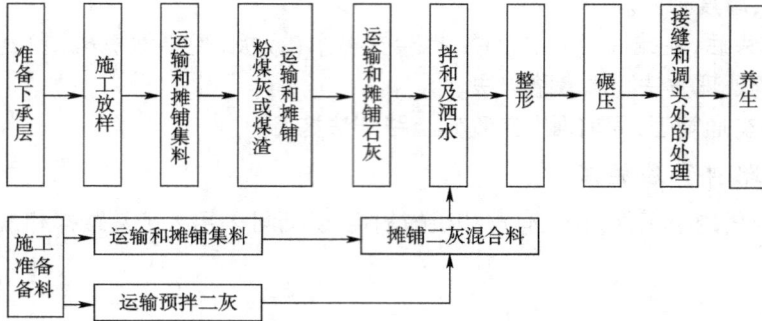

图 3-13　石灰工业废渣稳定土路拌法施工工艺流程图

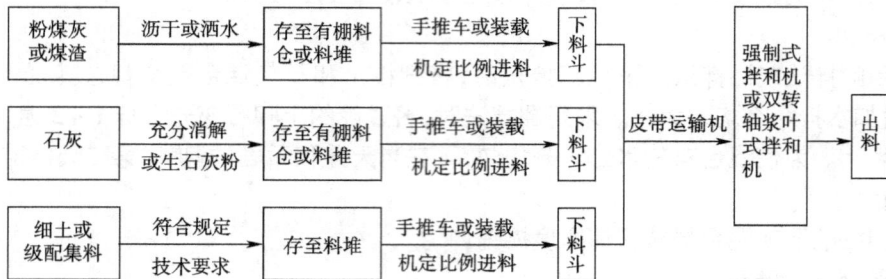

图 3-14　石灰工业废渣稳定土厂拌法施工工艺流程图

二灰稳定土的材料技术要求　　　　　　　　　　　　　　　　表 3-3

公路等级及层位	性能要求	二灰稳定土		
		石料颗粒最大粒径	碎石、砾石或其他粒状材料含量	碎石或砾石的压碎值
高速公路和一级公路	基层	≤31.5mm	80% ~ 85%	≤30%
	底基层	≤37.5mm	>80%	≤35%
二级及二级以下公路	基层	≤37.5mm	>80%	≤35%
	底基层	≤53mm	>80%	≤40%

任务 2　路面基层、底基层工程施工准备阶段试验检测

▶▶任务分析

路面基层、底基层施工准备阶段的试验与检测项目主要为原材料的检测与配合比的验证与质量控制。基层、底基层材料由于胶凝机理的不同和材料配比的多变性等原因,其工程性质千差万别,相应的试验检测方法也较复杂。

▶▶任务实施

一、检测项目

(1)底基层和基层原材料的试验项目见表 3-4。

122
路基路面试验与检测

122

序号	试 验 项 目	材 料 名 称	检 测 规 程
1	含水率	土、砂砾、碎石等集料	
2	颗粒分析	砂砾、碎石等集料	
3	液限、塑限	土、级配砾石或级配碎石中 0.5mm 以下的细土	
4	相对毛体积密度、吸水率	砂砾、碎石等	《公路土工试验规程》(JTG E40—2007)《公路工程水泥及水泥混凝土试验规程》(JTG E30—2005)《公路工程集料试验规程》(JTG E42—2005)
5	压碎值	砂砾、碎石等	
6	有机质和硫酸盐含量	土	
7	有效氧化钙、氧化镁	石灰	
8	水泥强度等级和终凝时间	水泥	
9	烧失量	粉煤灰	

(2)底基层和基层混合料的试验项目见表 3-5。

底基层和基层混合料的试验项目　　　　　　　　　表 3-5

序号	试 验 项 目	检 测 规 程
1	含水率	
2	水泥或石灰剂量检测	
3	击实试验	《公路工程无机结合料稳定材料试验规程》(JTG E51—2009)
4	抗压强度	
5	室内抗压弹性模量	

二、检测方法

检测项目一　无机结合料稳定类材料的含水率试验

含水率对无机结合料稳定材料的强度有很大影响,当含水率过小时,其发生化学与物理化学作用不充分,不能保证土团得到最大限度的粉碎和均匀拌和,也不能保证达到最大压实度要求,因此对于无机结合料稳定类结构层,均存在一个最佳含水率。因此,必须对含水率的试验方法有所了解。目前测定含水率的方法有:烘干法、砂浴法、酒精法等。此处介绍烘干法和酒精法。

【检测方法 1】　烘干法

1.目的和适用范围

本法是测定无机结合料稳定土含水率的标准方法。在 105～110℃的条件下烘干到恒重的稳定土称为干稳定土,湿稳定土和干稳定土的质量之差与干稳定土的质量之比的百分率称为稳定土的含水率。

2．仪器设备

1）对于稳定细粒土

（1）烘箱：量程不低于110℃，控温精度为±2℃。

（2）电子天平：量程不小于150g，感量0.01g。

（3）铝盒：直径约50mm，高25～30mm。

（4）干燥器（直径为200～250mm）1个以上，并用硅胶做干燥剂。

2）对于稳定中粒土

（1）烘箱：量程不低于110℃，控温精度为±2℃。

（2）电子天平：量程不小于1000g，感量0.1g。

（3）铝盒：（能放样品500g以上）。

（4）干燥器：同稳定细粒土。

3）对于稳定粗粒土

（1）烘箱：量程不低于110℃，控温精度为±2℃。

（2）电子天平：量程不小于3000g，感量0.1g。

（3）大铝盒：（能放样品2000g以上）。

（4）干燥器：同稳定细粒土。

3．试验步骤

1）对于稳定细粒土

（1）取清洁干燥的铝盒，称取其质量并精确至0.01g（m_1）；取50g试样（对生石灰、消石灰和消石灰粉取100g），经粉碎后松散地放在铝盒中，盖上盒盖，称取其质量并精确至0.01g（m_2）。

（2）取下盒盖，并将盛有试样的铝盒放在盒盖上，然后一起放到温度已达相应温度（水泥稳定材料：110℃，其他稳定材料：105℃）的烘箱内进行烘干，需要的烘干时间随试样种类和试样数量而变。当冷却试样连续两次称量的差值（每次间隔4h）不超过原试样质量的0.1%时，即认为样品已烘干。

（3）烘干后，从烘箱中取出盛有试样的铝盒，并将盒盖盖紧。

（4）将盛有烘干试样的铝盒放入干燥器内冷却，然后称取铝盒和烘干试样的质量，并精确至0.01g（m_3）。

2）对于稳定中粒土

（1）取清洁干燥的铝盒，称取其质量并精确至0.1g（m_1），取500g试样（至少300g）经粉碎后松散地放在铝盒中，盖上盒盖，称取其质量并精确至0.1g（m_2）。

（2）取下盒盖，并将盛有试样的铝盒放在盒盖上，然后一起放到温度已达相应温度（水泥稳定材料：110℃，其他稳定材料：105℃）的烘箱内进行烘干，需要的烘干时间随土类和试样数量而变。当冷却试样连续两次称量的差值（每次间隔4h）不超过原试样质量的0.1%时，即认为样品已烘干。

（3）烘干后，从烘箱中取出盛有试样的铝盒，并将盒盖盖紧。

（4）将盛有烘干试样的铝盒放入干器冷却，然后称取铝盒和烘干试样的质量，并精确至0.1g（m_3）。

3）对于稳定粗粒土

（1）取清洁干燥的铝盒，称取其质量并精确至0.1g（m_1），取2000g试样经粉碎后松散地放在铝盒中,盖上盒盖,称取其质量并精确至$0.1g(m_2)$。

(2)取下盒盖,并将盛有试样的铝盒放在盒盖上,然后一起放到温度已达相应温度(水泥稳定材料:110℃,其他稳定材料:105℃)的烘箱内进行烘干,需要的烘干时间随土类和试样数量而变。当冷却试样连续两次称量的差值(每次间隔4h)不超过原试样质量的0.1%时,即认为样品已烘干。

(3)烘干后,从烘箱中取出盛有试样的铝盒,并将盒盖盖紧。

(4)将盛有烘干试样的铝盒放入干燥器内冷却。然后称取铝盒和烘干试样的质量,并精确至$1g(m_3)$。

4. 计算

用下式计算无机结合料稳定材料的含水率$w(\%)$:

$$w = \frac{m_2 - m_3}{m_3 - m_1} \times 100\% \qquad (3-1)$$

式中:m_1——铝盒的质量(g);

m_2——铝盒和湿稳定土的合计质量(g);

m_3——铝盒和干稳定土的合计质量(g)。

5. 结果整理

本试验应进行两次平行试验,取算数平均值,保留至小数点后两位。允许重复性误差应符合表3-6的要求。

含水率测定的允许重复性误差值　表3-6

含水率(%)	允许误差(%)	含水率(%)	允许误差(%)
≤7	≤0.5	>40	≤2
>7,≤40	≤1		

【检测方法2】 酒精法

1. 目的和适用范围

本方法适用于在工地快速测定无机结合料稳定材料的含水率。如果土中含有大量黏土、石膏、石灰质或有机质,不应使用本方法。

2. 仪器设备

(1)蒸发皿:硅石蒸发皿。对于细粒土,采用直径100mm,对于中粒土,采用直径150mm;对于粗粒土,可用方盘。

(2)刮土刀:长100mm、宽20mm。

(3)搅拌棒:长200~250mm,直径约3mm。

(4)天平:量程不小于150g,感量0.1g;量程不小于1000g,感量0.1g;量程不小于3000g,感量0.1g。

(5)酒精:乙醇体积分数大于或等于95%。

3. 试验步骤

(1)将蒸发皿洗净、烘干,称其质量m_1,并精确到0.01g。

(2)对于细粒土,取试样30g左右放在蒸发皿内;对于中粒土,取试样300g左右放在蒸发皿内;对粗粒土取2000g放于蒸发皿或方盘中。称试样和蒸发皿的合质量m_2,对于中粒土、粗粒土精确到 0.1g。

(3) 对于细粒土,取约 25mL 酒精;对于中粒土,取约 200mL 酒精;对粗粒土取约 1500mL 酒精。将酒精倒在试样上,使其浸没试样。用刮土刀拌和酒精和土样,并将大土块破碎。

(4) 将蒸发皿放在不怕热的表面上,点火燃烧。

(5) 在酒精燃烧过程中,用金属棒轻轻搅拌试样,但应注意勿使试样损失。一般需烧 2～3 次。

(6) 酒精烧完后,让蒸发皿冷却。当蒸发皿冷却至室温时,称试样和蒸发皿的合质量 m_3,细粒土精确到 0.01g,中粒土和粗粒土精确至 0.1g。

4. 计算

用下式计算无机结合料稳定材料的含水率 $w(\%)$:

$$w = \frac{m_2 - m_3}{m_3 - m_1} \times 100\% \tag{3-2}$$

式中: m_1——蒸发皿的质量(g);

  m_2——蒸发皿和湿稳定土的合计质量(g);

  m_3——蒸发皿和干稳定土的合计质量(g)。

检测项目二　水泥或石灰稳定材料中水泥或石灰剂量测定

对于石灰稳定类,当石灰剂量较低时,石灰主要起稳定作用,土的塑性、膨胀、吸水量、聚水量减少,土的密度、强度得到稳定。随着剂量的增加,石灰土的强度和稳定性均提高。但当剂量超过一定范围,过多的石灰在土的空隙中以自由灰存在,将导致石灰土的强度下降。而对于水泥稳定类,随着水泥剂量的增加,水泥土的物理—力学性质也将显著地改善,但不存在最佳水泥剂量。过多的水泥用量,虽可获得强度增加,但经济上是不合理的。因此对于无机结合料稳定类基层与底基层,必须测定水泥或石灰的剂量。

目前测定水泥或石灰剂量的方法主要有 EDTA 滴定法、直读式测钙仪测定石灰土中石灰剂量等方法,现分述如下。

【检测方法 1】 EDTA 滴定法

1. 目的和使用范围

(1) 本试验方法适用于在工地快速测定水泥和石灰稳定材料中水泥和石灰的剂量,并可用以检查现场拌和和摊铺的均匀性。

(2) 本方法适用于在水泥终凝之前的水泥含量测定,现场土样的石灰剂量应在路拌后尽快测试,否则需要用相应龄期的 EDTA 二纳标准溶液消耗量的标准曲线确定。

(3) 本方法也可以用来测定水泥和石灰综合稳定材料中结合料的剂量。

2. 仪器设备

(1) 滴定管(酸式):50mL,1 支。

(2) 滴定台:1 个。

(3) 滴定管夹:1 个。

(4) 大肚移液管:10mL,50mL,10 支。

(5) 锥形瓶(即三角瓶):200mL,20 个。

(6) 烧杯:2000mL(或 1000mL),1 只;300mL,10 只。

（7）容量瓶：1000mL，1 个。

（8）搪瓷杯：容量大于 1200mL，10 只。

（9）不锈钢棒（或粗玻璃棒）：10 根。

（10）量筒：100mL 和 5mL，各 1 只；50mL，2 只。

（11）棕色广口瓶：60mL，1 只（装钙红指示剂）。

（12）电子天平：量程不小于 1500g，感量 0.01g。

（13）秒表：1 只。

（14）表面皿：ϕ9cm，10 个。

（15）研钵：ϕ12cm～ϕ13cm，1 个。

（16）洗耳球：1 个。

（17）精密试纸：pH12～pH14。

（18）聚乙烯桶：20L，3 个（装蒸馏水和氯化铵及 EDTA 二钠标准液）；5L，1 个（装氢氧化钠）；5L（大口桶），10 个。

（19）毛刷、去污粉、吸水管、塑料勺、特种铅笔、厘米纸。

（20）洗瓶（塑料）：500mL，1 只。

3. 试剂

（1）10^{-1}mol/m³乙二铵四乙酸二钠（简称 EDTA 二钠）标准溶液：准确称取 EDTA 二钠（分析纯）37.23g，用 40～50℃的无二氧化碳蒸馏水溶解，待全部溶解并冷却至室温后，定容至 1000mL。

（2）10% 氯化铵（NH_4Cl）溶液：将 500g 氯化铵（分析纯或化学纯）放在 10L 聚乙烯桶内，加蒸馏水 4500mL，充分振荡，使氯化铵完全溶解。也可分批在 1000mL 的烧杯内配制，然后到入塑料桶内摇匀。

（3）1.8% 氢氧化钠（内含三乙醇胺）溶液：用 100g 电子天平称 18g 氢氧化钠（分析纯），放入洁净干燥的 1000mL 烧杯中，加入 1000mL 蒸馏水使其全部溶解，待溶液冷至室温后，加入 2mL 三乙醇胺（分析纯），搅拌均匀后储于塑料桶中。

（4）钙红指示剂：将 0.2g 钙试剂羧酸钠（分子式 $C_{21}H_{13}N_2NaO_7S$，分子量 460.39）与 20g 预先在 105℃烘箱中烘 1h 的硫酸钾混合，一起放入研钵中，研成极细粉末，储于棕色广口瓶中，以防吸潮。

4. 准备标准曲线

（1）取样：取工地用石灰和土，风干后用烘干法或酒精燃烧法测其含水率，水泥可假定其含水率为 0。

（2）混合料组成的计算。

①公式：

$$干料质量 = \frac{湿料质量}{(1 + 含水率)}$$

②计算步骤：

a. 求干混合料质量 $= \dfrac{湿混合料质量}{(1 + 最佳含水率)}$

b. 干土质量 $= \dfrac{干混合料质量}{[1 + 石灰(水泥)剂量]}$

c. 干石灰(水泥)质量 = 干混合料质量 – 干土质量

d. 湿土质量 = 干土质量 × (1 + 土的风干含水率)

e. 湿石灰质量 = 干石灰 × (1 + 石灰的风干含水率)

f. 石灰土中应加入的水 = 湿混合料质量 – 湿土质量 – 湿石灰质量

(3)准备 5 种试样,每种 2 个样品(以水泥稳定材料为例),如为水泥稳定中、粗粒土。每个样品取 1000g 左右(如为细粒土,则可称取 300g 左右)准备试验。为了减少中、粗粒土的离散,宜按设计级配单份参配的方式备料。

5 种混合料的水泥剂量应为:水泥剂量为 0,最佳水泥剂量左右、最佳水泥剂量 ±2% 和 +4%[①],每种剂量取两个(为湿质量)试样,共 10 个试样,并分别放在 10 个大口聚乙烯桶(如为稳定细粒土,可用搪瓷杯或 1000mL 具塞三角瓶;如为粗粒土,可用 5L 的大口聚乙烯桶)内。土的含水率应等于工地预期达到的最佳含水率,土中所加的水应与工地所用水相同。

注①:在此,准备标准曲线的水泥剂量可为 0%、2%、4%、6%、8%。如水泥剂量较高或较低,应保证工地实际所用水泥或石灰的剂量位于标准曲线所用剂量的中间。

(4)取一个盛有试样的盛样器,在盛样器内加入两倍试样质量(湿料质量)体积的 10% 氯化铵溶剂(如湿料质量为 300g,则氯化铵溶液为 600mL;如湿料质量为 1000g,则氯化铵溶液为 2000mL)。湿料质量为 300g,用不锈钢搅拌棒充分搅拌 3min(每分钟搅 110～120 次)。湿料为 1000g,搅拌 5min。如用 1000mL 具塞三角瓶,则手握三角瓶(瓶口向上)用力振荡 3min(每分钟 120 次 ±5 次),以代替搅拌棒搅拌。放置沉淀 10min[②],然后将上部清液转移到 300mL 烧杯内,搅匀,加盖表面皿待测。

注②:如 10min 后得到的是混浊悬浮液,则应增加放置沉淀时间,直到出现无明显悬浮颗粒的悬浮液为止,并记录所需时间。然后所有该种水泥(或石灰)稳定材料的试验,均应以同一时间为准。

(5)用移液管吸取上层(液面下 1～2cm)悬浮液 10.0mL 放入 200mL 的三角瓶内,用量筒量取 50mL1.8% 氢氧化钠溶液(内含三乙醇胺)倒入三角瓶中,此时溶液 pH 值为 12.5～13.0(可用 pH12～pH14 精密试纸检验),然后加入钙红指示剂(质量约为 0.2g),摇匀,溶剂呈玫瑰红色。记住滴定管中 EDTA 二钠溶液的体积 V_1,然后用 EDTA 二钠标准液滴定,边滴定边摇匀,并仔细观察溶液的颜色;在溶液颜色变为紫色时,放慢滴定速度,应摇匀;直到纯蓝色为终点,记录滴定管中 EDTA 二钠溶液的体积 V_2(以 mL 计,读至 0.1mL)。计算 $V_1 - V_2$,即为 EDTA 二钠标准溶液的消耗量。

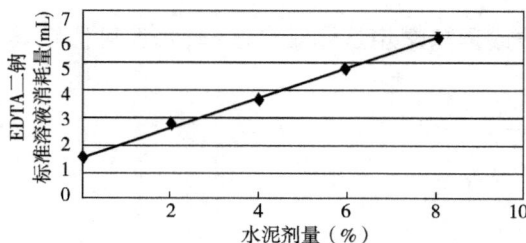

图 3-15 EDTA 标准曲线

(6)对其他几个盛样器中的试样,用同样的方法进行试验,并记录各自 EDTA 二钠的消耗量。

(7)以同一水泥或石灰剂量混合料消耗 EDTA 二钠标准溶液毫升数的平均值为纵坐标,以水泥(或石灰)剂量(%)为横坐标制图。两者的关系应是一根顺滑的曲线,如图 3-15 所示。如素土料、水泥(或石灰)改变,必须重做标准曲线。

5.试验步骤

(1)选取有代表性的无机结合料稳定材料,对稳定中、粗粒土取试样约 3000g,对稳定细粒土,取试样约 1000g。

(2)对水泥或石灰稳定细粒土,称 300g 放在搪瓷杯中,用搅拌棒将结块搅散,加 10% 氯化铵溶液 600mL,对稳定中、粗粒土取试样约 1000g,加 10% 氯化铵溶液 2000mL,然后如前述步骤那样进行试验。

(3)利用所绘制的标准曲线,根据所消耗的 EDTA 二钠标准溶液毫升数,确定混合料中的水泥或石灰剂量。

6. 结果整理

本试验应进行两次平行测定,测算数平均值,精确至 0.1mL。允许重复性误差不得大于均值的 5%,否则重新进行试验。

【检测方法 2】 直读式测钙仪法

1. 目的和适用范围

本试验方法适用于测定新拌石灰土中石灰的剂量。

2. 仪器设备

(1)钙离子选择性电极(PVC 薄膜):1 支。

(2)饱和甘汞电极:232(或 330)型,1 支。

(3)直读式测钙仪:1 台。

(4)电子天平:称量不小于 1500g,感量 0.01g;分析天平:称量不小于 50g,感量 0.0001g,各 1 台。

(5)量筒:1000mL、200mL、50mL,各 1 只。

(6)具塞三角瓶:1000mL,10 个(或搪瓷杯 10 个);500mL,4 个。

(7)烧杯:2000mL,1 个;300mL,10 个;50mL,15 个。

(8)容量瓶:1000mL,1 个。

(9)塑料瓶(桶):10L,2 个;1000mL,3 个;250mL,2 个。

(10)土壤筛:2mm 或 2.5mm 筛孔,1 个。

(11)大肚移液管:100mL,1 支。

(12)干燥器:1 个。

(13)表面皿:ϕ90mm,10 个;ϕ50mm,15 个。

(14)计时器:1 只。

(15)搅棒:20 只。

(16)电炉、石棉网:各 1 个。

(17)洗瓶:500mL,1 个。

(18)其他:吸水管,洗耳球,粗、细玻璃棒,试剂勺。

3. 制备溶液

1)10% 氯化铵溶液

将 100g 氯化铵放入大烧杯中,加蒸馏水 900mL,搅拌均匀后,存放于塑料桶内保存。

2)10^{-1}mol/m³ 氯化钙标准溶液

将分析纯碳酸钙($CaCO_3$)在 180℃ 烘箱中烘 2h 后,取出放入干燥器内冷却 45min。用分析天平准确称取已冷却的碳酸钙 10.00g 放入 300mL 烧杯中,盖上表面皿。用少许蒸馏水润湿后,从杯口用吸水管沿杯壁逐渐滴入 1:5 稀盐酸(18mL 盐酸加 90mL 蒸馏水)并轻摇杯子,使碳酸钙全部溶解。然后用洗瓶吹洗表面皿和杯壁,移至电炉上加热并保持微沸 5min,以驱除二氧化碳。冷却后转移至1000mL容量瓶中,用蒸馏水多次沿杯壁冲洗烧杯,将冲洗的水一并倒入容量瓶中。当蒸馏水加到约950mL时,再用20%氢氧化钠调至中性,使pH值为7。最后用蒸馏水稀释至刻度,反复摇匀,静置后倒入1000mL塑料瓶中备用。

3)10^{-2}mol/m³氯化钙标准溶液

用大肚移液管吸取10^{-1}mol/m³氯化钙标准溶液100mL放入1000mL容量瓶中,加蒸馏水稀释到刻度后,充分摇匀,转入1000mL塑料瓶中备用。

4)10^{-3}mol/m³氯化钙标准溶液

用大肚移液管吸取10^{-2}mol/m³氯化钙标准溶液100mL放入1000mL容量瓶中,加蒸馏水稀释到刻度后,充分摇匀,转入1000mL塑料瓶中备用。

5)氯化钾饱和溶液

用感量为0.01g的电子天平称分析纯氯化钾(KCl)70g,放入300mL烧杯中,用量筒取200mL蒸馏水倒入烧杯内,用玻璃棒充分搅动,溶液中应留有结晶(溶液呈过饱和状态),移入塑料瓶中备用。

6)20%氢氧化钠溶液

用感量0.01g的电子天平迅速称取40g氢氧化钠(NaOH)(分析纯)放入300mL烧杯中,加入160mL新煮沸并已冷却的蒸馏水。用玻璃棒充分搅匀后,转入塑料瓶中备用(若用玻璃瓶装,瓶塞应改用橡皮塞,避免因久放瓶塞打不开)。

4. 准备仪器和电极

(1)钙电极(图3-16):在测定的前一天,应将内参比电极从套管中取出,向管中滴入10^{-1}mol/m³氯化钙标准溶液15滴左右。再将内参比电极装回管内。在每天进行测定之前,将钙电极有薄膜的一端放在10^{-2}mol/m³氯化钙标准溶液中浸泡2h,使电极活化。使用前取出电极,用水冲洗并以软纸吸干电极上的水分。

(2)甘汞电极(图3-16):检查内液面是否与上部加液口平,若内液面低时,拔去加液口橡皮帽并用滴管添加氯化钾饱和溶液。测定时拔去上端加液口橡皮帽和下端橡皮帽。用水冲洗并以软纸吸干水分。

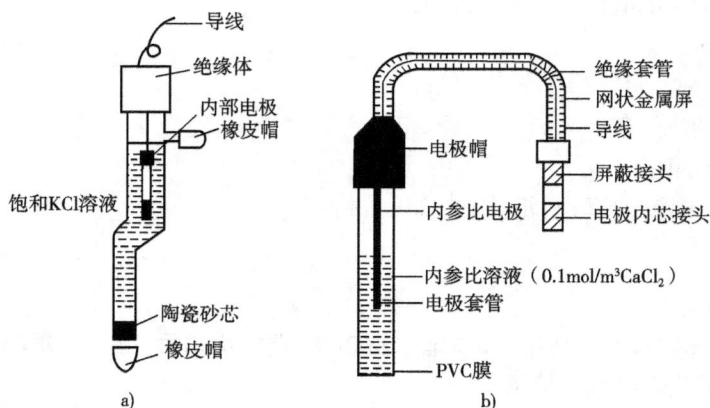

图3-16 电极示意图

a)甘汞电极;b)钙电极

(3)仪器:在测定前接通测钙仪电源,使仪器预热20min。

5. 准备石灰土标准剂量浸提液

(1) 土样：将现场土样通过孔径 2mm 或 2.5mm 筛。

(2) 石灰：将现场所用石灰通过孔径 2mm 或 2.5mm 的筛后，贮入具塞的容器内备用。

(3) 测定土和石灰的风干含水率。

(4) 确定石灰土的最佳含水率。

(5) 计算 6%、14% 石灰土中石灰、土和水的质量。

(6) 石灰土标准剂量浸提液的制备：

用准备好的土和石灰配制 6%、14%[①] 的石灰土标准剂量浸提液供标定仪器用。用电子天平按本条 5.5 中计算得的量分别称取准备好的土样和石灰，制备以上两种剂量的石灰稳定材料。石灰稳定细粒土各制备 300g 湿混合料，分别放入 1000mL 具塞三角瓶（或搪瓷杯）中，混匀。再用量筒加入 10% 氯化铵溶液 600mL。盖紧塞子用手振荡（或用不锈钢棒搅拌）3min，保持每分钟 120 次 ±5 次，对石灰稳定中、粗粒土各制备 1000g 湿混合料，分别放入 5L 聚乙烯桶中，混匀。再用量筒加入 10% 氯化铵溶液 2000mL，用搅拌棒搅拌 5min。

以上溶液静置 10min 后，将上部清液用移液管转移到干燥、洁净的 500mL 具塞三角瓶中，摇匀，瓶外加贴标签，供以后标定仪器时用。

当石灰品种、土质和水质相同时，制备的 6%、14% 石灰土标准剂量浸提液可供连续标定 10d 之用。

注①：可以根据设计剂量选择石灰二标准溶液溶液量的上限，如果剂量高时，标定所用剂量的上限可以是 16% 或 18%。此时，标定仪器过程中调节旋钮 II 应使其显示 16.0 或 18.0 等。

6. 标定仪器

将上述制备好的标准液分别移出 25~30mL 于干燥、洁净的 50mL 烧杯中，各加入一只搅拌子。先将 6% 标准液放在直读式测钙仪上，待仪器开始搅拌后放入钙电极和甘汞电极，停止搅拌后，调整校正 I 旋钮，使之显示 6.0，采样读数结束。将电极提起，清理出 6% 标准液，用水冲洗电极并用软纸吸干电极上的水。

再将装有 14% 标准液的烧杯放在直读式测钙仪上，开始搅拌后，放入钙电极和甘汞电极。停止搅拌后，调整校正 II 旋钮，使之显示 14.0。

如此重复 2~3 次。每次用 6% 和 14% 标准液校正均能显示 6.0 和 14.0 时，仪器标定即完毕。

7. 试验步骤

(1) 从施工现场同一位置取具有代表性的石灰土试样，中、粗粒土约为 3000g，细粒土约为 1000g，经进一步拌匀之后备用。

(2) 用感量 0.01g 的电子天平称取两份石灰稳定细粒土试样各 300g，并分别放入两个 1000mL 具塞三角瓶中，每个三角瓶中加 10% 氯化铵溶液 600mL。盖紧塞子用手振荡（或用不锈钢棒搅拌）2min，保持每分钟 120 次 ±5 次。用感量 0.01g 的电子天平称取两份石灰稳定中、粗粒土试样各 1000g，并分别放入 5L 聚乙烯桶中，加 10% 氯化铵溶液 2000mL，用搅拌棒搅拌 5min。

以上溶液静置 10min 后，将 25~30mL 待测液倒入干燥、洁净的 50mL 烧杯中。加入一只搅拌子并放在直读式测钙仪上，仪器开始搅拌后，放入钙电极和甘汞电极，待停止搅拌后，仪器显示的数值即为该样品的石灰剂量。

8．结果整理

（1）本试验应进行两次平行测定，取两次测试结果的平均值。

（2）试验结果精确至0.1%。

9．注意事项

（1）在计算6%和14%混合料的组成时，应使混合料的最佳含水率与施工碾压时的最佳含水率相近。

（2）若土、石灰或水质有变化时，必须重新配置6%和14%（或16%、18%）石灰土标准剂量浸提液，并用它标定仪器。

（3）制备每个样品的浸提液时，搅拌的时间、速度和方式应力求相同。配制的氯化铵溶液当天用完，不宜放置过久。

（4）所用器具必须用水冲洗干净。

（5）每测完一个样品应用蒸馏水或自来水冲洗电极，并用软纸吸干后再测下一个样品。

（6）若进行全天测试，午间休息时可将钙电极薄膜端浸泡在 $10^{-3}\ mol/m^3$ 氯化钙标准溶液中，下午测定前不必进行活化。下午测定结束后应用水冲洗电极，并用软纸将水吸干，套上橡皮帽，然后挂起干放保存，次日用前再进行活化。

（7）在连续使用时，钙电极的内参比液应每周更换一次，以保证试验的稳定性。

检测项目三　无机结合料稳定类材料的击实试验

不同的无机结合料稳定土，在不同的无机结合料剂量、不同的含水率、不同的击实功下可以达到不同的密实度，在公路工程的施工质量控制过程中，要求在一定压实功的作用下达到最大的密实度。

1．目的和适用范围

（1）本试验方法适用于在规定的试筒内，对水泥稳定土（在水泥水化前）、石灰稳定土及石灰（或水泥）粉煤灰稳定土进行击实试验，以绘制稳定土的含水率—干密度关系曲线，从而确定其最佳含水率和最大干密度。

（2）试验集料的公称最大粒径宜控制在37.5mm以内（方孔筛）。

（3）试验方法类别。

本试验方法分三类，各类击实方法的主要参数见表3-7。

试 验 方 法 类 别　　　　　　　　　表3-7

类别	锤的质量（kg）	锤击面直径（cm）	落高（cm）	试筒尺寸			锤击层数	每层锤击次数	平均单位击实功（J）	容许最大公称粒径（mm）
				内径（cm）	高（cm）	容积（cm³）				
甲	4.5	5.0	45	10.0	12.7	997	5	27	2.687	19.0
乙	4.5	5.0	45	15.2	12.0	2177	5	59	2.687	19.0
丙	4.5	5.0	45	15.2	12.0	2177	3	98	2.677	37.5

2．仪器设备

（1）击实筒：小型，内径100mm、高127mm的金属圆筒，套环高50mm，底座；大型，内径152mm、高170mm的金属圆筒，套环高50mm，直径151mm和高50mm的筒内垫块，底座。

（2）击锤和导管：击锤的底面直径 50mm，总质量 4.5kg。击锤在导管内的总行程为 450mm。

（3）电子天平：量程 4000g，感量 0.01g。

（4）电子天平：量程 15kg，感量 0.1g。

（5）方孔筛：孔径 53mm、37.5mm、26.5mm、19mm、4.75mm、2.36mm 的筛各一个。

（6）量筒：50mL、100mL 和 500mL 的量筒各 1 个。

（7）直刮刀：长 200～250mm、宽 30mm 和厚 3mm 且一侧开口的直刮刀，用以刮平和修饰粒料大的试件的表面。

（8）刮土刀：长 150～200mm、宽约 20mm 的刮刀，用以刮平和修饰小试件的表面。

（9）工字型刮平尺：30mm×50mm×310mm，上下两面和侧面均刨平。

（10）拌和工具：约 400mm×600mm×70mm 的长方形金属盘，拌和用平头小铲等。

（11）脱模器。

（12）测定含水率用的铝盒、烘箱等其他用具。

（13）游标卡尺。

3. 试料准备

将具有代表性的风干试料（必要时，也可以在 50℃ 烘箱内烘干）用木锤或木碾捣碎。土团均应捣碎到能通过 4.75mm 的筛孔，但应注意不使粒料的单个颗粒破碎或不使其破碎程度超过施工中拌和机械的破碎率。

如试料是细粒土，将已破碎的具有代表性的土过 4.75mm 筛备用（用甲法或乙法做试验）；

如试料中含有粒径大于 4.75mm 的颗粒，则先将试料过 19mm 的筛，如存留在筛孔 19mm 筛的颗粒的含量不超过 10%，则过 26.5mm 筛，留作备用（用甲法或乙法做试验）；

如试料中粒径大于 19mm 的颗粒超过 10%，则将试料过 37.5mm 的筛；如果存留在 37.5mm 筛上的颗粒含不超过 10%，则过 53mm 的筛备用（用丙法试验）。

每次筛分后，均应记录超尺寸颗粒的百分率。在预定做击实试验的前一天，取有代表性的试料测定其风干含水率。对于细粒土，试样应不少于 100g；对于中粒土，试样应不少于 1000g；对于粗粒土的各种集料，试样应不少于 2000g。

在试验前用游标卡尺准确测量试模的内径、高和垫块的厚度，以计算试筒的容积。

4. 试验步骤

甲法：

（1）将已筛分的试样用四分法逐次分小，至最后取出 10～15kg 试料。再用四分法将已取出的试料分成 5～6 份，每份试料的干质量为 2.0kg（对于细粒土）或 2.5kg（对于各种中粒土）。

（2）预定 5～6 个不同含水率，依次相差 0.5%～1.5%①，且其中至少有两个大于和两个小于最佳含水率。

注①：对于中、粗粒土，在最佳含水率附近取 0.5%。其余取 1%。对于细粒土，取 1%，但对于黏土，特别是重黏土，可能需要取 2%。

（3）按预定含水率制备试样。将 1 份试料平铺于金属盘内，将事先计算得的该份试料中应加的水量均匀地喷洒在试料上，用小铲将试料充分拌和到均匀状态（如为石灰稳定材料、石灰粉煤灰综合稳定材料、水泥粉煤灰综合稳定材料和水泥、石灰综合稳定材料，可将石灰、粉煤灰和试料一起拌匀），然后装入密闭容器或塑料口袋内浸润备用。浸润时间：黏性土 12～24h，粉质土 6 ~ 8h,砂性土、砂砾土、红土砂砾、级配砂砾等可以缩短到 4h 左右,含土很少的未筛分碎石、砂砾和砂可缩短到 2h。浸润时间一般不超过 24h。

应加水量可按式(3-3)计算:

$$Q_w = \left(\frac{Q_n}{1+0.01w_n} + \frac{Q_c}{1+0.01w_c}\right) \times 0.01w \quad \frac{Q_n}{1+0.01w_n} \times 0.01w_n \quad \frac{Q_c}{1+0.01w_c} \times 0.01w_c \quad (3\text{-}3)$$

式中:Q_w——混合料中应加的水量(g);

Q_n——混合料中素土(或集料)的质量(g),其原始含水率为 w_n,即风干含水率(%);

Q_c——混合料中水泥或石灰的质量(g),其原始含水率为 w_c(%);

w——要求达到的混合料的含水率(%)。

(4)将所需要的稳定剂水泥加到浸润后的试料中,并用小铲、泥刀或其他工具充分拌和到均匀状态。加有水泥的试样拌和后,应在 1h 内完成下述击实试验,拌和后超过 1h 的试样,应予作废(石灰稳定材料和石灰粉煤灰稳定材料除外)。

(5)试筒套环与击实底板应紧密联结。将击实筒放在坚实地面上,用四分法取制备好的试样 400 ~ 500g(其量应使击实后的试样等于或略高于筒高的 1/5)倒入筒内,整平其表面并稍加压紧,然后按所需击数进行第一层试样的击实。击实时,击锤应自由垂直落下,落高应为 45cm,锤迹必须均匀分布于试样面。第一层击实后,检查该层高度是否合适,以便调整以后几层试样用量。用刮土刀或改锥将已击实层的表面"拉毛",然后重复上述做法,进行其余四层试样的击实。最后一层试样击实后,试样超出试筒顶的高度不得大于 6mm,超出高度过大的试件应该作废。

(6)用刮土刀沿套环内壁削挖(使试样与套环脱离)后,扭动并取下套环。齐筒顶细心刮平试样,并拆除底板。如试样底面略突出筒外或有孔洞,则应细心刮平或修补。最后用工字型刮平尺齐筒顶和筒底将试样刮平。擦净试筒的外壁,称其质量 m_1。

(7)用脱模器推出筒内试样。在试样内部从上到下取两个有代表性的样品(可将脱出试件用锤打碎后,用四分法采取),测定其含水率,计算至 0.1%。两个试样的含水率的差值不得大于 1%。所取样品的数量见表 3-8(如只取一个样品测定含水率,则样品的质量应为表列数值的两倍)。

测稳定材料含水率的样品数量   表3-8

公称最大粒径(m)	样品质量(g)	公称最大粒径(m)	样品质量(g)
2.36	约50	37.5	约1000
19	约300		

烘箱的温度应事先调整到 110℃ 左右,以使放入的试样能立即在 105 ~ 110℃ 的温度下烘干。

(8)进行其余含水率下稳定材料的击实和测定工作。凡已用过的试样,一律不再重复使用。

乙法:

在缺乏内径 10cm 的试筒时,以及在需要与承载比等试验结合起来进行时,采用乙法进行击实试验。本法更适宜于粒径大于 19mm 的集料。

(1)将已过筛的试料用四分法逐次分小,至最后取出约 30kg 试料。再用四分法将取出的试料分成 5 ~ 6 份,每份试料的干重约为 4.4kg(细粒土)或 5.5kg(中粒土)。

(2)其他试验步骤与甲法相同,但应该先将垫块放入筒内底板上,然后加料并击实。所不同的是,每层需取制备好的试样约 900g(对于水泥或石灰稳定细粒土)或 1100g(对于稳定中粒土),每层的锤击次数为 59 次。

丙法:

（1）将已过筛的试料用四分法逐次分小，至最后取出约33kg试料。再用四分法将取出的试料分成6份（至少要5份），每份重约5.5kg（风干质量）。

（2）预定5~6个不同含水率，依次相差0.5%~1.5%。在估计的最佳含水率左右可只差0.5%~1%[①]。

注①：对于水泥稳定材料，在最佳含水率附近取0.5%；对于石灰、二灰稳定类材料，根据具体情况在最佳含水率附近取1%。

（3）按预定含水率制备试件，与甲法相同。

（4）将混合料拌和均匀，与甲法相同。

（5）将试筒、套环与夯击底板紧密地联结在一起，并将垫块放在筒内底板上。击实筒应放在坚实（最好是水泥混凝土）地面上；取制备好的试样1.8kg左右[其量应使击实后的试样略高于（高出1~2mm）筒高的1/3]倒入筒内，整平其表面，并稍加压紧。然后按所需击数进行第一层试样的击实（共击98次）。击实时，击锤应自由垂直落下，落高应为45cm，锤迹必须均匀分布于试样面。第1层击实完后检查该层的高度是否合适，以便调整以后两层试样用量。用刮土刀或改锥将已击实的表面"拉毛"，然后重复上述做法，进行其余两层试样的击实。最后一层试样击实后，试样超出试筒顶的高度不得大于6mm。超出高度过大的试件应该作废。

（6）用刮土刀沿套环内壁削挖（使试样与套环脱离）后，扭动并取下套环。齐筒顶细心刮平试样，并拆除底板，取走垫块。擦净试筒的外壁，称其质量 m_1。

（7）用脱模器推出筒内试样。在试样内部从上到下取两个有代表性的样品（可将脱出试件用锤打碎后，用四分法采取），测定其含水率，计算至0.1%。两个试样的含水率的差值不得大于1%。所取样品的数量应不少于700g，如只取一个样品测定含水率，则样品的数量应不少于1400g。烘箱的温度应事先调整到110℃左右，以使放入的试样能立即在105~110℃的温度下烘干。擦净试筒，称其质量 m_2。

（8）按上述第（3）~（7）步进行其余含水率下稳定材料的击实和测定。凡已用过的试料，一律不再重复使用。

5. 计算及制图

（1）按式（3-4）计算每次击实后稳定土的湿密度：

$$\rho_w = \frac{m_1 - m_2}{V} \tag{3-4}$$

式中：ρ_w——稳定土的湿密度（g/cm³）；

m_1——试筒与湿试样的合质量（g）；

m_2——试筒的质量（g）；

V——试筒的容积（cm³）。

（2）按下式计算每次击实后稳定土的干密度：

$$\rho_d = \frac{\rho_w}{1 + 0.01w} \tag{3-5}$$

式中：ρ_d——试样的干密度（g/cm³）；

w——试样的含水率（%）。

（3）以干密度为纵坐标，以含水率为横坐标，在普通直角坐标纸上绘制干密度与含水率的关系曲线，曲线必须为凸形的，如试验点不足以连成完整的凸形曲线，则应该进行补充试验。

将试验各点采用二次曲线方法拟合曲线，曲线的峰值点对应的含水率及干密度即为稳定土的最大干密度和最佳含水率。

（4）超尺寸颗粒的校正

当试样中大于规定最大粒径的超尺寸颗粒的含量为 5% ~ 30% 时,按式(3-6)和式(3-7)对试验所得最大干密度和最佳含水率进行校正(超尺寸颗粒的含量小于 5% 时,可以不进行校正)。

最大干密度按下式校正:

$$\rho'_{dm} = \rho_{dm}(1 - 0.01P) + 0.9 \times 0.01PG'_{\alpha} \tag{3-6}$$

式中:ρ'_{dm}——校正后的最大干密度(g/cm^3);

ρ_{dm}——试验所得的最大干密度(g/cm^3);

P——试样中超尺寸颗粒的百分率(%);

G'_{α}——超尺寸颗粒的毛体积相对密度,计算精确至 $0.01g/cm^3$。

最佳含水率按下式校正:

$$w'_0 = w_0(1 - 0.01P) + 0.01Pw_{\alpha} \tag{3-7}$$

式中:w'_0——校正后的最佳含水率(%);

w_0——试验所得的最佳含水率(%);

P——试样中超尺寸颗粒的百分率(%);

w_{α}——超尺寸颗粒的吸水量(%)。

6. 结果整理

应做两次平行试验,取两次试验的平均值组作为最大干密度和最佳含水率。两次重复性试验最大干密度的差不应超过 $0.05g/cm^3$(稳定细粒土)和 $0.08g/cm^3$(稳定中粒土和粗粒土),最佳含水率的差不应超过 0.5%(最佳含水率小于 10%)和 1.0%(最佳含水率大于10%)。超过上述规定值,应重做试验,直到满足精度要求。

混合料密度计算应保留至小数点后 3 位有效数字,含水率应保留至小数点后 1 位有效数字。

检测项目四　无机结合料稳定类材料试件制作方法(圆柱形)

1. 适用范围

本方法适用于无机结合料稳定材料的无侧限抗压强度、间接抗拉强度、室内抗压回弹模量、动态模量、劈裂模量等试验的圆柱形试件。

2. 仪器设备

(1)方孔筛:孔径 53mm、37.5mm、31.5mm、26.5mm、4.75mm 和 2.36mm 的筛各 1 个。

(2)试模:适用于下列不同土的试模尺寸如图 3-17 所示。

①细粒土:试模的直径×高 = $\phi50mm \times 50mm$;

②中粒土:试模的直径×高 = $\phi100mm \times 100mm$;

③粗粒土:试模的直径×高 = $\phi150mm \times 150mm$。

(3)电动脱模器。

(4)反力框架:规格为 400kN 以上。

(5)液压千斤顶:200 ~ 1000kN。

(6)钢板尺:量程 200mm 或 300mm,最小刻度 1mm。

(7)游标卡尺:量程 200mm 或 300mm。

(8)电子天平:量程 15kg,感量 0.1g;量程 4000g,感量 0.01g。

(9)压力试验机:可替代千斤顶和反力架,量程不小于2000kN,行程、速度可调。

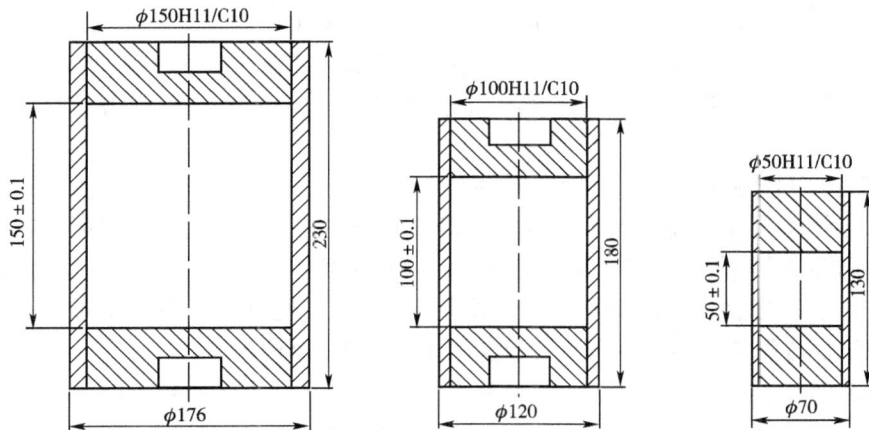

图 3-17　圆柱形试件和垫块设计尺寸(尺寸单位:mm)

注:E11/C10 表示垫块与试模的配合精度

3. 试验准备

(1)试件的径高比一般为 1:1,根据需要也可成型 1:1.5 或 1:2 的试件。试件的成型根据需要的压实度水平,按照体积标准,采用静力压实法制备。

(2)将具有代表性的风干试料(必要时,可以在 50℃ 烘箱内烘干),用木锤捣碎或用木碾碾碎,但应避免破坏粒料的原粒径。按照公称最大粒径的大一级筛,将土过筛并进行分类。

(3)在预定做试验的前一天,取有代表性的试料测定其风干含水率。

对于细粒土,试样应不少于 100g;

对于中粒土,试样应不少于 1000g;

对于粗粒土,试样应不少于 2000g。

(4)根据击实试验方法确定无机结合料稳定材料的最佳含水率和最大干密度。

(5)根据击实结果,称取一定质量的风干土,其质量随试件大小而变。

对 $\phi50mm \times 50mm$ 的试件,1 个试件约需干土 180~210g;

对于 $\phi100mm \times 100mm$ 的试件,1 个试件约需干土 1700~1900g;

对于 $\phi150mm \times 150mm$ 的试件,1 个试件约需干土 5700~6000g。

对于细粒土,一次可称取 6 个试件的土;对于中粒土,一次宜称取一个试件的土;对于粗粒土,一次只称取一个试件的土。

(6)将准备好的试料分别装入塑料袋中备用。

4. 试验步骤

(1)调试成型所需要的各种设备,检查是否运行正常;将成型用的模具擦拭干净,并涂抹机油。成型中、粗粒土时,试模筒的数量应与每组试件的个数相配套。上下垫块应与试模筒相配套,上下垫块能够刚好放入试筒内上下自由移动(一般来说,上下垫块直径比试筒内径小约0.2mm)且上下垫块完全放入试筒后,试筒内未被上下垫块占用的空间体积能满足径高比为 1:1 的设计要求。

(2)对于无机结合料稳定细粒土,至少应该制备 6 个试件;对于无机结合料稳定中粒土和粗粒土,至少应该分别制备 9 个和 13 个试件。

(3)根据击实结果和无机结合料的配合比按式(3-3)计算每份料的加水量、无机结合料的质量。

(4)将称好的土放在长方盘(约400mm×600mm×70mm)内。向土中加水拌料、闷料。

石灰稳定材料、水泥和石灰综合稳定材料、石灰粉煤灰综合稳定材料、水泥粉煤灰综合稳定材料,可将石灰或粉煤灰和土一起拌和,将拌和均匀后的试料放在密闭容器或塑料袋(封口)内浸润备用。

对于细粒土(特别是黏性土),浸润时的含水率应比最佳含水率小3%;对于中粒土和粗粒土,可按最佳含水率加水;对于水泥稳定类材料,加水量应比最佳含水率小1%~2%。

浸润时间要求为:黏质土12~24h,粉质土6~8h,砂类土、砂砾土、红土砂砾、级配砂砾等可以缩短到4h左右,含土很少的未筛分碎石、砂砾及砂可以缩短到2h。浸润时间一般不超过24h。

(5)在试件成型前1h内,加入预定数量的水泥并拌和均匀。

在拌和过程中,应将预留的水(对于细粒土为3%,对于水泥稳定类为1%~2%)加入土中,使混合料达到最佳含水率。拌和均匀的水泥稳定类混合料应在1h内按下述方法制成试件,超过1h的混合料应该作废。其他结合料稳定材料,混合料虽不受此限,但也应尽快制成试件。

(6)用反力架和液压千斤顶,或采用压力试验机制件。

将试模配套的下垫块放入试模的下部,但外露2cm左右。将称量的规定数量m_2(g)的稳定材料混合料分2~3次灌入试模中,每次灌入后用夯棒轻轻均匀插实。

如制取ϕ50mm×50mm的小试件,则可以将混合料一次倒入试模中,然后将与试模配套的上垫块放入试模内,也应使其外露2cm左右(即上、下垫块露出试模外的部分应该相等)。

(7)将整个试模(连同上、下垫块)放到反力架内的千斤顶上(千斤顶下应放一扁球座)或压力机上,以1mm/min的加载速率加压,直到上下压柱都压入试模为止,维持压力2min。

(8)解除压力后,取下试模,并放到脱模器上将试件顶出。用水泥稳定有黏结性的材料(如黏质土)时,制件后可以立即脱模;用水泥稳定无黏结性细粒土时,最好过2~4h再脱模;对于中、粗粒土的无机结合料稳定材料,也最好过2~6h脱模。

(9)在脱模器上取试件时,应用双手抱住试件侧面的中下部,然后沿水平方向轻轻旋转,待感觉到试件移动后,再将试件轻轻捧起,放置到试验台上。切勿直接将试件向上捧起。

(10)称试件的质量m_2,小试件精确至0.01g,中试件精确至0.01g,大试件精确至0.1g。然后用游标卡尺测量试件高度h,精确至0.1mm。检查试件的高度和质量,不满足成型标准的试件作为废件。

(11)试件称量后应立即放在塑料袋中封闭,并用潮湿的毛巾覆盖,移放至养生室。

5. 计算

单个试件的标准质量:

$$m_0 = V \times \rho_{max} \times (1 + w_{opt} \times \gamma) \tag{3-8}$$

考虑到试件成型过程中的质量损耗,实际操作过程中每个试件的质量可增加0~2%,即

$$m'_0 = m_0 \times (1 + \delta) \tag{3-9}$$

每个试件的干料(包括干土和无机结合料)总质量:

$$m_1 = \frac{m'_0}{1 + w_{opt}} \tag{3-10}$$

每个试件中的无机结合料质量:

$$外掺法 \quad m_2 = m_1 \times \frac{\alpha}{1 + \alpha} \tag{3-11}$$

$$内掺法\ m_2 = m_1 \times \alpha \tag{3-12}$$

每个试件中的干土质量：

$$m_3 = m_1 - m_2 \tag{3-13}$$

每个试件中的加水量：

$$m_w = (m_2 + m_3) \times w_{opt} \tag{3-14}$$

验算：

$$m_0' = m_2 + m_3 + m_w \tag{3-15}$$

式中：V——试件体积（cm^3）；

w_{opt}——混合料最佳含水率（%）；

ρ_{max}——混合料最大干密度（g/cm^3）；

γ——混合料压实度标准（%）；

$m_0 \ m_0'$——混合料质量（g）；

m_1——干混合料质量（g）；

m_2——无机结合料质量（g）；

m_3——干土质量（g）；

δ——计算混合料质量冗余量（%）；

α——无机结合料的掺量（%）；

m_w——加水质量（g）。

6. 结果整理

（1）小试件的高度误差范围应为 $-0.1 \sim 0.1$cm，中试件的高度误差范围应为 $-0.1 \sim 0.15$cm，大试件的高度误差范围应为 $-0.1 \sim 0.2$cm。

（2）质量损失：小试件应不超过标准质量 5g，中试件应不超过 25g，大试件应不超过 50g。

检测项目五　无机结合料稳定材料养生试验方法

1. 适用范围

（1）本方法适用水泥稳定材料类和石灰、二灰稳定材料类的养生。

（2）标准养生方法是指无机结合料稳定类材料在规定的标准温度和湿度环境下强度增长的过程。快速养生是为了提高试验效率，采用提高养生温度缩短养生时间的养生方法。

（3）本方法规定了无机结合料稳定材料的标准养生和快速养生的试验方法和步骤。在采用快速养生时，应建立快速养生条件下与标准养生条件下，混合料的强度发展的关系曲线，并确定标准养生的长龄期强度对应的快速养生短龄期。

2. 仪器设备

（1）标准养护室：标准养护室温度 20℃ ±2℃，相对湿度在 95% 以上。

（2）高温养护室：能保持试件养生温度 60℃ ±1℃，相对湿度 95% 以上，容积能满足试验要求。

3. 试验步骤

1）标准养生方法

（1）试件从试模内脱出并量高称质量后，中试件和大试件应装入塑料袋内。试件装入塑料袋后,将袋内的空气排除干净,扎紧袋口,将包好的试件放入养生室。

(2)标准养生的温度为 20℃ ±2℃,标准养生的湿度为 ≥95%。试件宜放在铁架或木架上,间距至少 10~20mm。试件表面应保持一层水膜,并避免用水直接冲淋。

(3)对无侧限抗压强度试验,标准养生龄期是 7d,最后一天浸水。对弯拉强度、间接抗拉强度,水泥稳定材料类的标准养生龄期是 90d,石灰稳定材料类的标准养生龄期是 180d。

(4)在养生期的最后一天,将试件取出,观察试件的边角有无磨损和缺块,并量高称质量,然后将试件浸泡于 20℃ ±2℃ 水中,应使水面在试件顶上约 2.5cm。

2)快速养生方法

(1)快速养生龄期的确定

①将一组无机结合料稳定材料,在标准养生条件下(20℃ ±2℃,湿度 ≥95%)养生 180d(石灰稳定类材料养生 180d,水泥稳定类材料养生 90d)测试抗压强度值。

②将同样的一组无机结合料稳定材料,在高温养生条件下(60℃ ±1℃,湿度 ≥95%)下养生 7d、14d、21d、28d 等,进行不同龄期的抗压强度试验,建立高温养生条件下强度一龄期的相关关系。

③在强度一龄期关系曲线上,找出标准养生长龄期强度对应的高温养生的短龄期。并以此作为快速养生的龄期。

(2)快速养生试验步骤

①将高温养护室的温度调至规定的温度 60℃ ±1℃,湿度也保持在 95% 以上,并能自动控温控湿。

②将制备的试件量高称质量后,小心装入塑料袋内。试件装入塑料袋后,将袋内的空气排除干净,并将袋口扎紧,将包好的试件放入养护箱中。

③养生期的最后一天,将试件从高温养护室内取出,晾至室温(约 2h),再打开塑料袋取出试件,观察试件有无缺损,量高称质量后,浸入 20℃ ±2℃ 恒温水槽中,水面高出试件顶 2.5cm。浸水 24h 后,取出试件,用软布擦去可见自由水,称质量、量高后,立即进行相关的试验。

4. 结果整理

(1)如养生期间有明显的边角缺损,试件应该作废。

(2)对养生 7d 的试件,在养生期间,试件质量损失应符合下列规定:小试件不超过 1g;中试件不超过 4g;大试件不超过 10g。质量损失超过此规定的试件,应予作废。

(3)对养生 90d 和 180d 的试件,在养生期间,试件质量的损失应符合下列规定:小试件不超过 1g;中试件不超过 10g;大试件不超过 20g。质量损失超过此规定的试件,应予作废。

检测项目六 无机结合料稳定材料无侧限抗压强度试验方法

1. 适用范围

本方法适用于测定无机结合料稳定材料(包括稳定细粒土、中粒土和粗粒土)试件的无侧限抗压强度。

2. 仪器设备

(1)标准养护室。

(2)水槽:深度应大于试件高度 50mm。

(3)压力机或万能试验机(也可用路面强度试验仪和测力计):压力机应符合现行《液压式

万能试验机》(GB/T 3159—2003)、《试验机通用技术要求》(GB/T 2611—2007)中的要求,其测量精度为±1%,同时应具有加载速率指示装置或加载速率控制装置。上下压板平整并有足够刚度,可以均匀地连续加载卸载,可以保持固定荷载。开机停机均灵活自如,能够满足试件吨位要求,且压力机加载速率可以有效控制在 1mm/min。

(4)电子天平:量程 15kg,感量 0.1g;量程 4000g,感量 0.01g。

(5)量筒、拌和工具、大小铝盒、烘箱等。

(6)球形支座。

(7)机油:若干。

3. 试件制备和养护

(1)细粒土:试模的直径×高 = ϕ50mm×50mm;

中粒土:试模的直径×高 = ϕ100mm×100mm;

粗粒土:试模的直径×高 = ϕ150mm×150mm。

(2)按照无机结合料稳定材料试件制作方法(圆柱形)成型径高比为 1:1 的圆柱形试件。

(3)按照无机结合料稳定材料养生试验方法的标准养生方法进行 7d 的标准养生。

(4)将试件两顶面用刮刀刮平,必要时可用快凝水泥砂浆抹平试件顶面。

(5)为保证试验结果的可靠性和准确性,每组试件的数目要求为:小试件不少于 6 个;中试件不少于 9 个;大试件不少于 13 个。

4. 试验步骤

(1)根据试验材料的类型和一般的工程经验,选择合适量程的测力计和压力机,试件破坏荷载应大于测力量程的 20%,且小于测力量程的 80%。球形支座和上下顶板涂上机油,使球形支座能够灵活转动。

(2)将已浸水一昼夜的试件从水中取出,用软布吸去试件表面的水分,并称试件的质量 m_4。

(3)用游标卡尺测量试件的高度 h,精确至 0.1mm。

(4)将试件放在路面材料强度试验仪或压力机上,并在升降台上先放一扁球座,进行抗压试验。试验过程中,应保持加载速率为 1mm/min。记录试件破坏时的最大压力 $P(N)$。

(5)从试件内部取有代表性的样品(经过打破),按照含水率烘干试验方法,测定其含水率 w。

5. 计算

试件的无侧限抗压强度按式(3-16)计算。

$$R_c = \frac{P}{A} \tag{3-16}$$

式中:R_c——试件的无侧限抗压强度(MPa);

P——试件破坏时的最大压力(N);

A——试件的截面积(mm^2),$A = \frac{\pi}{4}D^2$;

D——试件的直径(mm)。

6. 结果整理

(1)抗压强度保留 1 位小数。

（2）同一组试件试验中，采用 3 倍均方差方法剔除异常值，小试件可以允许有 1 个异常值，中试件 1～2 个异常值，大试件 2～3 个异常值。异常值数量超过上述规定的试验重做。

（3）同一组试验的变异系数 C_v（%）符合下列规定，方为有效试验：小试件 $C_v \leqslant 6\%$；中试件 $C_v \leqslant 10\%$；大试件 $C_v \leqslant 15\%$。如不能保证试验结果的变异系数小于规定的值，则应按允许误差 10% 和 90% 概率重新计算所需的试件数量，增加试件数量并另做新试验。新试验结果与老试验结果一并重新进行统计评定，直到变异系数满足上述规定。

（4）评定路段试样的平均强度 R 应满足式（3-17）要求：

$$R \geqslant \frac{R_d}{(1 - Z_\alpha C_v)} \tag{3-17}$$

式中：R_d——设计抗压强度（MPa）；

C_v——试验结果的偏差系数（以小数计）；

Z_α——标准正态分布表中随保证率而变的系数，高速公路、一级公路：保证率 95%，$Z_\alpha =$ 1.645；其他公路：保证率 90%，$Z_\alpha = 1.282$。

检测项目七　无机结合料稳定类材料室内抗压弹性模量试验（承载板法）

1. 目的和适用范围

本试验方法适用于在室内对无机结合料稳定细粒土试件进行抗压回弹模量试验。

2. 仪器设备

（1）杠杆式压力仪或其他合适的仪器：加载量程大于 1.5kN。

（2）承载板：直径 37.4mm，面积 11cm²。

（3）试模：试模的直径×高 = ϕ150mm×150mm。

（4）千分表（1/1000mm）：两只。

（5）电子天平：量程 15kg，感量 0.1g；量程 4000g，感量 0.01g。

（6）量筒、拌和工具、大小铝盒、烘箱等。

（7）机油：若干。

（8）适合测试范围的测力计。

（9）圆形钢板。

3. 试料准备和养护

（1）采用 ϕ150mm×150mm 试件进行试验。

（2）将具有代表性的风干试料（必要时，可以在 50℃烘箱内烘干），用木锤捣碎或用木碾碾碎，但应避免破坏粒料的原粒径。将土过筛并进行分类，除去大于 4.75mm 的颗粒备用。

（3）在预定做试验的前一天，取有代表性的试料测定其风干含水率。对于细粒土，试样应不少于 100g。

（4）按无机结合料稳定材料击实试验确定混合料的最佳含水率和最大干密度。

（5）稳定细粒土需做 13 个试件，并使试验结果的变异系数不超过 15%。

（6）按照无机结合料稳定类材料试件制作方法（圆柱形）规定制备试件。

（7）按照无机结合料稳定材料养生试验方法规定的养生条件进行养生。

4. 试验步骤

承载板上的计算单位压力的选定值:对于无机结合料稳定基层材料,用$0.5\sim0.7MPa$;对于无机结合料稳定底基层材料,用$0.2\sim0.4MPa$。实际加载的最大单位压力应略大于选定值。

将试件浸水24h后从水中取出并用布擦干后放在杠杆式压力仪上,用小圆板将试件中心部分磨平(必要时用$0.25\sim0.5mm$的细砂填充表面细小孔隙)后,安置承载板。调平杠杆,使加砝码端略向下倾。安置千分表。

预压:先用拟施加的最大荷载的一半进行两次加荷卸荷预压试验,使承载板与试件顶面紧密接触。第2次卸载后等待1min,然后将千分表的短指针约调到中间位置,长指针调到0。记录千分表的原始读数。

回弹变形测量:将预定的单位压力分成$5\sim6$等分,作为每次施加的压力值。实际施加的荷载应较预定级数增加一级。施加第1级荷载(如为预定最大荷载的1/6),待荷载作用达1min时,记录千分表的读数。同时卸去荷载①,让试件的弹性形变恢复,到0.5min时记录千分表的读数。施加第2级荷载(为预定最大荷载的2/6),同前,待荷载作用1min并记录千分表的读数,卸去荷载。卸荷后达0.5min时,记录千分表的读数,并施加第3级荷载。如此逐级进行,直至记录下最后一级荷载下的回弹形变。

注①:卸除荷载时,一手扶住杠杆,轻轻取下砝码,不使杠杆弹起脱离承载板。

5. 计算及制图

(1)计算每级荷载下的回弹形变l。

$$l = 加荷时平均读数 - 卸荷后平均读数 \qquad (3-18)$$

(2)以单位压力p为横坐标(向右)、回弹形变l为纵坐标(向下),绘制p与l的关系曲线。若曲线开始段出现上凹现象,需进行修正。修正时,一般情况下将第1和第2个试验点取成直线,并延长此直线与纵坐标轴相交,此交点即为新原点。

(3)按式(3-19)计算回弹模量E:

$$E_c = \frac{\pi p D}{4l}(1 - \mu^2) \qquad (3-19)$$

式中:E_c——抗压回弹模量(MPa);

p——单位压力(MPa);

D——承载板直径(mm);

l——相应于单位力p的回弹形变(mm);

μ——泊松系数,可取0.25。

6. 结果整理

(1)抗压回弹模量用整数表示。

(2)计算全部试件的算术平均值、标准差和偏差系数。同一组试件试验中,采用3倍均方差方法剔除异常值,大试件可以有$2\sim3$个异常值。异常值数量超过上述规定的试验重做。

(3)对于无机结合料稳定细粒土,要求模量试验结果的变异系数不超过15%;如不能保证试验结果的变异系数小于规定的值,则应按允许误差10%和90%概率重新计算所需的试件数量,增加试件数量并另做新试验。新试验结果与老试验结果一并重新进行统计评定,直到变异系数满足上述规定。

任务3 路面基层、底基层工程施工阶段试验检测

▶▶任务分析

确保基层、底基层的施工质量符合设计文件和技术规范要求是基层、底基层施工阶段的首要任务。因此,施工过程中应根据规定的试验项目进行有效检测、控制施工质量。施工过程中基层、底基层试验检测项目包括原材料试验及基层、底基层现场施工质量控制两部分内容。

▶▶任务实施

一、检测项目

原材料试验项目同施工准备阶段表3-4。施工过程中,应根据规范规定的频率及材料变化情况及时检验。

基层、底基层现场施工质量控制应注意:

(1)水泥或石灰剂量测定:对现场混合料采用EDTA滴定法检查,参照标准曲线,确定水泥或石灰剂量,控制施工质量。

(2)无侧限抗压强度测定:水泥或石灰剂量测定合格后,制备抗压强度试件。

(3)混合料含水率测定:混合料拌和均匀后,应立即测定其含水率。只有含水率在最佳含水率±(1%~2%)的范围内才能开始碾压,其压实效果最好。

(4)压实度检测:可参照学习情境1公路路基工程现场压实度检测的方法,基层、底基层压实度最低要求见表3-9规定。

(5)弯沉测定:可参考本教材学习情境5沥青混凝土面层试验检测部分。

基层、底基层压实度最低要求(单位:%)　　　　　　　　　　表3-9

公路等级			高速公路和一级公路	二级及二级以下公路
水泥稳定类材料	基层	中粒土、粗粒土	98	97
		细粒土	98	93
	底基层	中粒土、粗粒土	97	95
		细粒土	95	93
石灰稳定类材料	基层	中粒土、粗粒土		97
		细粒土		93
	底基层	中粒土、粗粒土	97	95
		细粒土	95	93
二灰稳定类材料	基层	中粒土、粗粒土	98	97
		细粒土	98	93
	底基层	中粒土、粗粒土	97	95
		细粒土	95	93

二、检测方法

相关试验检测方法已在施工准备阶段介绍,这里不做累述。

任务 4　路面基层、底基层工程竣工验收阶段试验检测

▶▶任务分析

基层、底基层工程竣工验收阶段的试验检测工作主要是对基层、底基层工程的整体评定及按照竣工资料编制办法要求及时准确完成试验资料的整理归档工作。

▶▶任务实施

一、检测项目

基层、底基层工程竣工验收阶段的试验检测工作具体包括：

（1）原材料各项常规试验记录及汇总表的收集、整理、归档；

（2）EDTA 滴定法测水泥、石灰剂量试验记录的收集、整理、归档；

（3）击实试验记录的收集、整理、归档；

（4）压实度试验记录及评定表的收集、整理、归档；

（5）无侧限抗压强度试验记录及评定表的收集、整理、归档；

（6）路面基层、底基层弯沉值试验记录及评定表的收集、整理、归档。

二、检测方法

相关试验检测方法可参考本教材学习情境 1 公路路基工程检测部分及学习情境 5 沥青混凝土面层试验检测部分，这里不做累述。

▌综合练习题

一、名词解释

1. 基层；2. 底基层；3. 垫层

二、填空题

1. 级配碎石基层的实测项目有（　　　）、（　　　）、（　　　）及纵断高程、宽度和横坡等 6 项。

2. 半刚性基层材料无侧限抗压强度应以（　　　　　　）龄期的强度为评定依据。

3. 交工验收时测定水泥稳定碎石基层的压实度，应采用（　　　　　）。

4. 对于龄期较长的水泥稳定粒料基层，其压实度检测应采用（　　　　　）法。

三、问答题

1. 半刚性基层、底基层在交工验收时应检测哪些内容？并说明各自的检测方法。

2. 请简述目前半刚性基层质量检测方面存在的问题和改进的措施。

四、计算题

测定石灰稳定土灰剂量，已知混合料的最佳含水率 =8.0%，土的风干含水率 =2.0%，石灰的风干含水率 =1.0%，设计灰剂量为 4%，计算题表 3-1 所示各材料质量。（计算结果准确至 0.01g）

灰剂量	4%
湿混合料质量	100g
干混合料质量	
干土质量	
干石灰质量	
湿土质量	
湿石灰质量	
石灰土中需加水的质量	

水泥混凝土路面工程检测

情 境 描 述

　　水泥混凝土路面工程检测学习情境内容包括：水泥混凝土路面工程认知、水泥混凝土路面工程施工准备阶段试验检测、水泥混凝土路面工程施工阶段试验检测、水泥混凝土路面工程竣工验收阶段的试验检测四个方面。本学习情境旨在通过四项不同的工作任务，使学生熟悉水泥混凝土路面工程的施工工艺，明确水泥混凝土路面工程在各阶段中所要进行的各种检测项目，具备对水泥混凝土路面工程在各阶段质量检验评定的能力。

任务1 水泥混凝土路面工程认知

▶▶任务分析

水泥混凝土路面面层工程施工,是按照施工准备阶段、施工阶段和竣工验收阶段进行试验检测评定的,为了掌握正确的检测方法,了解水泥混凝土路面的特点、组成材料技术要求及其施工工艺就显得尤为必要。

▶▶任务实施

1.1 水泥混凝土路面概述

路面是用各种筑路材料或混合料铺筑在公路路基上供汽车行驶的层状构造物,其作用是保证汽车在道路上能全天候、稳定、高速、舒适、安全和经济的运行。路面结构层的划分在学习情境3中已经做过介绍,此处不再累述。

一、对路面的基本要求

路面是公路的重要组成部分。路面的好坏直接影响行车速度、运输成本、行车安全和舒适性。相同等级公路的沥青路面同砂石路面相比,行车速度一般可以提高80%~200%,燃料消耗降低15%~20%,轮胎行驶里程增加20%,运输成本下降18%~20%。同一类型的路面,因施工和养护质量的优劣,也会使运输效率与成本以及服务质量产生很大的差异。路面结构的费用在公路造价中所占比重很大,一般都要达到30%左右。所以,修好路面对发挥整个公路的运输经济效益,具有十分重要的意义。路面应满足下述各项基本要求。

1.具有足够的强度和刚度

行驶在路面上的车辆,通过车轮把垂直力和水平力传给路面,水平力又分纵向和横向两种。此外,路面还受到车辆的震动力和冲击力作用,在汽车身后还有真空吸力的作用。在上述外力的综合作用下,路面结构内就产生不同的压应力、拉应力和剪应力,如果路面结构整体或某一组成部分的强度不足,为能抵抗这些应力的作用,路面就会出现磨损、开裂、坑槽、沉陷和波浪等病害,从而影响公路的使用质量。这些病害如不及时维护,就会使路面大面积的破坏,严重时还可能中断交通。因此,路面结构整体及各组成部分必须具有足够的强度以抵抗行车荷载的作用,避免路面产生过大的变形与破坏。

刚度就是指路面抵抗变形的能力。具体来说就是指路面结构整体或某一组成部分抵抗变形的能力。强度和刚度是两个不同的力学特性,二者有联系,又有区别。强度大的路面,其刚度也大,但同样强度的路面,其刚度也可能不同。路面结构整体或某一组成部分有时虽然强度足够,但其刚度不足时,在行车荷载作用下,也会使路面产生变形,如波浪、车辙及沉陷等破坏现象。因此,在研究路面结构的应力和强度之间关系的同时,还要研究分析荷载和变形(或应力和应变)的关系。路面设计时要求整个路面结构及其各组成部分的变形量控制在容许范围内,要求路面应有足够的刚度。另外,有的路面材料如石灰、水泥稳定类等,其刚度过大时,容易产生裂缝。因而,其材料组成设计时应考虑适当控制,使其刚度不要过大。

2. 具有足够的稳定性

路面不仅承受行车荷载的作用,路面结构袒露在大气之中,还经常受到水分和温度的影响,有的路面材料又较敏感,其性能也随之不断发生变化,强度和刚度不稳定。例如:沥青路面在夏季高温时会变软而产生车辙和推挤,冬季低温时又可能因收缩或变脆而产生开裂;因此,要求路面结构在各种气候条件下应能保持其强度。

为了设计出适合当地气候条件、稳定性良好的路面结构,就要调查和分析当地温度和湿度对路面结构的影响,在此基础上选择具有足够稳定性的路面结构及其材料的组成。

3. 具有足够的平整度

路面的平整度(或不平整度)通常是以试验汽车每行驶 1km 距离,车身和后桥相对垂直位移的累计数(m)来表示。不平整的路面表面会增大行车阻力,并使车辆产生附加的振动作用。振动作用会造成行车颠簸,影响行车速度、行车安全和舒适性。振动作用还会对路面施加冲击力,从而加剧路面和汽车机件的损坏与轮胎的磨耗,并增大油料的消耗。不平整的路面还会积滞雨水,加速路面的破坏。因而路面应保持一定的平整度。公路等级越高,设计行车速度越大,对路面的平整度要求也就越高。

平整的路面要依靠优良的施工机具、精细的施工工艺、严格的施工质量控制以及经常和及时的养护来保证。路面的平整度还与整个路面结构和面层材料的强度和抗变形能力有关。强度和抗变形能力差的路面结构和面层混合料,经不起车轮荷载的反复作用,极易出现沉陷、车辙和推挤等破坏,从而形成不平整的路表面。

4. 具有足够的抗滑性能

汽车在光滑的路面上行驶时,车轮与路面之间缺乏足够的附着力(或摩擦阻力)。在雨天高速行车,或紧急制动或突然起动,或爬坡或转弯时,车轮易产生空转或打滑,致使行车速度降低,油料消耗增多,甚至引起严重的交通事故。因此,路面表面应具有足够的抗滑性能。设计车速越大,对路面抗滑性能的要求也越高。

要保证路面的抗滑性能,要求路面面层采用坚硬、耐磨及表面粗糙的集料和有良好黏结力的沥青来修筑。雨天应及时清除路面表面的污泥、煤粉等滑溜性污染物,加强养护措施,及时清除积雪、浮冰等。

5. 具有足够的耐久性

路面结构承受行车荷载和冷热、干湿气候因素的多次重复作用,由此而逐渐产生疲劳破坏和塑性形变累积。路面材料还可能由于老化而导致破坏。这些都将缩短路面的使用年限,增加养护工作量。因此,路面结构必须具备足够的抗疲劳强度、抗老化和抗形变累积的能力,以保持或延长路面的使用寿命。

6. 具有环保性

路面的行车噪声会对乘客或沿线居民造成不良影响。因此,要求路面在行车过程中尽量减少噪声。

二、水泥混凝土路面类型

水泥混凝土路面是以水泥和水拌制成的水泥净浆为黏结材料,以碎(砾)石、砂等矿质集料为集料,经过拌和、摊铺、振捣、整平、养生后修筑而成的混凝土板作为面层的路面。水泥混凝土路面是高等级重交通公路路面的主要类型之一,属于刚性路面。

按组成材料和施工方法不同,水泥混凝土路面有以下几种类型:

1. 普通混凝土路面

又称无筋混凝土或素混凝土路面,指除接缝区和局部范围外均不配筋的水泥混凝土路面。

2. 碾压混凝土路面

指水泥和水的用量与普通混凝土相比明显减少的水泥混凝土混合料,经摊铺、碾压成型的无筋混凝土路面。这是近年来出现的新的施工工艺。

3. 钢筋混凝土路面

为防止可能产生的裂缝缝隙张开,板内配置纵、横向钢筋或钢筋网的水泥混凝土路面。

4. 连续配筋混凝土路面

指沿纵向配置连续的钢筋,除了在与其他路面交接处或邻近构造物处设置胀缝以及视施工需要设置施工缝外,不设横向缩缝的水泥混凝土路面。

5. 预应力混凝土路面

对混凝土和钢筋施加预应力的无筋或钢筋混凝土路面。

6. 钢纤维混凝土路面

指在混凝土中掺入一些低碳钢或不锈钢纤维,形成一种均匀多向配筋的水泥混凝土路面。

7. 复合式混凝土路面

指由两层或两层以上不同强度或不同类型的混凝土复合而成的水泥混凝土路面。

三、水泥混凝土路面特点

与其他类型路面相比,水泥混凝土路面具有以下特点:

(1)水泥混凝土具有较高的刚度,弹性模量达$(3 \sim 5) \times 10^4$MPa。在标准 10t 轴载下,实测仅为 0.04MPa 压力,这使其对基层的承载力要求相对较低,适应在稳定基层上的大交通量和重载交通的高速公路、国道、省道、机场道路、厂矿道路上使用。在土基承载力小的轻交通量的乡村道路、停车场可直接将水泥混凝土路面铺筑于土基上。

(2)水泥混凝土路面的水稳性、热稳性均较好,特别是它的强度能随着时间的延长而逐渐提高,不存在沥青路面的"老化"现象,也不易出现沥青路面在高温作用下的车辙、壅包现象。

(3)由于水泥混凝土路面的强度和稳定性好,所以它经久耐用,在保证设计和施工质量的情况下,可使用 20 ~ 40 年以上。

(4)水泥混凝土对油、大多数化学物质不敏感,有较强的抗侵蚀能力。

(5)在正常设计、施工和养护条件下,水泥混凝土路面的养护工作量和养护费用均比沥青路面小,通常约后者的 1/3 ~ 1/4。

(6)混凝土路面色泽鲜明,能见度好,对夜间行车有利。

(7)水泥混凝土路面对粗集料的磨光值和磨耗值的要求相对较低。可使用的粗集料岩石种类范围广泛、集料易得。

(8)当水流经或渗透过水泥混凝土天然材料时,路面的水对周围土壤和地下水无污染,是环保型路面类型,同时,可在水泥混凝土路面中使用粉煤灰,具有良好的环保效益。与砂土路面相比,不会扬起沙尘。

(9)白色水泥混凝土路面的色度低、色差小，具有比黑色沥青路面更高的阳光反射、热量反向和隔热性能，路面冰雪融化得慢，对于季节性冻土路段，保证路基冻土不融化失稳，具有重要使用价值。

但是，混凝土路面也存在一些缺点，主要有以下几个方面：

1.对水泥和水的需要量大

修筑0.2m厚、7m宽的混凝土路面，每1km路面耗费水泥400～500t，水250t，尚不包括养生用水在内，这给水泥供应不足和缺水地区带来较大困难。

2.有接缝

由于混凝土的硬化收缩和热胀冷缩影响，水泥混凝土路面设有许多纵向和横向接缝。这些接缝一方面增加了施工的难度，另一方面又形成了路面的薄弱处，当施工和养护不当时，易于导致唧泥、错台和断裂等损坏。同时，接缝也容易引起行车跳动，影响行驶的舒适性。

3.开放交通较迟

除碾压混凝土外，其他混凝土路面需要一定的养生期，以获得足够的强度。因而，铺筑完工后需要隔一定时期(14～21d以上)才能开放交通。

4.修补困难

水泥混凝土路面出现损坏后，修补工作较沥青路面困难的多，且修补的整体强度稍差。目前我国相关部门正在抓紧水泥混凝土路面快速维修的研究工作，现已能够实现当晚修复，第二天开放交通的要求。

5.噪声大

混凝土路面使用的中后期，由于接缝变形，而使平整度降低，车辆行驶的噪声较大。

6.混凝土板块刚性大，不适应大沉降量

水泥混凝土路面不适应于基层和路基大变形和不均匀沉降的软基、山区填挖方交界、高填方长期浸水路段。要求更加稳固的路垫和基层支撑条件。

7.对基底接脱空相当敏感

水泥混凝土路面在超载条件下对板厚设计不足、材料强度不高或不均匀、结构内渗透排水不畅、施工质量不高、基层冲刷和基础支撑不稳固等很敏感，超载运行对刚性路面极为不利，极易形成断板、断边、断角等结构性破坏。

8.白色水泥混凝土路面的光、热反射能力高于黑色沥青路面，在高速公路上晃眼，眼睛容易疲劳

综上所述，根据水泥混凝土路面的特点，其适用场合与沥青路面有所不同。水泥混凝土路面适用于交通繁重和重载交通道路、天气炎热和严重冰冻、路基承载能力低，且无不均匀沉降、缺乏优质集料、沥青来源不足，而水泥和其他水硬性结合料资源充足、建设资金筹集无困难等情况。

四、面层混凝土材料要求

修筑水泥混凝土面层所用的混合料，比其他结构物所使用的混合料有更高的要求，因为他要承受的动荷载的冲击、摩擦和反复弯曲，同时还要受到温度和湿度反复变化的影响。面层混凝土必须具有较高的抗弯拉强度和耐磨性、良好的抗冻性以及尽可能低的膨胀系数和弹性

模量。

1. 水泥

(1) 各级路面用水泥的物理性能和化学成分应满足《通用硅酸盐水泥》(GB 175—2007) 和《道路硅酸盐水泥》(GB 13693—2005) 的规定,并符合《公路水泥混凝土路面施工技术规范》(JTG F30—2003) 的规定。

(2) 特重、重交通混凝土路面宜采用旋窑道路硅酸盐水泥或普通硅酸盐水泥;中、轻交通路面可采用矿渣硅酸盐水泥。低温天气施工、有快通要求的路段可采用早强型水泥,其他宜采用普通型水泥。

(3) 采用机械化铺筑时,宜选用散装水泥,散装水泥的出厂温度应符合《公路水泥混凝土路面施工技术规范》(JTG F30—2003) 中的规定:南方不宜高于65℃,北方不宜高于55℃;混凝土搅拌时的水泥温度:南方不宜高于60℃,北京不宜高于50℃,且不宜低于10℃。

(4) 水泥进场时,应有产品合格证及化验单。并应对品种、强度等级、包装、数量、出厂日期等进行检查验收。不同强度等级、厂牌、品种、出厂日期的水泥,不得混合堆放,严禁混合使用。出厂期超过三个月或受潮的水泥,必须经过试验,按其试验结果决定正常使用或降低强度等级使用。已经结块变质的水泥不得使用。

2. 集料

(1) 细集料应使用质地坚硬、耐久、洁净的天然砂(河砂和沉积砂)、机制砂或混合砂,细集料的质量指标应符合《公路水泥混凝土路面施工技术规范》(JTG F30—2003) 中的规定,细集料按技术要求分为 I 级、II 级、III 级,高速公路、一级公路、二级公路及有抗(盐)冻要求的三、四级公路混凝土路面使用的细集料级别应不低于 II 类,无抗(盐)冻要求的三、四级公路混凝土路面、碾压混凝土及贫混凝土基层可使用 III 类砂。特重、重交通混凝土路面宜使用河砂,砂的硅质含量不应低于 25%。

(2) 粗集料应使用质地坚硬、耐久、洁净的碎石、碎卵石和卵石,粗集料的质量指标应符合《公路水泥混凝土路面施工技术规范》(JTG F30—2003) 中的规定,并符合一定的级配要求。粗集料按技术要求分为 I 类、II 类、III 类,高速公路、一级公路、二级公路及有抗(盐)冻要求的三、四级公路混凝土路面使用的粗集料级别应不低于 II 类,无抗(盐)冻要求的三、四级公路混凝土路面、碾压混凝土及贫混凝土基层可使用 III 类粗集料。有抗(盐)冻要求时,I 类集料吸水率不应大于 1.0%,II 类集料不应大于 2.0%。颗粒形状应接近立方体。

3. 水

一般饮用水均可用于水泥混凝土拌制和养护;对非饮用水,应经化验并符合下列要求:

(1) 硫酸盐含量(SO_4)不得超过 $2.7mg/cm^3$;

(2) 含盐量不得超过 $5mg/cm^3$;

(3) pH 值不得小于 4。

4. 外加剂

为改善混凝土的技术性质,如早强、大流动度、高耐久性、缓凝、速凝、低水化热等,可以在混凝土的制备过程中加入适量的外掺剂。修建路面常用的外加剂有以下四类:

(1) 改善混凝土拌和物流动性能的外加剂:包括减水剂、引气剂、泵送剂等;

(2) 调节水泥凝结时间、硬化性能的外加剂:包括缓凝剂、速凝剂、早强剂等;

(3) 改善混凝土耐久性的外加剂：包括引气剂、防水剂、阻锈剂等；

(4) 改善混凝土其他性能的外加剂：包括加气剂、膨胀剂、防冻剂、着色剂等。

所选用的外加剂的质量应符合现行的国家标准。并应在充分调查、试验和实地试用后，再决定其是否适用。

5. 接缝材料

接缝材料主要包括填缝料和接缝板。

1) 填缝料

填缝料指为防止雨水、砂、石等杂物进入水泥混凝土路面面板各种接缝内部，在其上部灌入的材料。填缝料应具有与混凝土面板缝壁黏结能力强、回弹性好、负温拉伸量大、不溶于水、不渗水、高温时不挤出、低温时不脆裂、耐久性好等性能。常用的填缝料按施工温度分为两种，一种是加热施工式填缝料，另一种是常温施工式填缝料。加热施工式填缝料的品种主要有聚氯乙烯胶泥、改性沥青类和沥青玛碲脂等。其技术要求见表4-1的规定。常温施工式填缝料的品种主要有聚(氨)脂、硅树脂类、氯丁橡胶类、乳化沥青橡胶类等。其技术要求见表4-2的规定。

加热施工式填缝料的技术要求　　　　　　　　表 4-1

试验项目	低弹性型	高弹性型	试验项目	低弹性型	高弹性型
针入度(0.01mm)	< 50	< 90	流动度(mm)	< 5	< 2
弹性(复原率%)	≥30	≥60	拉伸量(mm)	≥10	≥15

常温施工式填缝料的技术要求　　　　　　　　表 4-2

试验项目	低弹性型	高弹性型	试验项目	低弹性型	高弹性型
黏结延伸率(%)	≥200	≥400	流动度(mm)	0	0
失黏时间(h)	6~24	3~16	(-10℃)拉伸量(mm)	≥15	≥25
弹性(复原率%)	≥75	≥50	与混凝土黏结强度(MPa)	≥0.2	≥0.4

2) 接缝板

接缝板指为防止水泥混凝土路面面板膨胀压屈，置放在胀缝板中的预制板。混凝土面层的各种接缝均应设置接缝板。接缝板的品种主要有杉木板、泡沫橡胶板、泡沫树脂板和纤维板等。其技术要求见表4-3。

接缝板的技术要求　　　　　　　　表 4-3

试验项目	接缝板种类			备注
	木材类	塑料泡沫类	纤维类	
压缩应力(MPa)	5.0~20.0	0.2~0.6	2.0~10.0	吸水后不应小于不吸水的90%
弹性复原率(%)	≥55	≥30	≥65	
挤出量(mm)	< 5.5	< 5.0	< 3.0	
弯曲荷载(N)	100~400	0~50	5~40	

6. 钢材

水泥混凝土路面所用的钢筋有传力杆、拉杆及补强钢筋等。各种钢筋必须符合现行国家标准的规定。但不作为加强混凝土板构造强度用的钢筋，如支架等所用的钢筋，不受此限制。

1.2 水泥混凝土路面施工

一、接缝的构造与布置

混凝土板由于温度变化而产生的伸缩变形和翘曲变形会因板的尺寸过大而产生较大的内应力。为了避免混凝土板的损坏,混凝土路面不得不在纵横两个方向设置许多接缝,把整个路面分割成较小尺寸的板块。

水泥混凝土路面的接缝按方向分为垂直于行车方向的横向接缝和平行于行车方向的纵向接缝。按照所起的作用又可分为缩缝、胀缝和施工缝。缩缝保证板因温度和湿度的降低而收缩时沿该薄弱断面断裂,从而表面产生不规则的裂缝。胀缝保证板在温度升高时能部分伸长,从而避免产生路面板在热天的拱胀和折断破坏,同时也能起到缩缝的作用。施工缝是混凝土施工时,摊铺和振捣等机具有一定的操作宽度限制,每天的工作量有一定限度而必须中断以及因雨天或其他原因不能继续施工时而设置的。

1. 横缝

横缝分为横向缩缝、横向胀缝和横向施工缝。

1) 横向缩缝

横向缩缝间距即为混凝土板块的长度。随着板长增加,混凝土的收缩应力增大,特别是温度翘曲应力迅速增大。对现有路面的大量使用调查表明,当板长控制在 5~6m 以上时,出现横向断裂的坏板比例急剧增高。因此,目前都倾向于采用短板,其长度为 4~5m。横向缩缝通常都成等间距布置。为改善行驶质量,国外也有采用变间距布置,并倾斜于行车方向的布置方案。

横向缩缝一般采用假缝形式,不设传力杆。但在特重交通或地基水文条件不良的公路上,宜在板中央设置传力杆。其他各级交通的公路上,在邻近胀缝或路面自由端部的 3 条缩缝内,均宜加设传力杆。横向缩缝的槽口可采用锯切或压入的方式形成。横向缩缝的构造,如图 4-1所示。

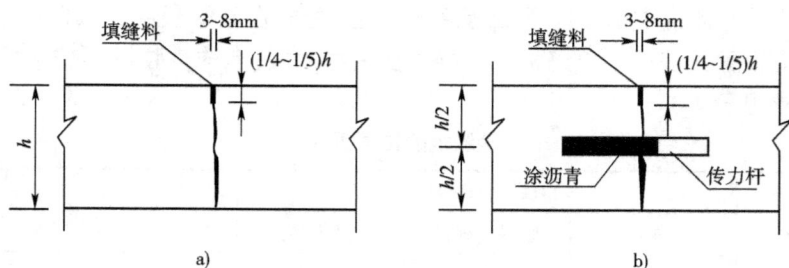

图 4-1 横向缩缝构造
a) 假缝型;b) 假缝加传力杆型

2) 横向胀缝

横向胀缝处混凝土板完全断开,因而也称之为真缝。横向胀缝的构造,如图 4-2 所示。缝宽为 2.0~2.5cm,在缝隙上部 3~4cm 深度内浇灌填缝料,下部则设置富有弹性的嵌缝板,它可由油浸或沥青浸制的软木板制成。在板厚的中央设置传力杆,传力杆的一半以上应涂沥青或加塑料套,并加长 10cm 的小套子,套底和传力杆头之间留 3cm 的空隙(用纱头填),在同一条胀缝上的传力杆,设有套筒的活动端最好在缝的两边交错布置。在与建筑物衔接处或其他公路交叉处的胀缝,当无法设置传力杆时,可采用边缘钢筋型或厚边型,其构造,如图4-2b)、c)所示。

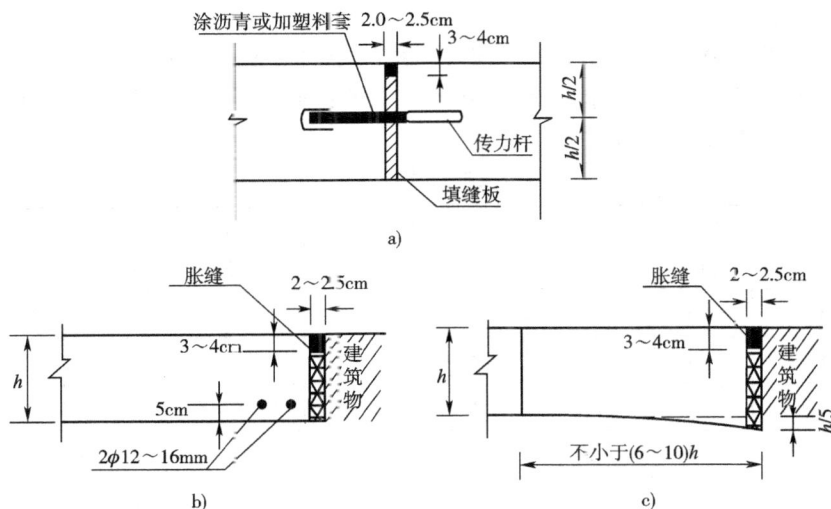

图 4-2 横向胀缝构造

a)传力杆(滑动)型;b)边缘钢筋型;c)厚边型

在桥涵两端以及小半径平、竖曲线处应设置胀缝。胀缝是混凝土路面的薄弱环节,它不仅给施工带来不便,同时由于施工传力杆设置不当(未能准确定位),使胀缝处的混凝土常出现裂碎等病害;当雨水通过胀缝渗入地基后,易使地基软化,引起唧泥、错台等破坏;当砂石进入胀缝后,易造成胀缝处边板挤碎、拱胀等破坏。同时,胀缝容易引起行车跳动,其中的填缝料又要经常补充或更换,增加了养护的麻烦。

3)横向施工缝

每日工作结束或因临时原因而中断施工时,需设置横向施工缝。原则上,横向施工缝应尽量少设,如需设置,其位置宜在胀缝或缩缝处。

2.纵缝的构造与布置

纵缝分为纵向缩缝和纵向施工缝。纵缝间距为板宽,可按路面宽度和每个车道宽度而定,一般按 3~4.5m 设置,其最大间距不得超过4.5m,这对行车和施工都较方便。

1)纵向缩缝

当双车道路面按全幅宽度施工时,应增设纵向缩缝。纵向缩缝可做成假缝加拉杆形式,如图4-3 所示。

2)纵向施工缝

当一次铺筑宽度小于路面宽度时,需设置纵向施工缝。纵向施工缝可采用设拉杆的企口缝或设拉杆的平缝形式。根据国内外的实践经验,齐口缝易产生破坏。因此,纵向施工缝一般采用平缝,如图4-4所示。

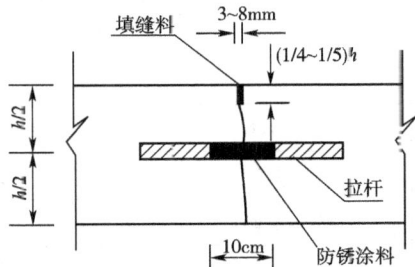

图 4-3 纵向缩缝构造

3)纵向胀缝

对多车道路面,应每隔3~4个车道设一条纵向胀缝,其构造与横向胀缝相同。当路旁有路缘石时,路缘石与路面板之间也应设胀缝,但不必设置传力杆。纵缝与横缝一般做成垂直正交,使混凝土板具有90°的角隅。纵缝两旁的横缝一般成一条直线。

3. 拉杆和传力杆

1) 拉杆

拉杆是设在纵缝板厚中央的螺纹钢筋,其目的是为了防止板块横向位移。对拉杆中部10cm范围内应进行防锈处理。拉杆尺寸及间距可按表4-4选用。其最外边的拉杆距接缝或自由边的距离一般为25~35cm。

拉杆尺寸及间距 表4-4

板宽 (m)	板厚 h (cm)	直径 d (mm)	最小长度 (cm)	最大间距 (cm)	板宽 (m)	板厚 h (cm)	直径 d (mm)	最小长度 (cm)	最大间距 (cm)
3.00	≤20	12	60	90	3.75	≤20	12	60	70
	21~25	14	70	90		21~25	14	70	70
	26~30	16	80	90		26~30	16	80	70
3.50	≤20	12	60	80	4.50	≤20	12	60	60
	21~25	14	70	80		21~25	14	70	60
	26~30	16	80	80		26~30	16	80	60

2) 传力杆

传力杆主要用于横向接缝,一般采用光圆钢筋,其长度的一半再加5cm应涂沥青或加塑料套。胀缝处的传力杆应在涂沥青一端加一套子,内留3cm孔隙并填纱头或泡沫塑料,套子端宜在相邻板中交错布置。传力杆尺寸及间距可按表4-5选用。其最外边的传力杆距接缝或自由边的距离一般为15~25cm。传力杆,如图4-5所示。

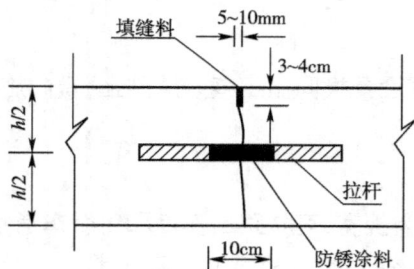

图4-4 纵向施工缝

图4-5 传力杆

传力杆尺寸及间距 表4-5

板厚 h(cm)	直径 d(mm)	最小长度(cm)	最大间距(cm)
≤20	20	40	30
21~25	25	45	30
26~30	30	50	30

二、小型机具施工

水泥混凝土根据铺筑工艺可分为小型机具铺筑、滑膜机械铺筑、轨道摊铺机铺筑、三辊轴机组铺筑和碾压混凝土等方法。

小型机具铺筑法主要用在城市次干路和二级公路以下路面施工；滑模和轨道摊铺机主要用于高等级路面施工，但轨道摊铺机因施工速度慢的原因有逐步被淘汰趋势；三辊轴机组主要用于城市道路与一级及以下公路的施工。

下面仅以小型机具施工为例进行讲解。

水泥混凝土路面的小型机具施工是指由机器拌和、人工摊铺，辅助配备一些小型机具，如插入式振捣器、平板振动器、振动梁、真空吸水设备、切缝机等，进行混凝土路面施工的方式。具体施工工艺流程，如图4-6所示。

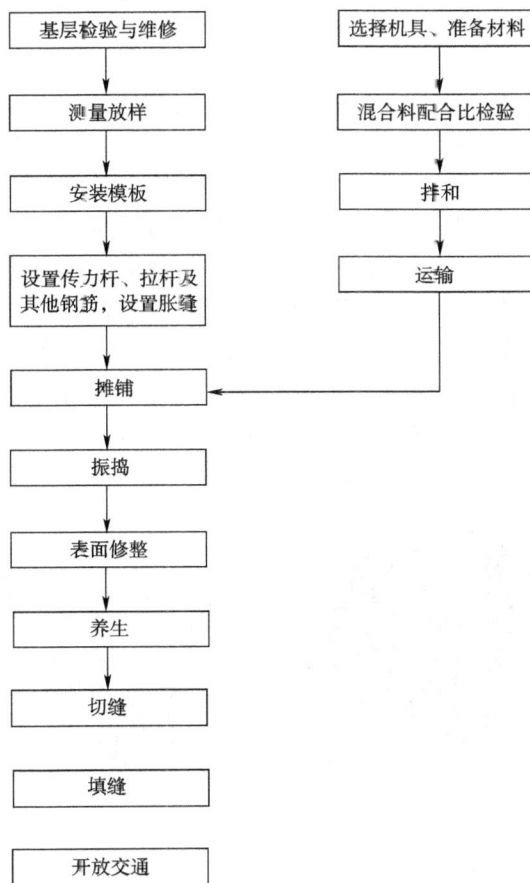

图 4-6　水泥混凝土路面的一般施工程序

1. 施工前的准备工作

施工准备工作是路面施工质量保证体系的重要一环，是保证路面施工顺利进行，按期完成任务的关键。因此，必须做好施工前的一切准备工作。

1）编制施工组织设计

施工单位根据设计文件及施工条件，确定施工方案，编制施工组织设计，包括施工工艺、材料使用计划、劳动计划、机械选型及使用计划、临时设施、现场组织管理计划、安全措施等。

2）选择混凝土拌和场地

拌和场地选择既要考虑交通便利、运距最短，又要考虑水电供应方便，并且有足够的场地堆放材料和搭建办公生活用房、工棚仓库和消防等设施，一般情况下宜设置在施工路段的中部。

3）进行材料试验和混凝土配合比检验及调整

按公路等级的要求及工地的具体情况在现场建立工地试验室，并依据相应的试验规程和检测频率对混凝土面层所用的各种原材料进行检验，并根据检验结果调整混凝土的配合比和改善施工工艺。

4）基层检查与整修

检查基层的宽度、高程、横坡、弯沉、平整度等是否符合要求。在混凝土摊铺施工前，应清理基层表面，并充分洒水湿润，以防混凝土底部的水分被干燥基层吸去，使混凝土变得疏松以致产生细小裂缝。

5）模板安装

常用模板有木模和钢模。模板应平直，装、拆方便，而且加载后挠度小。同时其高度应与混凝土板厚相同。高速公路、一级公路混凝土路面施工，应采用钢模板，这样不仅保证工程质量，而且可多次重复使用。

安装模板前，应根据设计图纸定出路面中心及路面边缘线，模板顶面应与路面设计高程一致。如果因基层局部低洼而造成模板下出现空隙，可在空隙处模板两边填入砂浆等材料。

模板两侧用铁钎打入基层以固定位置，接头处拼装应牢固紧密。安装完毕后，应再检查一次模板相接处的高差和模板内侧是否有错位和不平整等情况，高度差大于 3mm 或有错位和不平整的模板应拆掉重新安装。确认安装合格的模板其内侧表面应刷涂隔离剂，以利于拆模。两侧模板安装就位后，应横跨路面拉线，用直尺检测拉线至基层表面的距离是否满足混凝土板厚的要求，基层局部高出部分应予以铲除。模板安装，如图 4-7 所示。

图 4-7　模板安装

2. 混凝土的制备和运输

1）混凝土的制备

混凝土应采用机械搅拌，搅拌站位置应根据施工和运输工具选定，容量由工程量大小和施工进度确定。搅拌机装料顺序宜为砂、水泥、碎（砾）石，进料后，边搅拌边加水。每锅混合料的搅拌时间取决于搅拌机的性能和混合料的和易性，一般为 1.5 ~ 3.0min，干硬性混凝土搅拌时间略长一点，一般为 2.0 ~ 4.0min。

2）混凝土的运输

混合料宜采用翻斗车或自卸车运输，当运距较远时，宜采用水泥混凝土搅拌运输车运输。混合料从搅拌机出料后，运至铺筑施工现场进行摊铺、振捣、整平，直至铺筑结束的允许时间，可根据水泥初凝时间及施工气温确定，见表 4-6。装运混合料，应防漏浆和离析，夏季和冬季施工，应有遮盖或保温设备，卸料高度不宜超过 1.5m。若出现明显离析时，铺筑时应重新拌匀。

混凝土从搅拌机出料至浇筑完毕的允许最长时间 表4-6

施工气温（℃）	允许最长时间（h）	施工气温（℃）	允许最长时间（h）
5~10	2	20~30	1
10~20	1.5	30~35	0.75

3. 混凝土的摊铺和振捣

1）混凝土的摊铺

摊铺混凝土前，应对模板的位置、高度、支承情况及拉杆的放置再进行一次全面检查，确认满足要求后，即可进行混凝土的摊铺。

混凝土由运输车辆直接卸在基层上。卸料时应不使混合料离析，且应尽可能将其卸成几小堆，以便于摊铺。混凝土摊铺，如图4-8所示。如发现离析现象，应在铺筑时用铁锹拌均匀，但严禁第二次加水。

图4-8 混凝土摊铺

混凝土板厚度不大于24cm时可一次摊铺。大于24cm时宜分两次摊铺，下层厚度宜为总厚的3/5。摊铺时应考虑混凝土振捣后的下落高度，而预留一定厚度，松铺厚度通过现场试验确定，一般为设计厚度的1.1~1.15倍。

人工用铁锹摊铺时，应采用"扣锹"的方法，严禁抛掷和搂耙，以防止混合料离析。

2）钢筋设置

当混凝土板中根据设计要求需要设置钢筋时，应配合摊铺工作一起进行。

图4-9 安放单层钢筋网

安放单层钢筋网片，如图4-9所示，应在其底部先摊铺一层混凝土，其高度按钢筋网片设计位置预加一定的下落高度。待钢筋网片就位后，再继续浇注混凝土。

安放双层钢筋网时，对厚度不大于25cm的板，上、下两层钢筋网可事先用架立筋扎成骨架后，一次安放就位；厚度大于25cm的，按单层网片的方法，上、下两层网片分两次安放。钢筋网的接头应搭接，其搭接长度应为一个网格或者20cm，搭接处应用细铁丝绑扎。

安放角隅钢筋时，先在角隅处摊铺一层混凝土拌和物，摊铺厚度应按钢筋设计位置预加一定的下落度，角隅钢筋就位后，用混凝土拌和物压住。

安放边缘钢筋时，先沿边缘铺筑一条混凝土拌和物，拍实至钢筋位置，然后放置边缘钢筋，在钢筋两端弯起，用混凝土拌和物压住。

3）混凝土的振捣

混合料摊铺后，应迅速振捣密实。常用振捣器有插入式振捣器、平板式振捣器和振动梁。对厚度不大于24cm的铺层，应先用插入式振捣器对边角及安置钢筋的部位依顺序振捣，然后再用不小于2.2kW的平板式振捣器纵横交错全面振捣。振捣器在每一位置振捣的持续时间以混合料停止下沉，不再冒气泡并泛出水泥浆为准，不宜过振，一般为10～15s。水灰比小于0.45时，用平板振捣器，不宜少于30s；用插入式振捣器时，不宜少于20s。

平板式振捣器作业完成后，再用带有振动器且底面平直的振动梁进一步拖拉振实并初步整平。振动梁移动的速度要缓慢均匀，一般以每分钟1.2～1.5m为宜，不允许中途停留。拖振过程中，多余的混合料随着振动梁的拖移而刮去。低陷处应及时人工填补，填补时应用较细的混合料，但严禁用纯砂浆。最后再用直径130～150mm的平直无缝钢管滚杠进一步滚揉表面，使表面进一步提浆并整平。滚杠既可滚拉又可平推提浆赶浆，使混凝土表面均匀保持5～6mm的砂浆层，以利于密封和作面。

对采用两次摊铺的混凝土板（厚度>24cm），应特别注意上层混凝土拌和料的振捣必须在下层拌和料初凝之前完成。另外，在振捣上层拌和料时，插入式振捣器应插入下层拌和料5cm，以使两层很好融合。

在整个振捣过程中，要随时注意检查模板，如发现问题，应及时处理。

4. 接缝施工

接缝是混凝土路面施工的难点，接缝施工质量的好坏直接影响到混凝土路面的使用寿命和行车的舒适性，因此，需特别认真加以对待。

1）胀缝施工

胀缝应与混凝土路面中心线垂直，缝壁垂直于板面，宽度均匀一致，缝中不得有黏浆或坚硬杂物，相邻板的胀缝应设在同一横断面上。胀缝传力杆的准确定位是胀缝施工成败的关键。为了保证传力杆位置的正确（平行于混凝土板面及路面中心线，其误差不得大于5mm），可采用两种固定方式：顶头木模固定法和支架固定法。

（1）顶头木模固定法

适用于混凝土一天施工终了时设置的胀缝。传力杆长度的一半穿过端头挡板，固定于外侧定位模板中，如图4-10所示。在混凝土拌和料浇筑前先检查传力杆位置，浇筑时先摊铺下层拌和料，用插入式振捣器振实，并在校正传力杆位置后，再浇筑上层拌和料。第二天浇筑邻板前，拆去顶头木模，并及时设置胀缝板、木制嵌条和传力杆套管等。

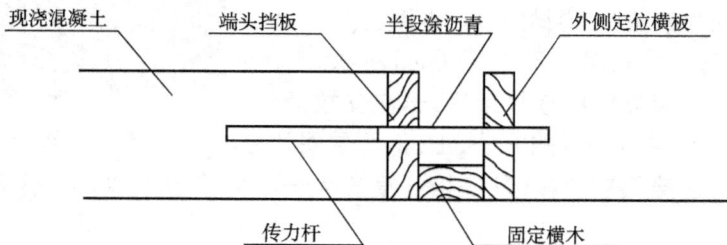

图4-10　顶头木模固定传力杆安装

（2）支架固定法

适用于混凝土板连续浇铸过程中设置的胀缝。传力杆长度的一半穿过胀缝板和端头挡板,并用钢筋支架固定就位,如图 4-11 所示。浇筑时先检查传力杆位置,再在胀缝两侧摊铺混凝土拌和料至板面,振捣密实后,抽出端头挡板,空隙部分填补混凝土拌和料,并用插入式振捣器振实,然后整平。

胀缝中嵌条的尺寸及拆除时间应把握好。嵌条尺寸应比设计接缝稍宽些,稍低些,最好做成上宽下窄的楔形,以便拔出。嵌条拆除时间以混凝土初凝前、泌水后为宜。嵌条取出后,再将缝槽抹平整。胀缝施工,如图 4-12 所示。

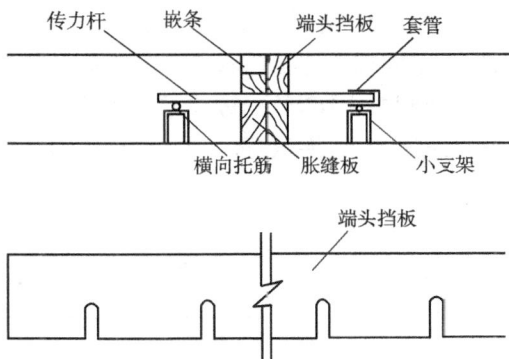

图 4-11 支架固定传力杆安装图

2) 横向缩缝施工

横向缩缝一般采用锯切缝或压入缝。与压入缝相比,切缝法做出的缩缝质量较好,接缝处质量均匀。因此,缩缝施工应尽量采用切缝法。为防止切缝不及时可能出现的早期裂缝,也可每隔几条切缝做一条压缝。

(1) 切缝

混凝土结硬后应及时用金刚石或碳化硅锯片切缝。如图 4-13 所示。

图 4-12 胀缝施工图

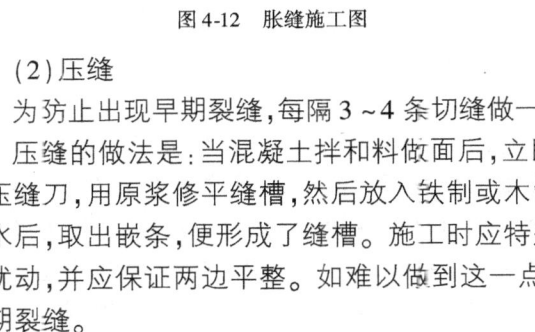

图 4-13 切缝

(2) 压缝

为防止出现早期裂缝,每隔 3~4 条切缝做一条压缝。

压缝的做法是:当混凝土拌和料做面后,立即用振动压缝刀压缝,当压至规定深度后提出压缝刀,用原浆修平缝槽,然后放入铁制或木制的嵌条,再次修平缝槽,待混凝土初凝前、泌水后,取出嵌条,便形成了缝槽。施工时应特别小心,尽量避免接缝两边的混凝土结构受到扰动,并应保证两边平整。如难以做到这一点,缩缝也可仅由切缝形成,但应保证不出现早期裂缝。

缩缝传力杆的安装一般采用支架固定法,传力杆长度一半加 5cm 范围内涂上沥青,保证其在混凝土中自由滑动。

3) 纵缝施工

纵缝一般为平缝加拉杆形式。纵缝施工应符合设计规定的构造,保持顺直、美观。拉杆可采用三种方式设置,如图 4-14 所示。其中:a) 根据拉杆的位置在模板上留孔,立模后在浇筑混凝土之前将拉杆穿在孔内。但拆模时较为费事;b) 事先将拉杆弯成直角,沿模板按设计位置放置,并将其一半浇筑在板内。在浇筑相邻板时再将拉杆扳直。当拉杆较粗时,采用此方法易损坏拉杆相接处的混凝土;c)采用带螺丝的拉杆。一半拉杆用支架固定在基层上,然后浇筑混凝土,摊铺相邻板前将另一半带螺丝接头的拉杆接上。施工时应注意使拉杆螺纹接头端面紧靠板侧面,且套节的螺纹部分不能进入混凝土或砂浆(用黄油等材料封填),以免另一半拉杆无法接上,效果良好。

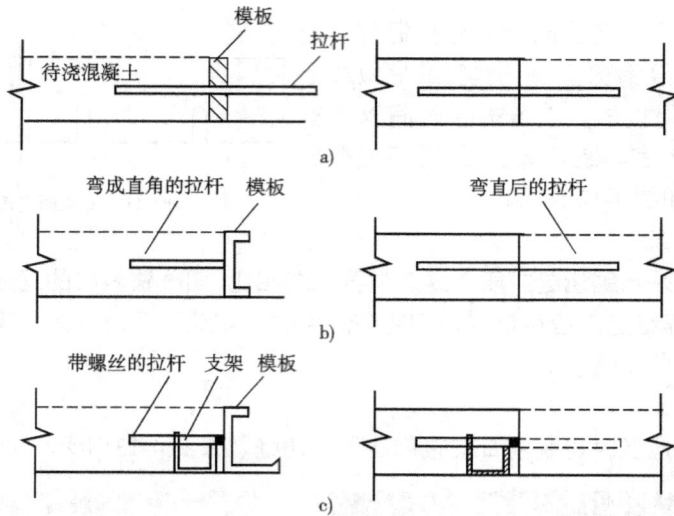

图 4-14　纵缝施工
a)模板穿孔;b)拉杆弯成直角;c)带螺丝拉杆

4)施工缝

施工缝宜设于胀缝或缩缝处,多车道路面及民航机场道面的施工缝应避免设在同一横断面上。传力杆一半锚固于混凝土中,另一半应涂上沥青,传力杆必须平行于板面,垂直于缝壁。

5.表面整修

振捣密实的混凝土表面应进行整平、精光、纹理制作等工序的作业,使竣工后的混凝土路面具有良好的路用性能。混凝土表面整修,如图 4-15 所示。

图 4-15　混凝土表面整修

1)表面整平

振捣密实的混凝土表面用能纵向移动或斜向移动的表面整修机整平。纵向表面整修机工作时,整平梁在混凝土表面纵向往返移动,通过机身的移动将混凝土表面整平。斜向表面整修机通过一对与机械行走轴线成 10°左右的整平梁作相对运动来完成整平作业,其中一根整平梁为振动梁。机械整平的速度决定于混凝土的易整修性和机械特性。机械行走的轨模顶面应保持平顺,以便整修机械能顺畅通行。整平时应使整平机械前保持高度为 10～15cm 的壅料,并使壅料向较高的一侧移动,以保证路面板的平整,防止出现麻面及空洞等缺陷。

2)精光及纹理制作

精光是对混凝土路面进行最后的精平,使混凝土表面更加致密、平整、美观,此工序是提高混凝土路面外观质量的关键工序之一。混凝土路面整修机配置有完善的精光机械,只要在施工过程中加强质量检查和校核,便可保证精光质量。

在混凝土表面制作纹理,是提高路面抗滑性能的有效措施之一。制作纹理时用纹理制作机在路面上拉毛、压槽或刻纹,纹理深度控制在 $1 \sim 2mm$ 范围内;在不影响平整度的前提下提高混凝土路面的构造深度,可提高表面的抗滑性能。纹理应与路面前进方向垂直,相邻板的纹理应相互沟通以利排水。纹理制作从混凝土表面无波纹水迹开始,过早或过晚均会影响纹理质量。

6. 养护

混凝土表面整修完毕,应立即进行养护,使混凝土在开放交通时具有规定的强度,尤其在气温较高时,必须保持已浇筑的混凝土表面湿润,以免混凝土表面干裂。在养护初期,可用活动三角形罩棚遮盖混凝土,以减少水分蒸发,避免阳光照晒,防止风吹、雨淋等。混凝土泌水消失后,在表面均匀喷洒薄膜养护剂。喷洒时在纵横方向各喷一次,养护剂用量应足够,一般为 $20.33kg/m$ 左右。在高温、干燥、大风时,喷洒后应及时用草帘、麻袋、塑料薄膜、湿砂等遮盖混凝土表面并适时均匀洒水。养护时间由试验确定,以混凝土达到 28d 强度的 80% 以上为准。在养护期间禁止车辆通行以保护混凝土路面。路面养生,如图 4-16 所示。

图 4-16　覆盖塑料薄膜养护

7. 切缝

切缝时间的早晚一定要控制好,切得过早(混凝土抗压强度 <10MPa),粗集料容易从砂浆中脱落,不能切出整齐的缝;切得过迟,不但造成切缝困难,增加切缝刀片的消耗,而且会使因混凝土的温度下降和水分减少而产生的收缩因板较长而受到阻碍,导致收缩应力超出其抗拉强度而在非预定位置出现不规则的早期裂缝。目前施工中较多采用"温度—小时"法来控制切缝的合适时间。即混凝土浇筑到切割开始的间隔小时与气温的乘积一般控制在 $250 \sim 300$ "温度—小时"。当然,这只是一种粗略估算的方法。最佳切缝时间除与施工温度有关外,还与混凝土质量,特别是集料的质量、水泥类型及水灰比等因素有关,施工时应通过试切后确定。

8. 灌注嵌缝料

混凝土养护期满即可灌注嵌缝料,嵌缝料必须清洁、干燥,并与缝壁粘附紧密、不渗水,灌注高度一般比板面低 2mm 左右。当使用加热施工型嵌缝料时,应加热到规定的温度并搅匀,采用灌缝机或灌缝枪灌缝;气温较低时应用喷灯加热缝壁,使嵌缝料与缝壁结合良好。

9. 开放交通

路面经过养生后,混凝土强度达到设计强度 100% 时,首先进行自检验收,呈报计量支付,并开放交通。

任务2 水泥混凝土路面工程施工准备阶段试验检测

▶▶任务分析

水泥混凝土路面工程在施工准备阶段主要对原材料及各种配合比进行试验检测,避免不合格的材料用于工程,为开工做好前期准备工作。

▶▶任务实施

一、检测项目

在施工准备阶段所需检测的项目见表4-7。

水泥混凝土路面施工准备阶段需检测的项目   表4-7

序号	检测项目	执行规程
1	组成材料(水泥、细集料、粗集料、外加剂)检测	《公路工程集料试验规程》(JTG E42—2005)
2	混凝土配合比设计	《公路水泥混凝土路面施工技术规范》(JTG F30—2003)
3	水泥混凝土拌和物性能检测	《公路工程水泥及水泥混凝土试验规程》(JTG E30—2005)
4	水泥混凝土立方体抗压强度试验	《公路工程质量检验评定标准(土建工程)》(JTG F80/1—2004)
5	水泥混凝土抗弯拉强度试验	《公路工程技术标准》(JTG B01—2003)

二、检测方法

水泥混凝土组成材料(水泥、细集料、粗集料、外加剂)试验、水泥混凝土配合比设计、水泥混凝土拌和物试验、水泥混凝土立方体抗压强度试验,可参考表4-7所列规范进行。

检测项目一 水泥混凝土试件制作与硬化水泥混凝土现场取样方法

1.目的及适用范围

本方法规定了在常温环境中室内试验时水泥混凝土试件制作与硬化后水泥混凝土现场取样方法。

轻质水泥混凝土、防水混凝土、碾压混凝土等其他特种水泥混凝土的制作与硬化后水泥混凝土现场取样方法,可以参照本方法进行,但因其特殊性所引起的对试验设备及方法的特殊要求,均应遵照对这些水泥混凝土试件制作和取样的有关技术规定进行。

2.仪器设备

(1)搅拌机:自由式或强制式。

(2)振动台:标准振动台,应符合《混凝土试验用振动台》要求。

(3)压力机或万能试验机:压力机除符合《液压式万能试验机》(GB/T 3159—2008)及《试验机通用技术要求》(GB/T 2611—2007)中的要求外,其测量精度为±1%,试件破坏荷载应大于压力机全量程20%且小于压力机全量程的80%。同时应具有加荷速度指示装置或加荷速度控制装置。上下压板平整并有足够的刚度,可以均匀地连续加荷卸荷,可以保持固定荷载,开机停机均灵活自如,能够满足试件破型吨位要求。

（4）球座：钢制坚硬，面部平整度要求在 $100mm$ 距离内高低差值不超过 $0.05mm$，球面及球窝粗糙度 $R_a = 0.32\mu m$，研磨、转动灵活。不应在大球座上作小试件破型，球座最好放置在试件顶面（特别是棱柱试件），并凸面朝上，当试件均匀受力后，一般不宜再敲动球座。

（5）试模

①非圆柱试模：应符合《混凝土试模》（JG 237—2008），内表面刨光磨光（粗糙度 $R_a = 3.2\mu m$）。内部尺寸允许偏差为 $\pm 0.2\%$；相邻面夹角为 $90° \pm 0.3°$。试件边长的尺寸公差为 $1mm$。

②圆柱试模：直径误差小于 $\frac{1}{200}d$，高度误差应小于 $\frac{1}{100}h$。试模底板的平面度公差不超过 $0.02mm$。组装试模时，圆筒纵轴与底板应成直角，允许公差为 $0.5°$。

为防止接缝处出现渗漏，要使用合适的密封剂，如黄油。并采用紧固方法使底板固定在模具上。

常用的试件尺寸（试件内部尺寸）规定如表4-8所示。所有试件承压面的平面度公差不超过 $0.0005d$（d 为边长）。

试 件 尺 寸

表4-8

试 件 名 称	标准尺寸（mm）	非标准尺寸
圆柱劈裂抗拉强度试件	$\phi 150 \times 300(31.5)$	$\phi 100 \times 200(26.5)$ $\phi 200 \times 400(53)$
抗弯拉强度试件	$150 \times 150 \times 600(31.5)$ $150 \times 150 \times 550(31.5)$	$100 \times 100 \times 400(26.5)$

注：括号中的数字为试件中集料公称最大粒径，单位 mm。标准试件的最短尺寸大于公称最大粒径4倍。

（6）捣棒：符合《混凝土坍落度仪》（JG/T 248—2009）中有关技术要求，为直径 $16mm$、长约为 $600mm$ 并具有半球形端头的钢质圆棒。

（7）压板：用于圆柱试件的顶端处理，一般为厚 $6mm$ 以上的毛玻璃，压板直径应比试模直径大 $25mm$ 以上。

（8）橡皮锤：应带有质量约 $250g$ 的橡皮锤头。

（9）钻孔取样机：钻机一般用金刚石钻头，从结构表面垂直钻取，钻机应具有足够的刚度，保证钻取的芯样周面垂直且表面损伤最少。钻芯时，钻头应作无显著偏差的同心运动。

（10）锯：用于切割适于抗弯拉试验的试件。

（11）游标卡尺。

3.非圆柱体试件成型

（1）水泥混凝土的拌和参照《水泥混凝土拌和物的拌和与现场取样方法》（T 0521—2005）。成型前试模内壁涂一薄层矿物油。

（2）取拌和物的总量至少应比所需量高 20% 以上，并取出少量混凝土拌和物代表样，在 $5min$ 内进行坍落度或维勃稠度试验，认为品质合格后，应在 $15min$ 内开始制件或作其他试验。

（3）对于坍落度小于 $25mm$ 时（这且不适于用水量非常低的水泥混凝土，同时不适于直径或高度不大于 $100mm$ 的试件），可采用 $\phi 25mm$ 的插入式振捣棒成型。将混凝土拌和物一次装入试模，装料时应用抹刀沿各试模壁插捣，并使混凝土拌和物高出试模口；振捣时振捣棒距底板 $10 \sim 20mm$ 且不要接触底板。振捣至表面出浆为止，且应避免过振，以防止混凝土离析，一般振捣时间为 $20s$。振捣棒拔出时要缓慢，拔出后不得留有孔洞。用刮刀刮去多余的混凝土，在临近初凝时,用抹刀抹平。试件抹面与试模边缘高低差不得超过 0.5mm。

(4)当坍落度大于 25mm 且小于 70mm 时,用标准振动台成型。将试模放在振动台上夹牢,防止试模自由跳动,将拌和物一次装满试模并稍有富余,开动振动台至混凝土表面出现乳状水泥浆时为止,振动过程中随时添加混凝土使试模常满,记录振动时间(为维勃秒数的 2～3 倍,一般不超过 90s)。振动结束后,用金属直尺沿试模边缘刮去多余混凝土,用镘刀将表面初次抹平,待试件收浆后,再次用镘刀将试件仔细抹平,试件抹面与试模边缘的高低差不得超过 0.5mm。

(5)当坍落度大于 70mm 时,用人工成型。拌和物分厚度大致相等的两层装入试模。捣固时按螺旋方向从边缘到中心均匀地进行。插捣底层混凝土时,捣棒应到达模底;插捣上层时,捣棒应贯穿上层后插入下层 20～30mm 处。插捣时应用力将捣棒压下,保持捣棒垂直,不得冲击,捣完一层后,用橡皮锤轻轻击打试模外端面 10～15 下,以填平插捣过程中留下的孔洞。

每层插捣次数为 100cm² 截面面积内不得少于 12 次。试件抹面与试模边缘高低差不得超过 0.5mm。

4.圆柱体试件制作

(1)水泥混凝土的拌和参照《水泥混凝土拌和物的拌和与现场取样方法》(T 0521—2005)。成型前试模内壁涂一薄层矿物油。

(2)取拌和物的总量至少应比所需量高 20% 以上,并取出少量混凝土拌和物代表样,在 5min 内进行坍落度或维勃稠度试验,认为品质合格后,应在 15min 内开始制件或作其他试验。

(3)对于坍落度小于 25mm 时(这里不适用水量非常低的水泥混凝土;同时不适于直径或高度不大于 100mm 的试件),可采用 ϕ25mm 的插入式振捣棒成型。拌和物分厚度大致相等的两层装入试模。以试模的纵轴为对称轴,呈对称方式填料。插入密度以每层分三次插入。振捣底层时,振捣棒距底板 10～20mm 且不要接触底板;振捣上层时,振捣棒插入底面下 15mm 深。振捣直到表面出浆为止,且应避免过振,以防止混凝土离析。一般时间为 20s。振完一层后,如有棒坑留下,可用橡皮锤敲击试模侧面 10～15 下。振捣棒拔出时要缓慢。用刮刀刮去多余的混凝土,在临近初凝时,用抹刀抹平,使表面略低于试模边缘 1～2mm。

(4)当坍落度大于 25mm 且小于 70mm 时,用标准振动台成型。将试模放在振动台上夹牢,防止试模自由跳动,将拌和物一次装满试模并稍有富余,开动振动台至混凝土表面出现乳状水泥浆时为止,振动过程中随时添加混凝土使试模常满,记录振动时间(为维勃秒数的 2～3 倍,一般不超过 90s)。振动结束后,用金属直尺沿试模边缘刮去多余混凝土,用镘刀将表面初次抹平,待试件收浆后,再次用镘刀将试件仔细抹平,使表面略低于试模边缘 1～2mm。

(5)当坍落度大于 70mm 时,用人工成型。

对于试件直径为 200mm 的,拌和物分厚度大致相等的三层装入试模。以试模的纵轴为对称轴,呈对称方式填料。每层插捣 25 下,捣固时按螺旋方向从边缘到中心均匀地进行。插捣底层时,捣棒应到达模底,插捣上层时,捣棒插入该层底面下 20～30mm 处。插捣时应用力将捣棒压下,不得冲击,振完一层后,如有棒坑留下,可用橡皮锤敲击试模侧面 10～15 下。用镘刀将试件仔细抹平,使表面略低于试模边缘 1～2mm。

而对于试件直径为 100mm 或 150mm 时,分两层装料,各层厚度大致相等。试件直径为 150mm 时,每层插捣 15 下;试件直径为 100mm 时,每层插捣 8 下。捣固时按螺旋方向从边缘到中心均匀地进行。插到底层时,捣棒应到达模底,插捣上层时,捣棒插入该层底面下 15mm

深。用镘刀将试件仔细抹平,使表面略低于试模边缘 1~2mm。

当所确定的插捣次数使混凝土拌和物产生离析现象时,可酌情减少插捣次数至拌和物不产生离析的程度。

(6) 对试件端面应进行整平处理,但加盖层的厚度应尽量薄。

①拆模前当混凝土具有一定强度后,用水洗去上表面的浮浆,并用干抹布吸去表面水之后,抹上干硬性水泥净浆,用压板均匀地盖在试模顶部。加盖层应与试件的纵轴垂直。为防止压板和水泥浆之间的黏结,应在压板下垫一层薄纸。

②对于硬化试件的端面处理,可采用硬石膏或硬石膏和水泥的混合物,加水后平铺在端面,并用压板进行整平。在材料硬化之前,应用湿布覆盖试件。

③对不采用端部整平处理的试件,可采用切割的方法达到端面和纵轴垂直。整平后的端面应与试件的纵轴相垂直,端面的平整度公差在 ±0.1mm 以内。

5. 养护

(1) 试件成型后,用湿布覆盖表面(或其他保持湿度办法),在室温 20℃ ±5℃,相对湿度大于 50% 的环境下,静放一个到两个昼夜,然后拆模并作第一次外观检查、编号,对有缺陷的试件应除去,或加工补平。

(2) 将完好试件放入标准养护室进行养护,标准养护室温度(20 ±2)℃,相对湿度 95% 以上,试件宜放在铁架或木架上,间距至少 10~20mm,试件表面应保持一层水膜,并避免用水直接冲淋。当无标准养护室时,将试件放入温度(20 ±2)℃的不流动的 $Ca(OH)_2$ 饱和溶液中养护。

(3) 标准养护龄期为 28d(以搅拌加水开始),非标准的龄期为 1d、3d、7d、60d、90d、180d。

6. 硬化后水泥混凝土现场取样的钻取或切割取样

1) 芯样的钻取

(1) 钻取位置:在钻取前钻取芯样前应考虑由于钻芯可能导致的对结构的不利影响,应尽可能避免在靠近混凝土构件的接缝或边缘处钻取,且基本上不应带有钢筋。

(2) 芯样尺寸:芯样直径应为混凝土所用集料公称最大粒径的 4 倍,一般为 (150 ±10) mm 或 (100 ±10) mm。

对于路面,芯样长径比应为 1.9~2.1 对于长径比超过 2.1 的试件,可减少钻芯深度;也可取芯样长度与路面厚度相等,再在室内加工成长径比为 2 的试件;对于长径比不足 1.8 的试件,可按不同试验项目分别进行修正。

(3) 标记:钻出后的每个芯样应立即清楚地编号,并记录所取芯样在混凝土结构中的位置。

2) 切割

对于现场采取的不规则混凝土试块 可按表4-8所示棱柱体尺寸进行切割,以满足不同试验的需求。

3) 检查

(1) 外观检查:每个芯样应详细描述有无裂缝、接缝、分层、麻面或离析等情况,必要时应记录以下事项:

①集料情况:估计集料的最大粒径、形状及种类,粗细集料的比例与级配。

②密实性:检查并记录存在的气孔、气孔的位置、尺寸与分布情况。必要时应拍下照片。

（2）测量

①平均直径 d_m：在芯样的中间及两个 1/4 处按两个垂直方向测量三对数值确定芯样的平均直径 d_m，精确到 1.0mm。

②平均长度 L_m：取芯样直径两端侧面测定钻取后芯样的长度及加工后的长度，起尺寸差应在 0.25mm 以内，取平均值作为试件平均长度 L_m，精确至 1.0mm。

③平均长、高、宽：对于切割棱柱体，分别测量所有边长，精确至 1.0mm。

检测项目二　水泥混凝土抗弯拉强度试验

1. 试验目的和适用范围

本方法规定了测定水泥混凝土抗弯拉极限强度的方法，以提供设计参数，检查水泥混凝土施工品质和确定抗弯拉弹性模量试验加荷标准。

2. 仪器设备

（1）压力试验机或万能试验机：同水泥混凝土试件制作与硬化水泥混凝土现场取样方法试验中规定。

（2）抗弯拉试验装置（即三分点处双点加荷和三点自由支承式混凝土抗弯拉强度与抗弯拉弹性模量试验装置），如图 4-17 所示。

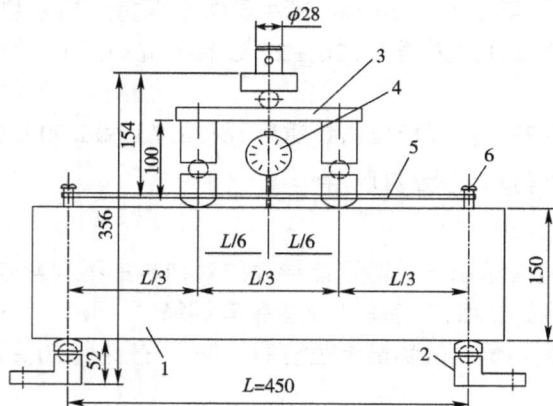

图 4-17　水泥混凝土试验装置图
1-试件；2-可移动支座；3-加荷支座；4-千分表；5-千分表架；6-螺杆

3. 试件制备和养护

（1）试件尺寸：标准尺寸 150mm×150mm×550mm（31.5）或 150mm×150mm×600mm（31.5）；非标准尺寸 100mm×100mm×400mm（26.5）。同时在试件长向中部 1/3 区段内表面不得有直径超过 5mm、深度超过 2mm 的孔洞。

（2）混凝土抗弯拉强度试件应取同龄期者为一组，每组三根同条件制作和养护的试件。

4. 试验步骤

（1）试件取出后，用湿毛巾覆盖并及时进行试验，保持试件干湿状态不变。在试件中部量出其宽度和高度，精确至 1mm。

（2）调整两个可移动支座，将试件安放在支座上，试件成型时的侧面朝上，几何对中后，务必使支座及承压面与活动船型垫块的接触面平稳、均匀，否则应垫平。

（3）施加荷载应保持均匀、连续。当混凝土强度等级 < C30 时，加荷速度 0.02 ~ 0.05MPa/s；当混凝土强度等级 ≥ C30 且 < C50 时，取 0.05 ~ 0.08MPa/s；当混凝土强度等级 ≥ C60 时，取 0.08 ~ 0.10MPa/s。当试件接近破坏而迅速变形时，不得调整试验机油门，直至试件破坏，记下破坏极限荷载 $F(N)$。

（4）记录下最大荷载和试件下边缘断裂位置。试件断裂时，如图 4-18 所示。

5. 试验结果

（1）当断面发生在两个加荷点之间时，抗弯拉强度 f_f 按式（4-1）进行计算：

图 4-18　试件断裂

$$f_f = \frac{FL}{bh^2} \tag{4-1}$$

式中：F——极限荷载（N）；

L——支座间距离（mm）；

b——试件宽度（mm）；

h——试件高度（mm）。

（2）以三个试件测值的算术平均值作为该组试件的测定值。三个测值中的最大值或最小值中如有一个与中间值的差值超过中间值的 15% 时，则把最大及最小值一并舍除，取中间值作为该组试件的抗折强度值。如最大值和最小值与中间值之差均超过中间值的 15%，则该组试件的试验结果无效。

三个试件中若有一个断裂面位于加荷点外侧，则混凝土抗折强度值按另两个试件的试验结果计算。如果这两个测值的差值不大于这两个测值的较小值的 15% 时，则该组试件的抗折强度值按这两个测值的平均值计算，否则该组试件的试验无效。

如果有两根试件均出现断裂面位于加荷点外侧，则该组试件试验无效。

注：断面位置在试件断块短边一侧的底面中轴线上量得。

抗弯拉强度计算结果精确到 0.01MPa。

（3）采用 100mm × 100mm × 400mm 非标准试件时，在三分点加荷的试验方法同标准试件，但所取得的抗弯拉强度值应乘以尺寸换算系数 0.85。当混凝土强度等级 ≥ C60 时，应采用标准尺寸。

6. 抗弯拉强度代表值计算

（1）水泥混凝土抗弯拉强度试验方法应使用标准小梁法或钻芯劈裂法，试件使用标准方法制作。试件标准养生时间为 28d，路面钻芯劈裂时间宜控制在 28 ~ 56d 以内，不掺粉煤灰者宜用前者，掺粉煤灰者宜用后者。高速公路和一级公路每工作班制作 2 ~ 4 组：日进度大于等于 1000m 取 4 组，大于等于 500m 取 3 组，小于 500m 取 2 组；其他公路每工作班制作 1 ~ 3 组：进度大于等于 1000m 取 3 组，大于等于 500m 取 2 组，小于 500m 取 1 组。每组 3 个试件的平均值作为一个统计数据。

（2）水泥混凝土抗弯拉强度的合格标准

①试件组数大于 10 组时，平均弯拉强度合格判断式为：

$$f_{cs} \geq f_r + K\sigma \tag{4-2}$$

式中 : f_{cs}——混凝土合格判定平均弯拉强度(MPa) ;

f_r——设计弯拉强度标准值(MPa) ;

K——合格判定系数,见表 4-9 ;

σ——弯拉强度统计均方差,可按式 $\sigma = C_v \bar{f_c}$ 计算;

C_v——实测弯拉强度变异系数;

$\bar{f_c}$——实测弯拉强度统计平均值(MPa)。

合格判定系数 K　　　　　　　　　　　　　　　　表 4-9

试件组数	11 ~ 14	15 ~ 19	≥20
K	0.75	0.70	0.65

当试件组数为 11 ~ 19 之间时,允许有一组最小弯拉强度小于 $0.85f_r$,但不得小于 $0.80f_r$。当试件组数大于 20 组时,其他公路允许有一组最小弯拉强度小于 $0.85f_r$,但不得小于 $0.75f_r$;高速公路和一级公路最小弯拉强度不得小于 $0.85f_r$。

②试件组数等于或少于 10 组时,试件平均强度不得小于 $1.10f_r$,但任一组强度均不得小于 $0.85f_r$。

③当标准小梁合格判定平均弯拉强度 f_{cs} 和最小弯拉强度 f_{min} 中,有一个不符合上述要求时,则在不合格路段每千米每车道钻取 ≥3 个 $\phi150mm$ 的芯样,实测劈裂强度,通过各自工程的经验统计公式换算弯拉强度,其合格判定平均弯拉强度 f_{cs} 和最小值 f_{min} 必须合格,否则该路段必须返工重铺。圆柱体轴心劈裂抗拉强度试验方法见水泥混凝土路面施工阶段检测。

④实测项目中,水泥混凝土弯拉强度评为不合格时相应分项工程评为不合格。

任务 3　水泥混凝土路面工程施工阶段试验检测

▶▶任务分析

水泥混凝土路面工程在施工阶段的试验检检测是施工过程质量控制的关键内容。除要参照施工准备阶段要进行的原材料试验检测和混凝土配合比试验检测外,还要对路面强度、耐久性、稳定性、抗滑性及平整度等方面进行检测。

▶▶任务实施

一、检测项目

水泥混凝土路面在施工阶段所需检测的项目见表 4-10。

水泥混凝土路面在施工阶段所需检测的项目　　　　　　　　　　表 4-10

序号	检测项目	执行规程
1	水泥混凝土圆柱体劈裂抗拉强度试验	《公路工程质量检验评定标准(土建工程)》(JTG F80/1—2004);
2	路面平整度试验	《公路工程水泥及水泥混凝土试验规程》(JTG E30—2005);
3	路面抗滑性能检测	《公路工程技术标准》(JTG B01—2003);
4	路面结构层厚度试验	《公路路基路面现场测试规程》(JTG E60—2008)

二、检测方法

水泥混凝土路面平整度试验、路面抗滑性能试验可参照学习情境 5 进行。下面介绍水泥混凝土圆柱体劈裂抗拉强度试验、水泥混凝土板厚度试验及路面错台测试。

检测项目一　水泥混凝土圆柱体劈裂抗拉强度试验

水泥混凝土圆柱体轴心裂抗拉强度试验适用于各类水泥混凝土的圆柱体试件和从硬化混凝土结构物中钻取的现场芯样。

1. 仪器设备与材料

(1)压力试验机或万能试验机:同水泥混凝土试件制作与硬化水泥混凝土现场取样方法试验中规定。

(2)劈裂夹具、木质三合板垫条、钢垫条:钢垫条为平面,厚度不小于 10mm,长度不短于试件边长。木质三合板或硬质纤维板垫层的宽度为 20mm,厚度为 3~4mm,长度不小于试件长度,垫层不得重复使用。支架为钢支架。

(3)钢尺:分度值为 1mm。

2. 试件制备和养护

(1)试件尺寸应符合表 4-8 规定。本试件应同龄期者为一组,每组为 3 个同条件制作和养护的混凝土试件。

(2)对于现场芯样,如图 4-19 所示。钻取芯样,长径比大于等于 1。适宜的长径比应为 1.9~2.1 之间,最大长径比不超过 2.1。芯样最小直径为 100mm,直径至少是公称最大粒径的 2 倍。芯样在进行强度试验前需进行调湿,一般应在标准养护室养护 24h。

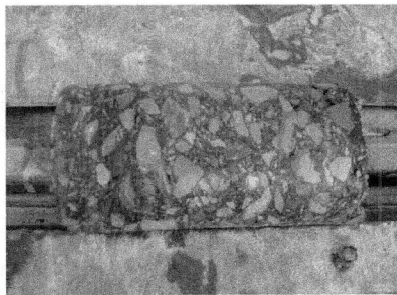

图 4-19　路面芯样

3. 劈裂试验步骤

(1)至试验龄期时,自养护室取出试件,用湿布覆盖,避免其湿度变化。测量出直径、高度并检查外形,尺寸量测至 1mm。

(2)在试件中部划出劈裂面位置线。圆柱体的母线公差为 0.15mm。这两条母线应位于同一轴向平面内,彼此相对,两条线的末端在试件的端面上相连,应为通过圆心的直径,以明确标明承压面。将试件、劈裂夹具、垫条和垫层放在压力机上,借助夹具两侧杆,将试件对口。开动压力机,当压力机压板与夹具垫条接近时,调整球座使压力均匀接触试件。当压力加到 5kN 时,将夹具的侧杆抽出。

(3)当混凝土的强度等级小于 C30 时,加荷速度为 0.02~0.05MPa/s;当混凝土的强度等级大于等于 C30 时且小于 C60 时,加荷速度为 0.05~0.08MPa/s;当混凝土的强度大于等于 C60 时,加荷速度为 0.08~0.10MPa/s。当试件接近破坏而开始迅速变形时,不得调整试验机油门,直至试件破坏,记下破坏极限荷载 $F(N)$。

4. 计算

(1)圆柱体劈裂抗拉强度 f_{ct} 按式(4-3)计算:

$$f_{ct} = \frac{2F}{\pi d_m l_m} \tag{4-3}$$

式中:f_{ct}——芯样劈裂抗拉强度(MPa);

F——极限荷载(N);

d_m——圆柱体截面的平均直径(mm);

l_m——圆柱体平均长度(mm)。

(2)劈裂抗拉强度测定值的计算及异常数据的取舍原则为:以3个试件测值的算术平均值为测定值。如3个试件中最大值和最小值中有一个与中间值的差值超过中间值的15%时,则取中间值为测定值;如有两个测值与中间值的差值均超过上述规定时,则该组试验结果无效。

结果计算精确至0.01MPa。

检测项目二 挖坑及钻芯法测定路面结构层厚度试验

路面各结构层厚度的检测一般与压实度同时进行,当用灌砂法进行压实度检查时,可量取挖坑灌砂深度即为结构层厚度。当用钻芯取样法检查压实度时,可直接量取芯样高度。结构层厚度也可以采用水准仪量测法求得,即在同一测点量出结构层底面及顶面的高程,然后求其差值。这种方法无须破坏路面,测试精度高。目前,国内外还有用短脉冲雷达等方法检测路面结构层厚度。

1.目的与适用范围

本方法适用于路面各层施工过程中的厚度检验及工程交工验收检查使用。

2.仪具与材料技术要求

本方法根据需要选用下列仪具和材料:

(1)挖坑用镐、铲、锤子、小铲、毛刷。

(2)路面取芯样钻机及钻头、冷却水。钻头的标准直径为100mm,如芯样仅供测量厚度,不做其他试验时,对沥青面层与水泥混凝土板也可用直径为50mm的钻头,对基层材料有可能损坏试件时,也可用直径为150mm的钻头,但钻孔深度均必须达到层厚。

(3)量尺:钢板尺、钢卷尺、卡尺。

(4)补坑材料:与检查层位的材料相同。

(5)补坑用具:夯、热夯、水等。

(6)其他:搪瓷盘、棉纱等。

3.方法与步骤

(1)对于基层或砂石路面的厚度可用挖坑法测定,沥青面层与水泥混凝土路面板的厚度应用钻孔法测定。

(2)挖坑法厚度测试步骤:

①根据《公路路基路面现场测试规程》(JTG E60—2008)附录 A 的方法,随机取样决定挖坑检查的位置。如为旧路,该点有坑洞等显著缺陷或接缝时,可在其旁边检测。

②选一块约40cm×40cm的平坦表面作为试验地点,用毛刷将其清扫干净。

③根据材料坚硬程度,选择镐、铲、凿子等适当的工具,开挖这一层材料,直至层位底面。在便于开挖的前提下,开挖面积应尽量缩小,坑洞大体呈圆形,边开挖边将材料铲出,置于搪瓷盘中。

④用毛刷将坑底清扫,确认为坑底面下一层的顶面。

⑤将钢板尺平放横跨于坑的两边,用另一把钢尺或卡尺等量具在坑的中部位置垂直伸至

坑底,测量坑底至钢板尺的距离,即为检查层的厚度,以 mm 计,精确至 1mm。

（3）钻芯取样法厚度测试步骤：

①根据《公路路基路面现场测试规程》（JTG E60—2008）附录 A 的方法,随机取样决定挖坑检查的位置。如为旧路,该点有坑洞等显著缺陷或接缝时,可在其旁边检测。

②用路面取芯钻孔机钻孔,芯样的直径应为 100mm。如芯样仅供测量厚度,不作其他试验,对沥青面层与水泥混凝土板也可用直径 50mm 的钻头,对基层材料有可能损坏试件时,也可用直径 150mm 的钻头,但钻孔深度必须达到层厚。

③仔细取出芯样,清除底面灰尘,找出与下层的分界面。

④用钢板尺或卡尺沿圆周对称的十字方向四处量取表面至上下层界面的高度,取其平均值,即为该层的厚度,精确至 1mm。

（4）施工过程中的简易方法：

在施工过程中,当沥青混合料尚未冷却时,可根据需要,随机选择测点,用大螺丝刀插入至沥青层底面深度后用尺读数,量取沥青层的厚度以 mm 计,精确至 0.1mm。

4. 填补挖坑或钻孔

按下列步骤用与取样层相同材料填补试坑或钻孔：

（1）适当清理坑中残留物,钻孔时留下的积水应用棉纱吸干。

（2）对无机结合料稳定层及水泥混凝土路面板,按相同配比用新拌的材料分层填补并用小锤压实。水泥混凝土中宜掺加少量快凝早强剂。

（3）对无结合料粒料基层,可用挖坑时取出的材料,适当加水拌和后分层填补,并用小锤压实。

（4）对正在施工的沥青路面,用相同级配的热拌沥青混合料分层填补并用加热的铁锤或热夯压实。旧路钻孔也可用乳化沥青混合料修补。

（5）所有补坑结束时,宜比原层略鼓出少许,用重锤或压路机压实平整。

补填工序如有疏忽、易成为隐患而导致开裂,因此,所有挖坑、钻孔均应仔细做好。

5. 结构层厚度的计算与评定

（1）按式（4-4）计算路面实测厚度 T_{1i} 与设计厚度 T_{0i} 之差。

$$\Delta T_i = T_{1i} - T_{0i} \qquad (4-4)$$

式中：T_{1i}——路面的实测厚度（mm）；

T_{0i}——路面的设计厚度（mm）；

ΔT_i——路面实测厚度与设计厚度的差值（mm）。

（2）当为检查路面总厚度时,则将各层平均厚度相加即为路面总厚度。

（3）计算厚度代表值：

①厚度代表值为厚度的算术平均值的下置信界限,按式（4-5）计算。

$$\chi_L = \overline{X} - \frac{t_a}{\sqrt{n}} S \qquad (4-5)$$

式中：χ_L——厚度代表值；

$\overline{X}$——厚度平均值；

S——标准差；

n——检测数量；

t_a——t 分布表中随测点数和保证率而变的系数。

采用的保证率:

高速公路、一级公路:基层、底基层为 99% ,面层为 95% 。

其他公路:基层、底基层为 95% ,面层为 90% 。

②当厚度代表值大于等于设计厚度减去代表值允许偏差时,则按单个检查值的偏差不超过单点合格值来计算合格率;当厚度代表值小于设计厚度减去代表值允许偏差时,相应分项工程评为不合格。

③沥青面层一般按沥青铺筑层总厚度进行评定,高速公路和一级公路分 2~3 层铺筑时,还应进行上面层厚度检查和评定。

任务4 水泥混凝土路面工程竣工验收阶段试验检测

▶▶任务分析

水泥混凝土路面工程竣工阶段进行的试验检测,主要是保证竣工后路面的承载能力、行车的安全性、乘客的舒适性与耐久性符合工程质量要求。

▶▶任务实施

一、检测项目

水泥混凝土路面竣工验收阶段的试验检测工作如下:

(1)水泥混凝土路面工程进行整体评定。

(2)按照竣工资料编制办法要求及时准确完成试验资料的整理归档工作,具体包括:

①原材料各项常规试验及汇总表的收集、整理、归档;

②路面弯沉值记录及评定表的收集、整理、归档;

③路面平整度试验记录及评定表的收集、整理、归档;

④路面结构层厚度试验记录及评定表的收集、整理、归档;

⑤路面抗滑性能试验记录及评定表的收集、整理、归档。

二、检测方法

路面平整度试验、路面抗滑性能试验及路面弯沉试验可参考本教材学习情境 5 沥青混凝土路面面层试验检测部分。

综合练习题

一、选择

1.水泥混凝土芯样劈裂强度试验确定的是水泥混凝土试件的(　　)强度。

   A.抗压　　　　　　　B.抗剪　　　　　　　C.抗弯拉　　　　　　D.间接抗拉

2.对水泥混凝土路面质量评定影响最大的实测项目是(　　)。

A. 抗弯拉强度   B. 平整度   C. 抗滑   D. 纵断高程

3. 水泥混凝土路面在低温条件下测得的构造深度(　　)高温条件下测得的构造深度。

A. 大于   B. 等于   C. 小于   D. 两者无关系

4. 水泥混凝土上加铺沥青面层的复合式路面中的水泥混凝土路面与普通混凝土路面比较,不必检测(　　)。

A. 强度   B. 厚度   C. 平整度   D. 抗滑

二、判断

1. 水泥混凝土路面压实度常用钻芯取样法测定。   (　　)

2. 水泥混凝土路面抗滑性能常用摩擦系数来表示。   (　　)

三、简答

1. 水泥混凝土面层材料的检测项目有哪些?

2. 试述路面厚度的检测方法和评定方法。

3. 水泥混凝土路面的特点是什么? 其主要类型有哪些?

4. 简述小型机具施工的工艺及其要点。

四、分析评定

水泥混凝土路面芯样劈裂强度试验结果如下:4.6、5.5、5.6、4.7、5.2、3.8、3.6、4.8、5.2、4.7、4.2、3.2(MPa)。试对该段路面混凝土强度进行分析评定。(设计抗折强度为4.5MPa,折算成劈裂强度为3.0MPa;合格判断系数 $K = 0.75$)

学习情境 5

沥青混凝土路面工程检测

情 境 描 述

  沥青混凝土路面工程检测学习情境内容包括：沥青混凝土路面面层工程认知、沥青混凝土路面面层施工准备阶段试验检测、沥青混凝土路面面层施工阶段试验检测、沥青混凝土路面面层竣工阶段试验检测四个方面。本学习情境旨在通过四项不同的工作任务，使学生熟悉沥青路面面层类型特点及其施工工艺，明确沥青混凝土路面检测在各阶段中所要进行的各种检测项目，具备对沥青混凝土路面工程在各阶段质量检验评定的能力。

任务1　沥青混凝土路面面层工程认知

▶▶任务分析

　　沥青混凝土路面工程检测，是按照工程施工准备阶段、施工阶段和竣工验收阶段进行试验检测评定的，为了掌握正确的检测方法，了解沥青混凝土路面面层类型、特点及其施工工艺就显得尤为必要。

▶▶任务实施

1.1　沥青路面概述

　　沥青路面是指铺筑沥青面层的路面结构。与水泥混凝土路面相比，具有表面平整、无接缝、行车舒适、耐磨、噪声低、施工期短、养护维修简便，且适宜于分期修建等优点，因此得到了广泛的应用。但沥青路面也有一些缺点，如对温度敏感性较强，夏季容易发软，冬季容易开裂，而且在低温季节和雨季，热拌沥青混合料路面基本不能施工。

一、沥青路面的分类及特点

　　常见的沥青路面可分为沥青混凝土、热拌沥青碎石、沥青贯入式、沥青表面处治四种类型。各类路面的特点和适应范围为：

　　1. 沥青混凝土路面

　　沥青混凝土路面：是经人工选配具有一定级配组成的矿料（碎石或轧碎砾石、石屑或砂、矿粉等）与一定比例的路用沥青材料，在严格控制条件下拌制而成的混合料，其空隙率为10%及以下。强度是按嵌挤密实原则构成的，采用优质沥青，对稠度要求高，另外采用相当数量的矿粉是沥青混凝土的显著特点。较高的黏结力使路面具有较高的强度，可以承受比较繁重的车辆交通。但沥青混凝土路面的允许拉应变值较小，会产生规则的横向裂缝，因而要求具有坚强的基层。对高温稳定性与低温稳定性均有要求。较小的空隙率使沥青混凝土路面具有透水性小，水稳性好，耐久性高，有较大的抵抗自然因素的能力，使用年限达 15 ~ 20 年以上。沥青混凝土路面适用于高速公路及一、二级公路面层。

　　2. 热拌沥青碎石路面

　　热拌沥青碎石路面：其空隙率为10%以上，高温稳定性好，路面不易产生波浪，冬季不易产生冻缩裂缝，行车荷载作用下裂缝少；路面较易保持粗糙，有利于高速行车；对石料级配和沥青规格要求较宽，材料组成设计比较容易满足要求；沥青用量少，且不用矿粉，造价低。热拌沥青碎石适宜用于一般公路，不宜用于高等级公路。中粒式、粗粒式沥青碎石宜用作沥青混凝土面层下层、联结层或整平层。

　　3. 沥青贯入式路面

　　沥青贯入式路面：即在初步压实的碎石（或破碎砾石）上，分层浇洒沥青、撒布嵌缝料，或再在上部铺筑热拌沥青混合料封层，经压实而成的沥青面层。封层是指为封闭表面空隙，防止水分侵入面层或基层，在面层或基层上铺的沥青封面。铺筑在面层表面的称为上封层；铺筑在面层下面的称为下封层。贯入式路面的强度与稳定性主要由石料相互嵌挤作用构成,需要 2~3 周的成型期,在行车碾压与重力作用下,沥青逐渐下渗包裹石料,填充空隙,形成整体的稳定结构层,温度稳定性好,热天不宜出现推移、壅包,冷天不宜出现低温裂缝,贯入式路面的最上层应撒布封层料或加铺拌和层。沥青贯入式适用于二级及二级以下公路,也可作为沥青混凝土面层的联结层。

4. 沥青表面处治

沥青表面处治:是用沥青和细粒料按层铺或拌和方法施工,厚度不超过 3cm 的薄层路面面层。沥青表面处治可改善路面行车条件,承担行车磨耗及大气作用,延长路面使用年限。所铺筑的沥青路面,其厚度可大于 3cm。沥青表面处治,一般用于三、四级公路,也可用作沥青路面的磨耗层、防滑层。

二、沥青路面面层施工工艺

1. 热拌沥青混合料路面施工

热拌沥青混合料是矿料与沥青在热态下拌和、热态下铺筑施工成型的混合料的总称,它包括热拌沥青碎石、沥青混凝土、抗滑表层等多种类型,其特点是矿料、沥青及拌和混合料从拌和到铺筑成型均须在较高的温度范围内完成。热拌沥青混合料路面的施工包括混合料配合比的确定、拌和与运输,摊铺与压实等方面,其施工工艺和质量控制流程,如图 5-1 所示。

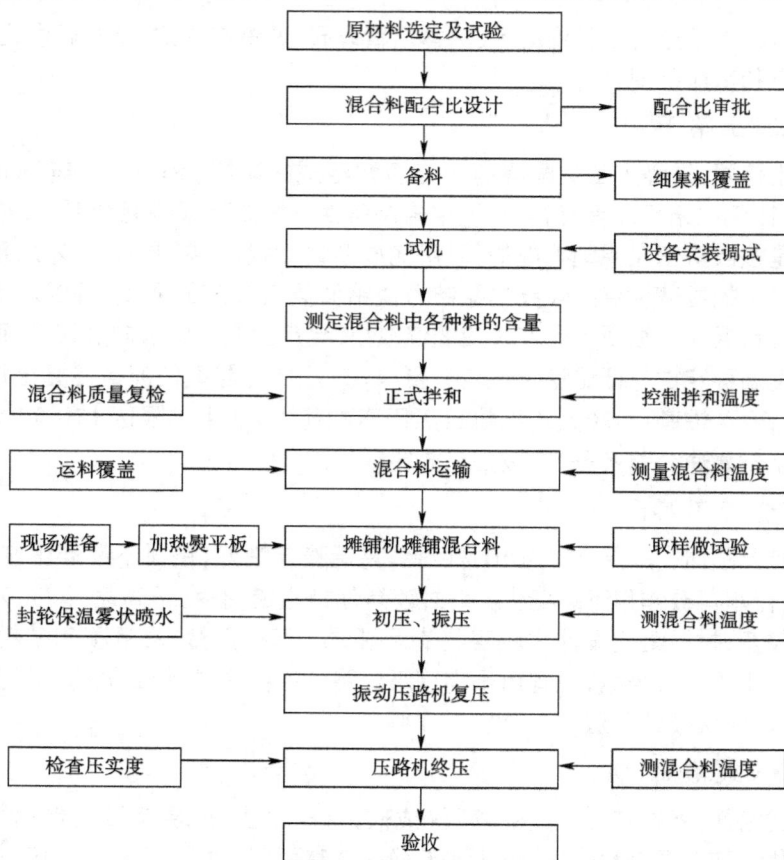

图 5-1　热拌沥青混合料施工工艺流程图

1) 拌和设备的介绍

按工艺流程,拌和设备可分为三种,即间歇强制式拌和机、连续强制式拌和机和连续滚筒式拌和机。

(1)间歇强制式拌和机

间歇强制式拌和设备的特点是冷矿料的烘干、加热以及与热沥青的拌和,是先后在不同设备中进行的,其中集料的烘干与加热是连续进行的,而混合料的拌制则是间歇地进行,由搅拌器强制拌和。间歇强制式拌和设备结构如图 5-2 所示。

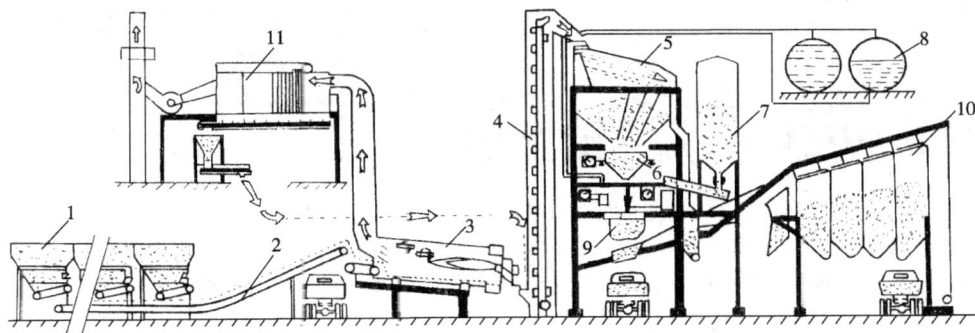

图 5-2　间歇强制式沥青混合料拌和设备总体结构

1-冷集料贮存及配料装置;2-冷集料皮带式输送机;3-冷集料烘干、加热筒;4-热集料提升机;5-热集料筛分及储存装置;6-热集料计量装置;7-石粉供给及计量装置;8-沥青供给系统;9-搅拌器;10-成品料储存仓;11-除尘装置

由于间歇强制式拌和设备历史悠久,技术已趋完善,并且采用相对较简单的计量技术,即可获得各种沥青混合料较精确的配合比,因此得到了广泛的应用,目前国内外大多数拌和设备属于此类。它的缺点是:与滚筒式拌和设备相比,在同等生产能力条件下,间歇强制式拌和设备组成部分较多,结构复杂,设备庞大,对除尘设施要求高,搬迁困难,因此一般固定式或半固定式搅拌设备多采取这种作业方式。

(2)连续强制式拌和机

连续强制式拌和设备的特点是集料的烘干、加热及混合料的拌制均为连续进行,由搅拌器强制拌和。其工作过程是:从各冷料仓进入烘干筒的矿料,除粉尘外将全部进入拌和室并与矿粉和沥青一起拌成沥青混合料,也就是进什么料出什么混合料,因此,从冷料仓中出来的各种不同规格矿料颗粒组成的变化直接影响制成沥青混凝土的颗粒组成和质量,只有原材料的颗粒组成变化小,才能得到矿料级配组成和质量都比较稳定的沥青混合料。强制式沥青混凝土拌和设备结构如图 5-3 所示。

强制式沥青混凝土拌和设备的一个很大缺点是在工作过程中产生大量粉尘,造成严重的环境污染,除非大大改进除尘设施,提高净化程度,使逸出粉尘控制在环保法的容许范围内,否则,这种拌和设备的使用就要受到限制。但要提高除尘效果,使之达到很高的净化标准,势必大大增加除尘设施的投资,这种投资通常可达到拌和设备总造价的 30% ~40%,从而使这种拌和设备的成本剧增,建设投资大,能耗也高。

(3)连续滚筒式拌和机

连续滚筒式拌和设备的工艺特点是:集料烘干、加热及同沥青的搅拌是在同一个滚筒内完成的,即集料烘干与加热后出滚筒就被沥青裹覆,避免了粉尘的飞扬和逸出。其拌和方式是非强制式的,这种拌和设备的工艺过程与传统式拌和设备相比,具有结构简单、投资少、能耗低和污染少等优点。滚筒式拌和设备总体结构图如图 5-4 所示。

滚筒式沥青混凝土拌和设备与强制式拌和设备相比,其优点是:对空气污染少、设备组成工艺较简单、投资省、维护费用低、能耗少。其缺点是:集料的加热采用顺流式,热利用率低,拌制好的混合料含有较多的残余水分,且温度也较低。

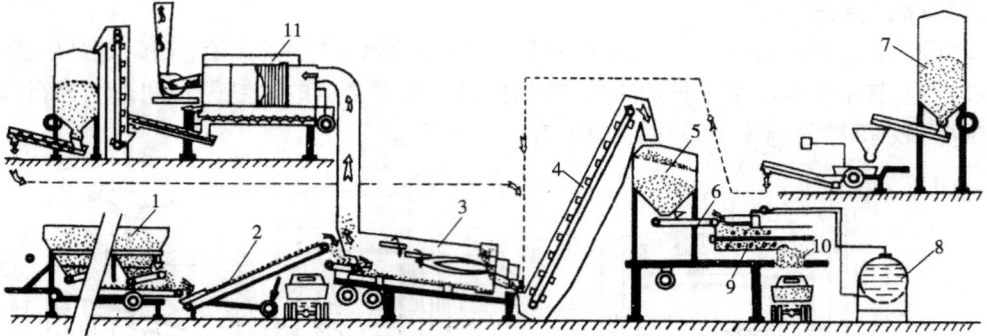

图 5-3　连续强制式拌和设备总体结构

1-冷集料定量给料装置;2-冷集料输送机;3-干燥滚筒;4-热集料提升机;5-热集料贮斗;6-热集料定量给料器;7-矿粉储仓及定量给料系统;8-沥青保温罐和定量供给系统;9-连续作业式搅拌器;10-成品料储仓;11-除尘装置

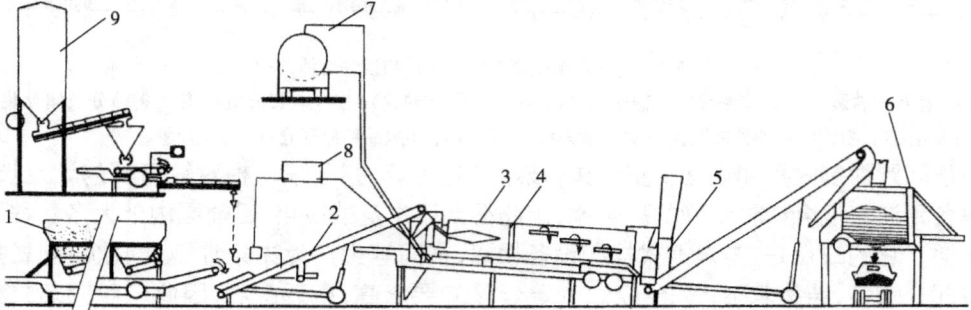

图 5-4　连续滚筒式拌和设备总体结构

1-冷集料贮存和配料装置;2-冷集料带式输送机;3-干燥滚筒;4-石粉供给系统;5-沥青供给系统;6-除尘装置;7-成品料输送机;8-成品料储存仓;9-油石比控制仪

2)修筑试验段

沥青路面大面积施工前,应根据计划使用的机械设备和设计的混合料配合比来铺筑试验路段,以确定合适的拌和时间和拌和温度、摊铺温度、摊铺速度、摊铺宽度、自动找平方式、机械之间的组合关系、压实温度、压实方法、松铺系数、合适的作业段长度。并在试验中抽样检测沥青混合料的沥青含量、矿料级配、稳定度、流值、空隙率、饱和度、密实度等,最终提出混合料的生产配合比及标准施工方法和质量检查标准。

试验段铺筑结束后,施工单位应就各项试验内容提出试验总结报告,取得主管部门的批准后方可用以指导大面积沥青路面的施工。

3)沥青混合料的拌和与运输

(1)试拌

在拌制一种新配合比的混合料之前,或生产中断了一段时间后,应根据室内配合比进行试拌及抽样试验确定施工质量控制指标。

(2)沥青混合料的拌制

根据配料单进料,严格控制各种材料的用量及其加热温度,所用矿料应符合质量要求,贮存量应为平均日用量的 5 倍,场地应加遮盖,以防雨水。拌和后的混合料应均匀一致,无花白、无离析和结团成块等现象。每班抽样做沥青混合料性能、矿料级配组成和沥青用量检验。每班拌和结束时,应清洁拌和设备,放空管道中的沥青,并用柴油清洗系统,以防止沥青堵塞管路。做好各项检查记录,不符合技术要求的沥青混合料禁止出厂。拌和的沥青混合料不能立即使用时,应存入成品贮料仓,以防止施工中由于拌和设备的小故障导致摊铺机停机。

（3）拌和质量检测

①拌和质量的直观检查

质检人员必须在料车装料过程中和开离拌和厂前往摊铺工地途中经常进行目测,仔细地目测有可能发现混合料中存在的某些严重问题,比如料车装载的混合料中冒黄烟、混合料在料车中容易坍平等现象。

②拌和质量测试

混合料的质量测试包括温度的测试和抽样进行马歇尔试验并保留详细的检验记录。温度是质量控制的首要因素,通常在混合料装车时用有度盘和铠装曲轴的温度计或红外测温仪测试。抽取拌和的沥青混合料进行马歇尔试验,测试稳定度、流值、空隙率。用沥青抽提试验确定沥青用量,并检查抽提后矿料的级配组成,以各项测试数据作为判定拌和质量的依据。

（4）混合料的运输

沥青混合料成品应及时运往工地。运输前应查明具体位置、施工条件、摊铺能力、运输路线、运距和运输时间,以及所需混合料的种类和数量等。运输车辆数量必须满足拌和设备连续生产的要求,不因车辆少而临时停工。将混合料从拌和厂运到摊铺现场,必须用篷布覆盖运输车内的沥青混合料,以保持混合料的温度。在雨季施工时,运料车还应有防雨篷布。

4）沥青混合料摊铺

摊铺作业是沥青路面施工的关键工序之一。常包括下承层（基层、联结层或面层下层）准备、施工放样、摊铺机（图5-5、图5-6）各种参数的调整与选择、摊铺机作业等主要内容。

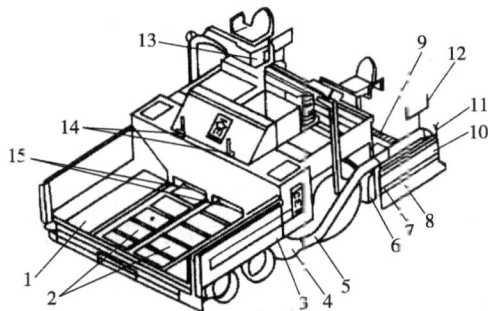

图5-5　轮胎式沥青混合料摊铺机

1-受料斗；2-刮板输送器；3-牵引臂端提升液压缸；4-牵引臂端头；5-牵引臂；6-熨平装置提升液压缸；7-螺旋摊铺器；8-纵坡调节传感器；9-振动—熨平板；10-熨平端板；11-熨平端板调节手柄；12-铺层厚度调节器（手柄）；13-横坡调节传感器；14-左右闸门高程；15-左右闸门

5）沥青混合料的压实

压实的目的是提高沥青混合料的密实度,从而提高沥青路面的强度、高温抗车辙能力及抗疲劳特性等路用性能。压实工作的主要内容包括碾压机械（图5-7～图5-9）的选型与组合、压实温度、碾压速度、碾压遍数、碾压方式及压实质量的检查等。

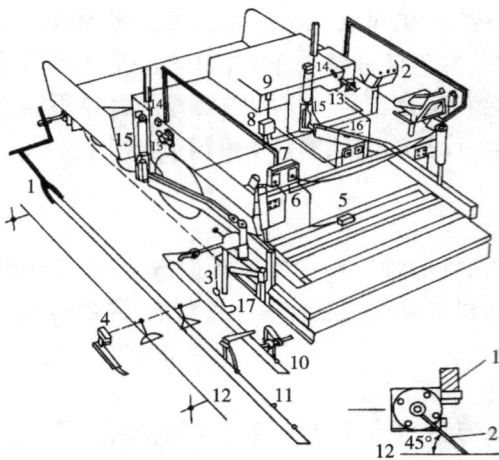

图 5-6 Super 系列沥青摊铺机

1-连接自动调平装置的插座;2-开关;3-带弓的纵坡调平传感器;4-带滑橇的纵坡调平传感器;5-横坡传感器;6-远程控制器;7-控制系统;8-分配箱;9-保险丝箱;10-2m 长平均梁;11-7m 长平均梁;12-带桩柱和张紧装置的基准线;13-电磁阀;14-液压锁;15-提升油缸;16-压力表;17-垂直调整的活塞杆和枢铰臂

图 5-7 静载光轮压路机　　　图 5-8 轮胎压路机　　　图 5-9 振动压路机

沥青混合料路面的压实分初压、复压、终压三个阶段进行。

（1）初压

初压得目的是整平、稳定混合料,为复压创造条件。初压是压实沥青混合料的基础,一般采用轻筒压路机或关闭振动装置的振动压路机碾压两遍。应在沥青混合料摊铺后温度较高时进行初压,压实温度应根据沥青稠度、压路机类型、气温、摊铺层厚度、混合料类型等条件,经试铺试压确定,符合规定的碾压温度要求。

（2）复压

复压的目的是使混合料密实、稳定、成型,是使混合料的稳定度达到要求的关键。初压后紧接着进行复压,一般采用重型压路机,碾压遍数经试压确定,一般不小于 4~6 遍,达到规定的压实度为止。用于复压的轮胎式压路机的压实质量应不小于 15t,用于碾压较厚的沥青混合料时,总质量应不小于 22t,轮胎充气压力不小于 0.5MPa。当采用三轮钢轮压路机时,总质量不应低于 15t。当采用振动压路机时,应根据混合料种类、温度和厚度选择振动压路机的类型,振动频率取 35~50Hz,振幅取 0.3~0.8mm,碾压层较厚时选用较大的振幅和频率。

（3）终压

终压的目的是消除碾压产生的轮迹,最后形成平整的路面。终压应紧跟在复压后用 6~8t 的振动压路机(关闭振动装置)进行,碾压不少于两遍,直至无轮迹为止。

6）现场检测

沥青混合料施工现场质量检测及纠正很重要,一旦成型,很难补救。因此在施工中,随时检测,随时纠正,保证施工质量。压实度与厚度的检测一般可通过钻芯取样的办法来检测,通常在第二天,用取芯机进行钻孔取样,量取试样的厚度。将芯样拿回试验室进行压实度检测,以确定沥青路面的压实度是否符合规范的要求。

2. 沥青贯入式面层

沥青贯入式面层的施工顺序如图 5-10 所示。

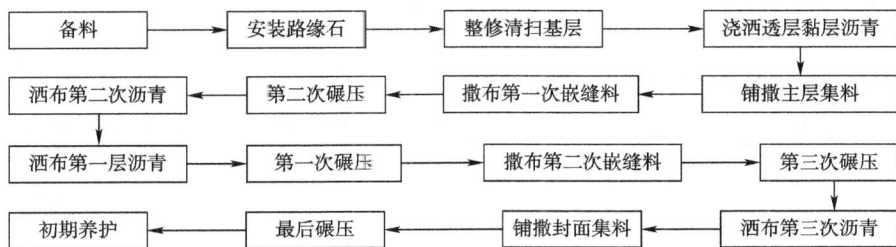

图 5-10　沥青贯入式面层的施工顺序

1)施工准备

沥青贯入式路面施工前,基层必须清扫干净。需要安装路缘石时,应在安装后进行施工。当采用乳化沥青贯入式路面必须先浇洒透层或黏层沥青。沥青贯入式路面厚度小于或等于 5cm 时,也应浇洒透层或黏层沥青。

2)铺撒主层集料

采用碎石摊铺机、平地机或人工摊铺主层集料。应避免颗粒大小不均匀,松铺系数约为 1.25～1.30,应经试铺实测确定。撒布集料的同时,检查路拱和平整度,并严禁车辆通行。

3)碾压主层集料

主层集料撒布后,应采用 6～8t 的轻型钢筒式压路机自路侧向路中心碾压,碾压速度宜为 2km/h,每次轮迹重叠约 30cm,碾压一遍后检查路拱和纵向坡度,当不符合要求时,应调整找平后再压。然后用重型的钢轮压路机碾压,每次轮迹重叠 1/2 左右,宜碾压 4～6 遍,直至主层集料嵌挤稳定,无显著轮迹为止。

4)浇洒第一层沥青

主层集料碾压完毕后应立即用沥青撒布车浇洒沥青,浇洒方法与沥青表面处治层施工相同。浇洒时沥青的温度应根据沥青标号、施工环境及气温状况确定。当采用乳化沥青时,为避免乳液下渗过多,可在主层集料碾压稳定后,先撒一部分嵌缝料,再洒主层乳化沥青。

5)撒布第一层嵌缝料

主层沥青浇洒后,应立即用集料撒布机或人工撒布第一层嵌缝料。撒布应均匀,不足之处应找补。当使用乳化沥青时,石料撒布必须在乳液破乳前完成。

6)碾压嵌缝料

应立即用 8～12t 钢筒式压路机碾压嵌缝料,轮迹重叠轮宽的 1/2 左右,宜碾压 4～6 遍,直至稳定为止。碾压时应随压随扫,使嵌缝料均匀嵌入。当气温较高使碾压过程中发生较大推移现象时,应立即停止碾压,待气温稍低时再继续碾压。

7)按上述方法浇洒第二层沥青、撒布第二层嵌缝料,然后碾压,再浇洒第三层沥青

8)撒布封层料

按照撒布嵌缝料的方法撒布封层料。

9）终压

用 6～8t 压路机作最后碾压，宜碾压 2～4 遍，然后开放交通并进行交通管制，尽可能使路面全宽受到行车的均匀碾压。

当铺筑上拌下贯式路面时，贯入层不撒布封层料，拌和层应紧跟贯入层施工，使上下层成为一整体。贯入部分采用乳化沥青时应待其破乳、水分蒸发且成形稳定后方可铺筑拌和层。当拌和层与贯入部分不能连续施工，且要在短期内通行施工车辆时，贯入部分的第二遍嵌缝料应增加（2～3）m³/1000m²，在摊铺拌和层沥青混合料前，应作补充碾压。

3. 沥青表面处治与封层

沥青表面处治宜选择在干燥和较热的季节施工，并在最高温度低于15℃时期到来之前半个月及雨季前结束。施工方法可采用拌和法和层铺法。

1）拌和法

拌和法施工时可采用热拌热铺法，也可采用冷拌冷铺法。热拌热铺可按照热拌沥青混合料路面的施工方法进行；冷拌冷铺时可按照乳化沥青碎石混合料路面的施工方法进行。

2）层铺法

层铺法施工前应做好路用材料的准备及质量检验工作，调试沥青洒布车（图5-11）、集料撒布车及压实等机械，使其处于正常工作状态。沥青表面处治层的下承层上应浇洒透层、黏层或铺筑封层。三层式沥青表面处治的施工工艺应按下列步骤进行：

图5-11 沥青洒布车

（1）清扫基层，撒布第一层沥青。沥青的撒布温度根据气温及沥青标号选择，石油沥青宜为 130～170℃，煤沥青宜为 80～120℃，乳化沥青在常温下撒布，加温撒布的乳液温度不得超过 60℃。前后两车喷洒的接茬处用铁板或建筑纸铺 1～1.5cm，使搭接良好。分几幅浇洒时，纵向搭接宽度宜为 100～150cm。撒布第二、第三层沥青的搭接缝应错开。浇洒应均匀，若出现空白或缺边，应立即用人工补洒，沥青过分积聚时应予刮除。

（2）撒布主层沥青后应立即用集料撒布机或人工撒布第一层主集料。撒布集料后应及时扫匀，达到全面覆盖、厚度一致、集料不重叠，也不露出沥青。局部有缺料时适当找补，积料过多的要将多余集料扫出。两幅搭接处，第一幅撒布沥青应暂留 100～150mm 宽度不撒布石料，待第二幅一起撒布。

（3）撒布主集料后，不必等全段撒布完，立即用 6～8t 钢轮双轮压路机从路边向路中心碾压 3～4 遍，每次轮迹重叠约 30cm。碾压速度开始不宜超过 2km/h，以后可适当增加。

第二、第三层的施工方法和要求与第一层相同，但可以采用 8t 以上的压路机碾压。沥青表面处治应注意初期养护。当发现有泛油时，应在泛油处补撒与最后一层石料规格相同的嵌缝料并扫匀，过多的浮料应扫出路外。

3）封层

为封闭表面空隙、防止水分浸入面层或基层而铺筑的沥青混合料薄层。铺筑在面层表面的称为上封层；铺筑在面层下面的称为下封层。一般当面层空隙较大、渗水严重、有裂缝或已修补的旧沥青路面和需要铺筑抗滑磨耗层或保护层的旧沥青路面，需要在沥青面层上铺筑上封层；当位于多雨地区且沥青面层空隙较大、渗水严重的路面或基层铺筑后不能及时铺沥青面层而又需要开放交通的路面,宜在喷洒透层油后铺筑下封层。

(1)上封层根据情况可选用乳化沥青稀浆封层、微表处、改性沥青集料封层、薄层磨耗层或其他适宜的材料。铺设上封层的下承层必须彻底清扫干净,对车辙、坑槽、裂缝进行处理或挖补。

(2)下封层宜采用层铺法表面处治或稀浆封层法施工。下封层的厚度不宜小于 6mm,且做到完全密水。

(3)稀浆封层和微表处

稀浆封层是用适当的石屑或砂、填料(水泥、石灰、粉煤灰、石粉等)与乳化沥青、外加剂和水按一定比例拌和成流态的乳化沥青稀浆,然后用稀浆封层摊铺机均匀地摊铺在需设置封层的结构层上,厚度为 3 ~ 6mm。稀浆封层可采用普通乳化沥青或改性沥青(慢裂或中裂拌和型),其品种和质量均应符合要求。一般适用于二级及二级以下公路的预防性养护,也适用于新建公路的下封层。

微表处主要用于高速公路及一级公路的预防性养护以及填补轻度车辙,也适用于新建公路的抗滑磨耗层。必须采用专用的摊铺机进行摊铺,单层微表处适用于旧路面车辙深度不大于 15mm 的情况;超过 15mm 的必须分两层铺筑,或先用 V 字形车辙摊铺箱摊铺;深度大于 40mm 时不宜作微表处处理。

4. 透层、黏层

1)透层

透层是为了使路面沥青层与非沥青材料层结合良好而在非沥青材料层上浇洒乳化沥青、煤沥青或液体石油沥青后形成的透入基层表面的薄沥青层。沥青路面各类基层都必须喷洒透油层,沥青层必须在透油层完全渗入基层后方可铺筑。基层上设置下封层时,透层不宜省略。透层施工工艺流程,如图 5-12 所示。

基层表面准备工作 → 洒布沥青 → 撒布石屑或砂 → 钢轮压路机稳压

图 5-12　透层施工工艺流程图

透层沥青应紧跟在基层施工结束、表面稍干(对半刚性基层尚未硬化)后浇洒。当基层完工后时间较长时,应对表面进行清扫;若表面过于干燥时,应在基层表面适当洒水并待稍干后浇洒透层沥青,高速公路和一级公路的透层沥青宜采用沥青洒布车一次喷洒均匀,沥青洒布车喷洒不均匀时宜改用手工沥青洒布机喷洒;其他公路可采用手工沥青洒布机喷洒。沥青路面透层材料的规格和用量应符合表 5-1 的要求。

沥青路面透层材料的规格和用量　　　　　　　　　　　　　表 5-1

用　　途	液体沥青		乳化沥青		煤沥青	
	规格	用量(L/m²)	规格	用量(L/m²)	规格	用量(L/m²)
无结合料粒料基层	AL(M)-1、2 或 3	1.0 ~ 2.3	PC-2	1.0 ~ 2.0	T-1	1.0 ~ 1.5
	AL(S)-1、2 或 3		PA-2		T-2	
半刚性基层	AL(M)-1 或 2	0.6 ~ 1.5	PC-2	0.7 ~ 1.5	T-1	0.7 ~ 1.0
	AL(S)-1 或 2		PA-2		T-2	

浇洒透层沥青应符合以下要求:浇洒的透层沥青应渗入基层的深度不小于 5mm,但又不致流淌而在表面形成油膜;气温低于 10℃ 及大风、降雨时不得浇洒透层沥青;浇洒后,禁止车辆、行人通行;未渗入基层的多余透层沥青应刮除,有遗漏的部位应补洒。

透层沥青洒布后的养生时间随透层沥青的品质和气候条件由试验确定,确保液体沥青中的稀释剂全部挥发,乳化沥青渗透且水分蒸发,然后尽早铺筑沥青面层,防止工程车辆损坏透层。在半刚性基层上浇洒透层沥青后,立即以（2~3）m³/1000m²的用量将石屑或粗砂撒布在基层上,然后用 6~8t 的钢筒压路机稳压一遍,压路机应行驶平稳,并不得紧急制动或调头。当通行车辆时,应控制车速。在铺筑沥青面层前如发现局部地方透层沥青剥落,应予修补,当有多余的浮动石屑或砂时也应予扫除。

透层洒布后应尽早铺筑沥青面层。当用乳化沥青作透层时,洒布后应待其充分渗透、水分蒸发后方可铺筑沥青面层,此段时间不宜少于 24h。

碾压完毕后原则上封闭交通 7 天,必须行驶的施工车辆最少在 12h 后才可上路,并保证车速低于 5km/h,不得紧急制动或调头,七天至一个月内亦要控制车辆行驶,一个月后可开放正常交通(7 天后若摊铺下面层,只需将下封层上的多余石屑扫去即可进行下面层的摊铺)。从养生期间到后一层铺筑完之前,洒过透层油的表面,应采用路帚拖扫的办法养护,并防止产生车辙。

2) 黏层

黏层是为了加强沥青层之间、沥青层与水泥混凝土面板之间的粘结而洒布的薄沥青层。黏层沥青宜采用快裂或中裂乳化沥青、改性乳化沥青,也可采用快、中凝液体石油沥青。其规格和质量应符合规范的要求,所使用的基质沥青标号宜与主层沥青混合料相同,黏层沥青的品种和用量,应根据下承层的类型通过试洒确定,并符合表 5-2 的要求。

沥青路面黏层材料的规格和用量　　　　　　　　　　　　表 5-2

下承层类型	液体沥青		乳化沥青	
	规格	用量（L/m²）	规格	用量（L/m²）
新建沥青层或旧沥青路面	AL(R)-3 ~ AL(R)-6	0.3 ~ 0.5	PC-3	0.3 ~ 0.6
	AL(M)-3 ~ AL(M)-6		PA-3	
水泥混凝土	AL(M)-3 ~ AL(M)-6	0.2 ~ 0.4	PC-3	0.3 ~ 0.5
	AL(S)-3 ~ AL(S)-6		PA-3	

黏层沥青宜采用沥青洒布车喷洒,并选择适宜的喷嘴,洒布速度和喷洒量保持稳定。当采用机动或手摇的手工沥青洒布机喷洒时,必须由熟练的技术工人操作,均匀洒布。气温低于 10℃ 时不得喷洒黏层沥青,寒冷季节施工不得不喷洒时可分成两次喷洒。路面潮湿时不得喷洒黏层沥青,用水洗刷后需待表面干燥后喷洒。

任务2　沥青混凝土路面面层施工准备阶段试验检测

▶▶任务分析

试验检测是保证工程质量的重要手段,沥青路面面层施工准备阶段的检测主要是对原材料进行的各种室内检测。

▶▶任务实施

一、检测项目

施工准备阶段主要对原材料及各种配合比进行试验检测,避免不合格材料用于工程,为开工做好前期准备工作。沥青路面面层施工准备阶段需检测的项目见表5-3。

沥青路面面层施工准备阶段需检测的项目 表5-3

序号	检测项目	采用标准
1	沥青三大指标试验	《公路工程沥青及沥青混合料试验规程》(JTG E20—2011) 《公路工程质量检验评定标准(土建二程)》(JTG F80/1—2004) 《公路工程集料试验规程》(JTG E42—2005) 《公路沥青路面施工技术规范》(JTG F40—2004)
2	矿料性能试验	
3	沥青混合料配合比(设计、目标、生产)试验	
4	沥青和矿料的黏附性试验	
5	马歇尔试验(稳定度、流值试验)	
6	车辙试验	
7	沥青含量试验	
8	沥青最大理论密度检测	
9	压实沥青混合料的密度试验	
10	沥青混合料试件制作	
11	沥青混合料的抗压强度和抗压回弹模量试验	

二、检测方法

沥青三大指标试验、矿料性能试验、沥青混合料配合比(目标配合比设计、生产配合比设计、生产配合比验证)试验、沥青和矿料的粘附性试验、马歇尔试验(稳定度、流值试验)、车辙试验、沥青含量试验、沥青最大理论密度检测、压实沥青混合料的密度试验和沥青混合料试件制作沥青混合料的抗压强度和抗压回弹横量试验。本节重点介绍沥青混合料的抗压强度和抗压回弹模量试验方法,其余检测项目的试验方法参照表5-3中规定的标准执行。

检测项目 沥青混合料的抗压强度和抗压回弹模量

【检测方法】 沥青混合料单轴压缩试验(圆柱体法)

1.目的与适用范围

(1)本方法适用于测定热拌沥青混合料的抗压回弹模量和抗压强度。按照《公路沥青路面设计规范》(JTG D50—2006)确定沥青混合料结构层的设计参数时应按本方法执行。如无特殊规定,用于计算弯沉的抗压回弹模量的标准试验温度为20℃,用于验算弯拉应力的抗压回弹模量的标准试验温度为15℃。加载速率为2mm/min。

(2)本方法适用于直径100mm ± 2.0mm,高100mm ± 2.0mm的沥青混合料圆柱体试件。

2.仪器准备

(1)万能材料试验机,其他可施加荷载并测试变形的路面材料试验设备也可使用,但均须满足下列条件:

①最大荷载应满足不超过其量程的80%,且不小于量程的20%的要求,宜采用100kN,分度值100N。具有球形支座,压头可以活动与试件紧密接触。

②具有环境保温箱,控温准确至0.5℃。当缺乏环境保温箱时,试验室应放置空调,控温准确至1.0℃。

③能符合加载速率保持2mm/min的要求。试验机宜有伺服系统,在加载过程中速度基本不变。

(2)变形量测装置:抗压试验加载用上下压板,下压板下有带球面的底座。压板直径为120mm,在直径102mm处有一浅的放置试件的圆周刻印。下压板直径线两侧有立柱顶杆,上压板直径线两侧装有千分表架,表架中心与顶杆中心位置一致。当试验机具有自动测定试件垂直变形或自动测记试件的压力与变形曲线功能时,可以直接使用,不必另外配备变形量测装置。

(3)千分表:(1/1000mm),2只。

(4)恒温水槽:用于试件保温,温度能满足试验温度的要求,控温准确度±0.5℃。恒温水槽的液体应能不断循环回流。深度应大于试件高度50mm。

(5)台秤或天平:感量不大于0.5g。

(6)温度计:分度为0.5℃。

(7)秒表、卡尺。

3.准备工作

(1)用静压法成型沥青混合料试件。也可以从轮碾机成型的板块试件上用钻芯机钻取试件。试件尺寸应符合直径100 ± 2.0mm,高100 ± 2.0mm的要求。如有条件,可采用振动压实或搓揉法成型试件(试件尺寸及成型方法应在报告中注明)。试件的密度应符合马歇尔标准击实密度$100\% \pm 1.0\%$的要求。

(2)试件成型后不等完全冷却即可脱模。用卡尺量取试件高度,若最高部位与最低部位的高度差超过2mm时试件应作废。用于抗压强度试验的试件数不得少于3个,用于抗压回弹模量的一组试件数宜为3~6个。

(3)将试件放置在室温条件下24h,用卡尺在各个试件上下两个断面的垂直方向上正确量取试件直径,取4个数的平均值作为试件的计算直径(d),准确至0.1mm。

(4)用卡尺在各个试件的4个对称位置上正确量取试件高度,取4个数的平均值作为试件的计算高度(h),准确至0.1mm。

(5)按《公路工程沥青及沥青混合料试验规程》(JTG E20—2011)规定的方法测定试件的密度、空隙率等各项物理指标。

(6)将试件置于规定的试验温度(15℃或20℃)的恒温水槽中保温2.5h以上,保温时试件之间的距离应不小于10mm。此时压板、底座也应同时保温。在有空调的试验室内测试时,将室温调至要求的温度,试件放置12h以上。

(7)使试验机环境保温箱或空调试验室达到要求的试验温度。

4.试验步骤

1)抗压强度试验步骤

(1)将下压板、底座置于试验机升降台座上对中,迅速取出试件放在下压板中央刻线位置,加上上压板。

(2)将试件从恒温水槽中取出,立即置于压力机台座上,以2mm/min的加载速率均匀加载直至破坏,读取荷载峰值(P),准确至100N。

2)抗压回弹模量试验步骤

(1)确定加载级别:按抗压强度试验步骤方法测试抗压强度平均值P,大体均匀地分成10级荷载,分别取$0.1P$、$0.2P$、$0.3P$、……、$0.7P$七级(可取成接近的整数)作为试验荷载。

(2)将下压板、底座置于试验机升降台座上对中,迅速取出试件放在下压板中央刻线位置,加上上压板,在两侧千分表架上安置千分表,与下压板相应位置的千分表顶杆接触。如果利用试验机的压力与试件变形自动测试功能时,做好相应的测试准备。

(3)调整试验机台座的高度,使加载顶板与压头中心轻轻接触。

(4)以2mm/min速度加载至0.2P,进行预压,保持1min,观察两侧千分表增值是否接近,若两个千分表读数反向或增值差异大于3倍,则表明试件是偏心受压,应敲动球座适当调整,至读数大致接近,然后加载,并重复预压一次。卸载至零后记录两个千分表的原始读数。

(5)以2mm/min速度加载至第1级荷载(0.1P),立即记取千分表读数及实际荷载数,并以同样的速率卸载回零,开始启动秒表,待试件回弹变形30s后,再次记取千分表读数,加载与卸载两次读数之差即为此级荷载下试件的回弹变形(ΔL₁)。然后依次进行第2、3、……、7级荷载的加载卸载过程,方法与第1级荷载相同,分别加载至0.2P、0.3P、……、0.7P,卸载,并分别记取千分表读数及实际荷载,得出各级荷载的回弹变形ΔL_i。

5. 计算

(1)沥青混凝土试件的抗压强度按式(5-1)计算:

$$R_C = \frac{4P}{\pi d^2} \qquad (5-1)$$

式中:R_c——试件的抗压强度(MPa);

P——试件破坏时的最大荷载(N);

d——试件直径(mm)。

(2)按式(5-2)计算各级荷载下试件实际承受的压强q_i。在方格纸上绘制各级荷载的压强q_i与回弹变形ΔL_i,将$q_i \sim \Delta L_i$关系绘成一平顺的连续曲线,使之与坐标轴相交得出修正原点,根据此修正原点坐标轴从第5级荷载(0.5P)读取压强q_5及相应的ΔL_5。沥青混合料试件的抗压回弹模量按式(5-3)计算。

$$q_i = \frac{4P_i}{\pi d^2} \qquad (5-2)$$

$$E' = \frac{q_5 \times h}{\Delta L_5} \qquad (5-3)$$

式中:q_i——相应于各级试验荷载P_i作用下的压强(MPa);

P_i——施加于试件的各级荷载值(N);

E'——抗压回弹模量(MPa);

q_5——相应于第5级荷载(0.5P)时的荷载压强(MPa);

h——试件轴心高度(mm);

ΔL_5——相应于第5级荷载(0.5P)时经原点修正后的回弹变形(mm)。

6. 报告

当一组试件的测定值中某个测定值与平均值之差大于标准差的K倍时,该测定值应予舍弃,有效试件数为n时的K值列于表5-4。对其余测定值按下式的t分布法计算整理,得到公路面设计用的抗压回弹模量值。

$$E = E' - \frac{t}{\sqrt{n}}S \qquad (5-4)$$

式中:E——公路面设计用的抗压回弹模量值(MPa);

E'——组试件实测的抗压回弹模量的平均值(MPa);

S——组试件样品实测值的标准差(MPa);

n——组试件的有效试件数;

t——随保证率而变的系数。对高速公路及一级公路的保证率为 95%,其他等级公路的保证率为 90%。$\frac{t}{\sqrt{n}}$ 值如表 5-4 所列。

有效试件数与 t 值的关系 表 5-4

有效试件数 n	临界值 k	$\frac{t}{\sqrt{n}}$	
		保证率 95%	保证率 90%
3	1.15	1.686	1.089
4	1.46	1.177	0.819
5	1.67	0.954	0.686
6	1.82	0.823	0.603
7	1.94	0.734	0.544
8	2.03	0.670	0.500
9	2.11	0.620	0.466
10	2.18	0.580	0.437

任务3　沥青混凝土路面面层施工阶段试验检测

▶▶任务分析

沥青路面面层施工阶段的检测主要是在施工过程中的现场试验检测,避免施工过程中质量不合格的产品流入到下一道工序,同时保证沥青路面面层工程的承载力。

▶▶任务实施

一、检测项目

沥青路面面层工程在施工阶段需检测的项目见表 5-5。

沥青路面面层施工阶段需检测的项目 表 5-5

序号	检测项目	采用标准
1	沥青面层压实度检测	《公路路基路面现场测试规程》(JTG E60—2008)《公路工程沥青及沥青混合料试验规程》(JTG E20—2011)
2	沥青抽提试验	《公路工程质量检验评定标准(土建工程)》(JTG F80/1—2004)《公路沥青路面施工技术规范》(JTG F40—2004)

二、检测方法

沥青抽提试验参照表 5-5 中规定的标准执行。下面重点介绍沥青面层压实度检测方法。

检测项目　沥青面层压实度检测

沥青混合料面层的压实度是指按规定方法测定的混合料试样的毛体积密度与标准密度之比,以百分率表示。

现场密度的检测方法主要有灌砂法、核子密湿度仪法和钻芯法。灌砂法、核子密湿度仪法在学习情境 1 公路路基工程检测中已作介绍。本节任务主要介绍钻芯法检测现场密度的方法。

【检测方法】 钻芯法

本方法适用于检验从压实的沥青路面上钻取的沥青混合料芯样试件的密度,以评定沥青面层的施工压实度。

1. 仪具准备

(1)路面取芯钻机:牵引式或车载式,钻机由发动机或电力驱动。钻头直径根据需要决定,宜采用直径 100mm 的金刚石钻头,有淋水冷却装置。

(2)天平:感量不大于 0.1g。

(3)水槽。

(4)吊篮。

(5)石蜡。

(6)其他:卡尺、毛刷、勺、取样袋(容器)、电风扇。

2. 试样准备

(1)钻取芯样。按《公路路基路面现场测试规程》(JTG E60—2008)中"T0901 路面钻孔及切割取样方法"钻取路面芯样,芯样直径不宜小于 $\phi100mm$。钻孔取样应在路面完全冷却后进行,对普通沥青路面通常在第二天取样,对改性沥青及 SMA 路面宜在第三天以后取样。

(2)当一次钻孔取得的芯样包含有不同层位的沥青混合料时,应根据结构组合情况用切割机将芯样沿各层结合面锯开分层进行测定。

3. 试验步骤

1)测定试件密度

(1)将钻取的试件在水中用毛刷轻轻刷净粘附的粉尘。如试件边角有浮松颗粒,应仔细清除。

(2)将试件晾干或用电风扇吹干不少于 24h,直至恒重。

(3)按《公路工程沥青及沥青混合料试验规程》(JTG E20—2011)的沥青混合料试件密度试验方法测得试件密度 ρ_s,通常情况下采用表干法测定试件的毛体积相对密度;对吸水率大于 2% 的试件,宜采用蜡封法测定试件的毛体积相对密度;对吸水率小于 0.5% 特别致密的沥青混合料,在施工质量检验时,允许采用水中重法测定表观相对密度。

2)计算标准密度

根据《公路沥青路面施工技术规范》(JTG F40—2004)附录 E 的规定,确定计算压实度的标准密度。

4. 计算

(1)当计算压实度的标准密度采用每天试验室实测的马歇尔击实试件密度或试验路段钻

孔取样密度时,沥青面层的压实度按式(5-5)计算:

$$k = \frac{\rho_s}{\rho_0} \times 100\% \tag{5-5}$$

式中: k——沥青面层的压实度(%);

ρ_s——沥青混合物料芯样试件的实际密度(g/cm³);

ρ_0——沥青混合料的标准密度(g/cm³)。

(2)计算压实度的标准密度采用最大理论密度时,沥青面层的压实度按下式进行计算。

$$k = \frac{\rho_s}{\rho_t} \times 100\% \tag{5-6}$$

式中: k——沥青面层的压实度(%);

ρ_s——沥青混合料芯样试件的实际密度(g/cm³);

ρ_t——沥青混合料的最大理论密度(g/cm³)。

(3)按《公路路基路面现场测试规程》(JTG E60—2008)附录 B 的方法,计算一个评定路段检测的压实度的平均值,标准差,变异系数,并计算代表压实度,公式见式(5-7)。

$$k = \bar{k} - \frac{t_\alpha}{\sqrt{n}} S \geq k_0 \tag{5-7}$$

式中: k——沥青面层压实度的代表值(%);

$\bar{k}$——检验评定段内各测点的平均值(%);

n——检测点数;

S——检测值的标准差;

k_0——压实度标准值;

t_α——分布表中随测点数和保证率(或置信度 α)而变的系数,可查《公路工程质量检验评定标准(土建工程)》(JTG F80/1—2004)中附录 B。 t_α 为高速公路、一级公路:基层、底基层为99%,路基、路面面层为95%;其他公路:基层、底基层为95%,路基、路面面层为90%。

任务4 沥青混凝土路面面层竣工验收阶段试验检测

▶▶任务分析

沥青路面面层竣工阶段的检测主要是保证竣工后路面的承载能力、行车的安全性、乘客的舒适性与耐久性符合工程质量要求。

▶▶任务实施

一、检测项目

沥青路面面层工程在竣工阶段需检测的项目见表5-6。

沥青路面面层竣工阶段需检测的项目　　　　　　　　　　　　　表 5-6

序号	检 测 项 目	采 用 标 准
1	弯沉检测	
2	平整度检测	
3	摩擦系数检测	《公路工程沥青及沥青混合料试验规程》(JTG E20—2011)
4	构造深度检测	《公路工程质量检验评定标准(土建工程)》(JTG F80/1—2004)
5	横向力系数检测	《公路路基路面现场测试规程》(JTG E60—2008)
6	渗水系数检测	
7	车辙试验	
8	结构层厚度检测	

二、检测方法

在沥青路面面层竣工阶段检测的工程项目中,车辙试验可参照《公路路基路面现场测试规程》(JTG E60—2008)中 T0973 进行学习。结构层厚度试验在学习情境四水泥混凝土路面工程检测中已做介绍,本部分的检测方法主要包括弯沉检测、平整度检测、抗滑性能检测和渗水系数检测。

检测项目一　沥青面层弯沉检测

(一)弯沉值的几个概念

1. 弯沉

弯沉是指在规定的标准轴载作用下,路基或路面表面轮隙位置产生的总垂直变形(总弯沉)或垂直回弹变形值(回弹弯沉),以 0.01mm 为单位。

2. 设计弯沉值

根据设计年限内一个车道上预测通过的累计当量轴次、公路等级、面层和基层类型而确定的路面弯沉设计值。

3. 竣工验收弯沉值

竣工验收弯沉值是检验路面是否达到设计要求的指标之一,当路面厚度计算以设计弯沉值为控制指标时,则验收弯沉值应小于或等于设计弯沉值;当厚度计算以层底拉应力为控制指标时,应根据拉应力计算所得的结构厚度,重新计算路面弯沉值,该弯沉值即为竣工验收弯沉值。

4. 回弹弯沉值

指的是路基或路面在规定苛载作用下产生垂直变形,卸载后能恢复的那一部分变形。

(二)弯沉值测定的意义

国内外普遍采用回弹弯沉值来表示路基路面的承载能力,回弹弯沉值越大,承载能力越小,反之则越大。通常所说的回弹弯沉值是指标准后轴载双轮组轮隙中心处的最大回弹弯沉值。在路表测试的回弹弯沉值可以反映路基、路面的综合承载能力。回弹弯沉值在我国已广泛使用且有很多的经验及研究成果,它不仅用于路面结构的设计中(设计回弹弯沉);用于施工控制及施工验收中(竣工验收弯沉值);同时还用在旧路补强设计中,是公路工程的一个基本参数,所以正确的测试具有重要的意义。

(三)弯沉值的测试方法

弯沉值的测试方法较多,目前用得最多的是贝克曼梁法,在我国已有成熟的经验,但由于其测试速度等因素的限制,各国都对快速连续或动态测定进行了研究,现在用得比较普遍的有法国洛克鲁瓦式自动弯沉仪,丹麦等国家发明并几经改进形成的落锤式弯沉仪(FWD),美国的振动弯沉仪等。

【检测方法】 贝克曼梁法

1.试验目的和适用范围

(1)本方法适用于测定各类路基路面的回弹弯沉,用以评定其整体承载能力,可供路面结构设计使用。

(2)沥青路面的弯沉检测以沥青面层平均温差20℃时为准,当路面平均温度在20℃±2℃以内可不做修正,在其他温度测试时,对沥青层厚度大于5cm的沥青路面,弯沉值应予温度修正。

2.仪具与材料要求

(1)标准车:双轴,后轴双侧4轮的载重车,其标准轴荷载、轮胎尺寸、轮胎间隙及轮胎气压等主要参数应符合表5-7要求。测试车应采用后轴10t标准轴载B22-100的汽车。

弯沉测定用的标准车参数 表5-7

标准轴载等级	BZZ-100
后轴标准轴载 P(kN)	100±1
一侧双轮荷载(kN)	50±0.5
轮胎充气压力(MPa)	0.70±0.05
单轮传压面当量圆直径(cm)	21.30±0.5
轮隙宽度	应满足能自由插入弯沉仪测头的测试要求

(2)路面弯沉仪:由贝克曼梁、百分表及表架组成,如图5-13所示。贝克曼梁由铝合金制成,上有水准泡,其前臂(接触路面)与后臂(装百分表)长度比为2:1。弯沉仪长度有两种:一种长3.6m,前后臂分别为2.4m和1.2m;另一种加长的弯沉仪长5.4m,前后臂分别为3.6m和1.8m。当在半刚性基层沥青路面或水泥混凝土路面上测定时,宜采用长度为5.4m的贝克曼梁弯沉仪;对柔性基层或混合式结构沥青路面可采用长度为3.6m的贝克曼梁弯沉仪测定,弯沉采用百分表量得,也可用自动记录装置进行测量。

图5-13 路面弯沉仪

(3)接触式路面温度计:端部为平头,分度不大于1℃。

(4)其他:皮尺、口哨、白油漆或粉笔、指挥旗等。

3.试验方法与步骤

1)试验前准备工作

(1)检查并保持测定用标准车的车况及制动性能良好,轮胎内胎符合规定充气压力。

（2）向汽车车槽中装载（铁块或集料），并用地中衡称量后轴总质量及单侧轮荷载，均应符合要求的轴重规定，汽车行驶及测定过程中，轴重不得变化。

（3）测定轮胎接地面积：在平整光滑的硬质路面上用千斤顶将汽车后轴顶起，在轮胎下方铺一张新的复写纸和一张方格纸，轻轻落下千斤顶，即在方格纸上印上轮胎印痕，用求积仪或数方格的方法测算轮胎接地面积、精确至 $0.1 \mathrm{cm}^2$。

（4）检查弯沉仪百分表测量灵敏情况。

（5）当在沥青路面上测定时，用路表温度计测定试验时气温及路表温度（一天中气温不断变化，应随时测定），并通过气象台了解前 5d 的平均气温（日最高气温与最低气温的平均值）。

（6）记录沥青路面修建或改建时材料、结构、厚度、施工及养护等情况。

2）测试步骤

（1）在测试路段布置测点，其距离随测试需要而定，测点应在路面行车车道的轮迹带上，并用白油漆或粉笔画上标记。

（2）将试验车后轮轮隙对准测点后 3~5cm 处的位置上。

（3）将弯沉仪插入汽车后轮之间的缝隙处，与汽车方向一致，梁臂不得碰到轮胎，弯沉仪测头置于测点上（轮隙中心前方 3~5cm 处），并安装百分表于弯沉仪的测定杆上，百分表调零，用手指轻轻叩打弯沉仪，检查百分表应稳定回零。

弯沉仪可以是单侧测定，也可以双侧同时测定。

（4）测定者吹哨发令指挥汽车缓缓前进，百分表随路面变形的增加而持续向前转动。当表针转动到最大值时，迅速读取初读数 L_1。汽车仍在继续前进，表针反向回转；待汽车驶出弯沉影响半径（3m 以上）后，吹口哨或挥动红旗指挥汽车停止。待表针回转稳定后再次读取终读数 L_2。汽车前进的速度宜为 5km/h 左右。

4. 弯沉仪的支点变形修正

（1）当采用长度为 3.6m 的弯沉仪测定时，有可能引起弯沉仪支座处变形，在测定时应检验支点有无变形。如果有变形，此时应习另一台检验用的弯沉仪安装在测定用弯沉仪的后方，其测点架于测定用弯沉仪的支点旁。当汽车开出时，同时测定两台弯沉仪的弯沉读数，如检验用弯沉仪百分表有读数，即应该记录并进行支点变形修正。当在同一结构层上测定时，可在不同的位置测定 5 次，求平均值，以后每次测定时以此作为修正值。

（2）当采用长度 5.4m 的弯沉仪测定时，可不进行支点变形修正。

5. 结果计算及温度修正

（1）按式（5-8）计算测点的回弹弯沉值。

$$l_t = (L_1 - L_2) \times 2 \qquad (5\text{-}8)$$

式中：l_t——在路面温度 t 时的回弹弯沉值（0.01mm）；

L_1——车轮中心临近弯沉仪测头时百分表的最大读数（0.01mm）；

L_2——汽车驶出弯沉影响半径后百分表的终读数（0.01mm）。

（2）当需进行弯沉仪支点变形修正时，按式（5-9）计算路面测点的回弹弯沉值。

$$l_t = (L_1 - L_2) \times 2 + (L_3 - L_4) \times 6 \qquad (5\text{-}9)$$

式中：L_1——车轮中心临近弯沉仪测头时测定用弯沉仪的最大读数（0.01mm）；

L_2——汽车驶出弯沉影响半径后测定用弯沉仪的终读数（0.01mm）；

L_3——车轮中心临近弯沉仪测头时检验用弯沉仪的最大读数(0.01mm);

L_4——汽车驶出弯沉影响半径后检验用弯沉仪的终读数(0.01mm)。

注:此式适用于测定用弯沉仪支座处有变形,但百分表架处路面已无变形的情况。

(3)沥青面层厚度大于5cm的沥青路面,回弹弯沉值应进行温度修正,温度修正及回弹弯沉的计算应按下列步骤进行。

①测定时的沥青层平均温度按式(5-10)计算:

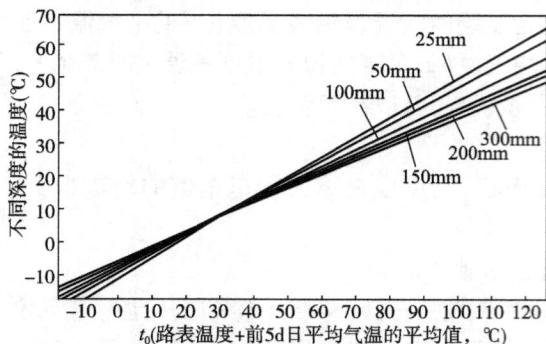

图 5-14 沥青层平均温度的确定

注:线上的数字表示由路表向下的不同深度

$$t = \frac{t_{25} + t_m + t_e}{3} \qquad (5-10)$$

式中:t——测定时沥青层平均温度(℃);

t_{25}——根据t_0由图5-14决定的路表下25mm处的温度(℃);

t_m——根据t_0由图5-14决定的沥青层中间深度的温度(℃);

t_e——根据t_0由图5-14决定的沥青层底面处的温度(℃)。

图5-14中t_0为测定时路表温度与测定前5d日平均气温的平均值之和(℃),日平均气温为日最高气温与最低气温的平均值。

②根据沥青层平均温度t及沥青层厚度,分别由图5-15和图5-16求取不同基层的沥青路面弯沉值的温度修正系数K。

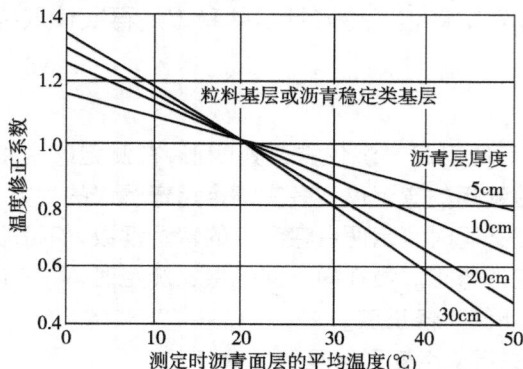

图 5-15 路面弯沉温度修正系数曲线(适用于粒料基层及沥青稳定基层)

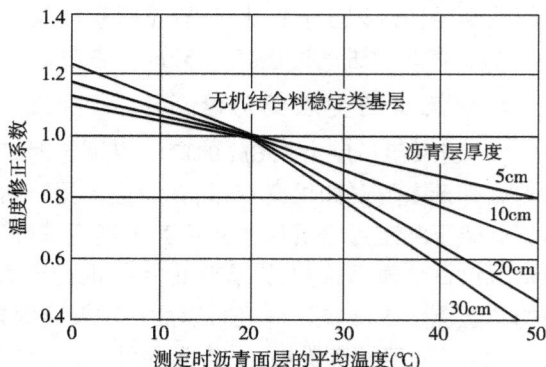

图 5-16 路面弯沉温度修正系数曲线(适用于无机结合料稳定的半刚性基层)

③沥青路面回弹弯沉按式(5-11)计算。

$$l_{20} = l_t \times K \qquad (5-11)$$

式中:l_{20}——换算为20℃的沥青路面回弹弯沉值(0.01mm);

l_t——测定时沥青面层的平均温度为t时的回弹弯沉值(0.01mm);

K——温度修正系数。

④计算每一个评定路段各测点弯沉的平均值、标准差及代表弯沉。计算见式(5-12)。

$$l = \bar{l} + Z_\alpha S \qquad (5-12)$$

式中:l——一个评定路段的代表弯沉(0.01mm);

$\bar{l}$——一个评定路段内经各项修正后的各测点弯沉的平均值(0.01mm);

Z_α——与保证率有关的系数,高速公路、一级公路取 2.0,二级公路取 1.645,二级以下公路取 1.5;

S——经各项修正后的全部测点弯沉的标准差(0.01mm)。

检测项目二　沥青面层平整度检测

(一)概述

平整度是路面施工质量与服务水平的重要指标之一。它是指以规定的标准量规,间断地或连续地量测路表面的凹凸情况,即不平整度的指标。路面的平整度与路面各结构层次的平整状况有着一定的联系,即各层次的平整效果将累积反映到路面表面上,路面面层由于直接与车辆及大气接触,不平整的表面将会增大行车阻力,并使车辆产生附加振动作用。这种振动作用会造成行车颠簸,影响行车的速度和安全及驾驶的平稳和乘客的舒适,同时,振动作用还会对路面施加冲击力,从而加剧路面和汽车机件损坏和轮胎的磨损,并增大油耗。而且,不平整的路面会积滞雨水,加速路面的破坏。因此,平整度的检测与评定是公路施工与养护的一个非常重要的环节。

(二)平整度测试方法

平整度的测试设备分为断面类及反应类两大类。断面类实际上是测定路面表面凹凸情况的,如最常用的 3m 直尺及连续式平整度仪,还可用精确测定高程得到;反应类测定路面凹凸引起车辆振动的颠簸情况。反应类指标是司机和乘客直接感受到的平整度指标,因此它实际上是舒适性能指标,最常用的测试设备是车载式颠簸累积仪。现已有更新型的自动化测试设备,如纵断面分析仪,路面平整度数据采集系统测定车等。国际上通用国际平整度指数 IRI 衡量路面行驶舒适性或路面行驶质量,可通过标定试验得出 IRI 与标准差 σ 或单向累计值 VBI 之间的关系。

【检测方法1】　3m 直尺法

3m 直尺测定法有单尺测定最大间隙及等距离(1.5m)连续测定两种。两种方法测定的路面平整度有较好的相关关系。前者常用于施工质量控制与检查验收,单尺测定时要计算出测定段的合格率;等距离连续测试也可用于施工质量检查验收,要算出标准差,用标准差来表示平整程度。

1. 试验目的和适用范围

(1)本方法规定用 3m 直尺测定路表面的平整度,定义 3m 直尺基准面距离路表面的最大间隙表示路基、路面的平整度,以 mm 计。

(2)本方法适用于测定压实成型的路面各层表面的平整度,以评定路面的施工质量,也可用于路基表面成型后的施工平整度的检测。

2. 仪具与材料技术要求

(1)3m 直尺:测量基准面长度为 3m 长,基准面应平直,用硬木或铝合金钢等材料制成。

(2)最大间隙测量器具:

①楔形塞尺:硬木或金属制的三角形塞尺,有手柄。塞尺的长度与高度之比不小于 10,宽度不大于 15mm,边部有高度标记,刻度读数分辨率小于或等于 0.2mm。

②深度尺:金属制的深度测量尺,有手柄。深度尺测量杆端头直径不小于 10mm,刻度读数分辨率小于或等于 0.2mm。

(3)其他：皮尺或钢尺,粉笔等。

3.方法与步骤

1)准备工作

(1)按有关规范规定选择测试路段。

(2)测试路段的测试地点选择。当为沥青路面施工过程中的质量检测时,测试地点应选在接缝处,以单杆测定评定;除高速公路外,可用于其他等级公路路基路面工程质量检查验收或进行路况评定,每200m测2处,每处连续测量10尺。除特殊需要外,应以行车道一侧车轮轮迹(距车道线0.8~1.0m)作为连续测定的标准位置。对旧路已形成车辙的路面,应取车辙中间位置为测定位置,用粉笔在路面上做好标记。

(3)清扫路面测定位置处的污物。

2)测试步骤

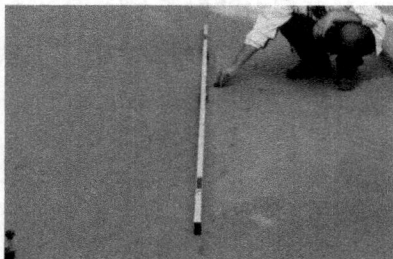

图5-17　3m直尺测量

(1)施工过程中检测时,按根据需要确定的方向,将三米直尺摆在测试地点的路面上。

(2)目测3m直尺底面与路面间的间隙情况,确定最大间隙的位置,如图5-17所示。

(3)用有高度标线的塞尺塞进间隙处,如图5-17所示。量测其最大间隙的高度(mm);或者用深度尺在最大间隙位置量测直尺上顶面距地面的深度,该深度减去尺高即为测试点的最大间隙的高度,准确至0.2mm。

4.计算

单杆检测路面的平整度计算,以3m直尺与路面的最大间隙为测定结果、连续测定10尺时,判断每个测定值是否合格,根据要求计算合格百分率,并计算10个最大间隙的平均值。

5.报告

单杆检测的结果应随时记录测试位置及检测结果。连续测定10尺时,应报告平均值,不合格天数、合格率。

【检测方法2】　连续式平整度仪法

1.试验目的与适用范围

用于测定路表面的平整度,评定路面的施工质量和使用质量,但不适用于在已有较多坑槽、破损严重的路面上测定。

2.仪器设备

(1)连续式平整度仪:除特殊情况外,连续式平整度仪的标准长度为3m,其质量应符合仪器标准的要求。中间为一个3m长的机架,机架可缩短或折叠,前后各有4个行走轮,前后两组轮的轴间距离为3m。机架中间有一个能起落的测定轮。机架上装有蓄电源及可拆卸的检测箱,检测箱可采用显示。记录、打印或绘图等方式输出测试结果。测定轮上装有位移传感器,自动采集位移数据时,测定间距为10cm,每一计算区间的长度为100m,100m输出一次结果。当为人工检测,无自动采集数据及计算功能时,应能记录测试曲线。机架头装有一牵引钩及手拉柄,可用人力或汽车牵引。具体见连续式平整度仪构造(图5-18)。

(2)牵引车:小面包车或其他小型牵引汽车

(3)皮尺或测绳。

3. 方法与步骤

1)准备工作

(1)选择测试路段。

(2)当为施工过程中质量检测需要时,测试地点根据需要决定;当为路面工程质量检查验收或进行路况评定需要时,通常以行车道一侧车轮轮迹带作为连续测定的标准位置。对旧路已形成车辙的路面,取一侧车辙中间位置为测定位置。当以内侧轮迹带或外侧轮迹带作为测定位置时,测定位置距车道标线 80~100cm。

(3)清扫路面测定位置处的污物。

(4)检查仪器,检测箱各部分应完好、灵敏,并将各连接线接妥,安装记录设备。

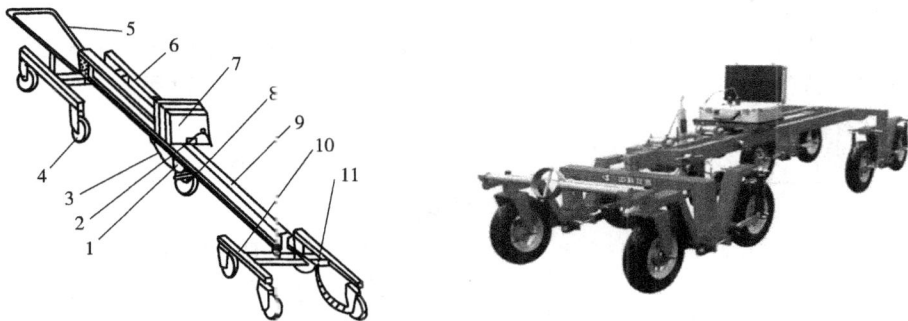

图 5-18　连续式平整度仪构造图

1-脚轮;2-拉簧;3-离合器;4-测量架;5-牵引架;6-前架;7-记录计;8-测定轮;9-纵梁;10-后架;11-软轴

2)测试步骤

(1)将连续式平整度测定仪置于测试路段路面起点上。

(2)在牵引汽车的后部,将连续式平整度测定仪与牵引汽车连接好,按照仪器使用手册依次完成各项操作。

(3)启动牵引汽车,沿道路纵向行驶,横向位置保持稳定。

(4)确认连续式平整度测定仪工作正常,牵引连续式平整度测定仪的速度应保持匀速,速度宜为 5km/h,最大不得超过 12km/h。

在测试路段较短时,亦可用人力拖拉平整度仪测定路面的平整度。但拖拉时应保持匀速前进。

4. 计算

(1)连续式平整度测定仪测定后,可按每 10cm 间距采集的位移值自动计算到每 100m 计算区间的平整度标准差(mm),还可记录测试长度(m)。

(2)每一计算区间的路面平整度以该区间测定结果的标准差表示。按式(5-13)计算。

$$\sigma_i = \sqrt{\frac{\sum d_i^2 - (\sum d_i)^2/N}{N-1}} \tag{5-13}$$

式中:σ_i——各计算区间的平整度计算值(mm);

d_i——以 100m 为一个计算区间,每隔一定距离(自动采集间距为 10cm,人工采集间距为

1.5m)采集的路面凹凸偏差位移值(mm);

　　N——计算区间用于计算标准差测试数据个数。

　　(3)按《公路路基路面现场测试规程》(JTG E60—2008)附录 B 的方法计算一个评定路段内各区间的平整度标准差的平均值、标准差、变异系数。

【检测方法3】　车载式颠簸累积仪法简介

1.目的和适用范围

　　(1)本方法适于各类颠簸累积仪在新建、改建路面工程质量验收和无严重坑槽、车辙等病害的正常行车条件下连续采集路段平整度数据。

　　(2)本方法的数据采集、传输、记录和处理分别由专用软件自动控制进行。

2.主要设备

　　(1)测试系统(图5-19)

　　测试系统由承载车辆、距离测量装置、颠簸累积(值测试装置和主控制系统组成)。主控制系统对测试装置的操作实施控制,完成数据采集、传输、存储与计算过程。

　　(2)设备承载车要求

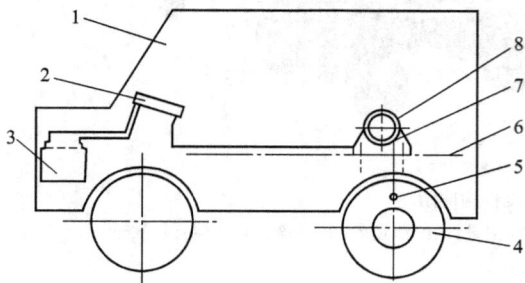

图5-19　车载式颠簸累积仪安装示意图

1-测试车;2-数据处理器;3-电瓶;4-后桥;5-挂钩;6-底板;7-钢丝绳;8-颠簸累积仪传感器

　　根据设备供应商的要求选择测试系统承载车辆。

　　(3)测试系统基本技术要求和参数

　　①测试速度:可在 30 ~80km/h。

　　②最大测试幅值:±20cm。

　　③垂直位移分辨率:1mm。

　　④距离标定误差:<0.5%。

　　⑤系统工作环境温度:0 ~60℃。

　　⑥系统软件能够依据相关关系公式。自动对颠簸累积值进行换算,间接输出国际平整度指数 IRI。

3.方法与步骤

　　1)准备工作

　　(1)测试车辆具备下列条件之一时,都应进行仪器测值与国际平整度指数 IRI 的相关性标定,相关系数 R 应不低于 0.99:在正常状态下行驶超过 20000km,标定的时间间隔超过 1 年,减震器、轮胎等发生更换、维修。

　　(2)检查测试车轮胎气压,应达到车辆轮胎规定的标准气压;车胎应清洁,不得黏附杂物;车上载重、人数以及分布应与仪器相关性标定试验时一致。

　　(3)距离测量系统需要现场安装的,根据设备操作手册说明进行安装,确保紧固装置安装牢固。

　　(4)检查测试系统,各部分应符合测试要求,不应有明显的可视性破损。

　　(5)打开系统电源,启动控制程序,检查系统各部分的工作状态。

　　2)测试步骤

　　(1)测试开始之前应让测试车以测试速度行驶 5 ~10km,按照设备操作手册规定的预热时间对测试系统进行预热。

（2）测试车停在测试起点前 300~500m 处，启动平整度测试系统程序，按照设备操作手册的规定和测试路段的现场技术要求设置完毕所需的测试状态。

（3）驾驶员在进入测试路段前应保持车速在规定的测试速度范围内，沿正常行车轨迹驶入测试路段。

（4）进入测试路段后，测试人员启动系统的采集和记录程序，在测试过程中必须及时准确地将测试路段的起终点和其他需要特殊标记点的位置输入测试数据记录中。

（5）当测试车辆驶出测试路段后，仪器操作人员停止数据采集和记录，并恢复仪器各部分至初始状态。

（6）操作人员检查数据文件，文件应完整，内容应正常，否则需要重新测试。

（7）关闭测试系统电源，结束测试。

4. 计算

颠簸累计仪直接测试输出的颠簸累计值 VBI，要按照按《公路路基路面现场测试规程》（JTG E60—2008）中颠簸累计仪测值与国际平整度指数 IRI 相关关系对比试验得到相关关系式，并以 100m 为计算区间换算成 IRI（以 m/km 计）。

5. 报告

（1）平整度测试报告应包括颠簸累计值 VBI，国际平整度 IRI 平均值和现场测试速度。

（2）提供颠簸累计值 VBI 与国际平整度指标 IRI 在选定测试条件下的相关关系式及相关系数。

6. 注意事项

（1）检测结果与测试车机械系统的振动特性和车辆行驶速度有关。减振性能好，则 VBI 测值小；车速越高，VBI 测值越大。因此必须通过对机械系统的良好保养和检测时严格控制车速来保持测定结果的稳定性。

（2）用车载式颠簸累积仪测出的颠簸累积值 VBI，与用连续式平整仪测出的标准差 σ 概念不同，可通过对比试验，建立两者的相关关系，将 VBI 值换算为 σ，用于路面平整度评定。

（3）通过大量研究观察得出：$\sigma = 0.5 IRI$

（4）国际平整度指数 IRI 是国际上公认的衡量路面行驶舒适性或路面行驶质量的指数。也可通过标定试验，建立 VBI 与 IRI 的相关关系，将颠簸累积仪测出的颠簸累积值 VBI 换算为国际平整度指数 IRI。

检测项目三　沥青路面抗滑性能检测

（一）概述

路面抗滑性能是指车辆轮胎受到制动时沿表面滑移所产生的力。通常，抗滑性能被看作是路面的表面特性，并用轮胎与路面间的摩阻系数来表示。表面特性包括路表面细构造和粗构造，影响抗滑性能的因素有路面表面特性、路面潮湿程度和行车速度。路面具有一定的粗糙度是保证汽车在道路上安全行驶的必要条件。

路表面细构造是指集料表面的粗糙度，它随车轮的反复磨耗而渐被磨光。通常采用石料磨光值（PSV）表征抗磨光的性能。细构造在低速（30~50km/h 以下）时对路表抗滑性能起决定作用。而高速时主要作用的是粗构造，它是由路表外露集料间形成的构造、功能是使车轮下的路表水迅速排除，以避免形成水膜。粗构造由构造深度表征。

(二)抗滑性能的测试方法

抗滑性能的测试方法有:制动距离法、偏转轮拖车法(横向力系数测试、摆式仪法、构造深度测试法、手工铺砂法,电动铺砂法、激光构造深度仪法)。

路面的抗滑摆值是指用标准的手提式摆式摩擦系数测定仪测定的路面在潮湿条件下对摆的摩擦阻力。路表构造深度是指一定面积的路表面凹凸不平的开口孔隙的平均深度。路面横向摩擦系数是指用标准的摩擦系数测定车测定,当测定轮与行车方向成一定角度且以一定速度行驶时,轮胎与潮湿路面之间的摩擦阻力与试验轮上荷载的比值。

鉴于路面抗滑性能测试方法较多,下面仅介绍常见的试验方法。

【检测方法1】 摆式仪测定路面摩擦系数试验方法

1.目的和适用范围

本方法适用于以摆式摩擦系数测定仪(摆式仪)测定沥青路面、标线或其他材料试件的抗滑值,用以评定路面或路面材料试件在潮湿状态下的抗滑能力。

2.仪具与材料技术要求

(1)摆式仪:摆及摆的连接部分总质量为 1500 ± 30g,摆动中心至摆的重心距离为 410 ± 5mm,测定时摆在路面上滑动长度为 126 ± 1mm,摆上橡胶片端部距摆动中心的距离为 510mm,橡胶片对路面的正向静压力为 22.2 ± 0.5N。构造见图5-20。

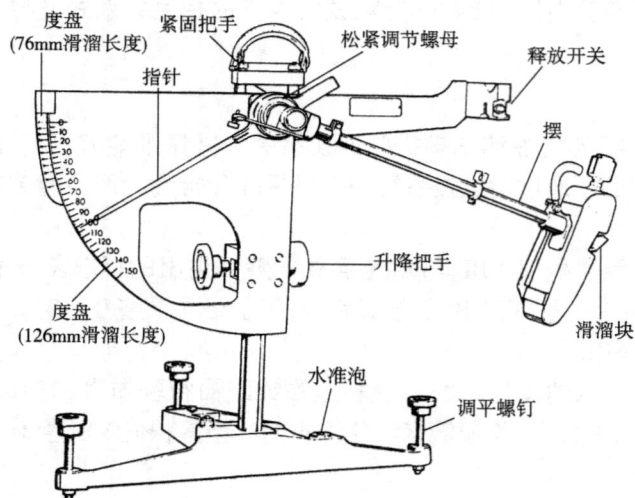

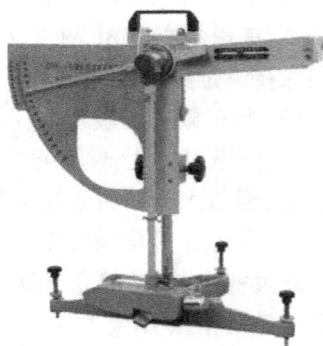

图5-20 摆式仪结构示意图

(2)橡胶片:用于测定路面抗滑值时的尺寸为 6.35mm$\times 25.4$mm$\times 76.2$mm。橡胶质量应符合表5-8的要求。当橡胶片使用后,端部在长度方向上磨损超过 1.6mm 或边缘在宽度方向上磨耗超过 3.2mm,或有油类污染时,即应更换新橡胶片;新橡胶片应先在干燥路面上测 10次后再用于测试。橡胶片的有效使用期从出厂日期起算为 12月。

橡胶物理性质技术要求 表5-8

性质指标	温度(℃)				
	0	10	20	30	40
弹性(%)	43~49	58~65	66~73	71~77	74~79
硬度	55±5				

（3）滑动长度量尺：长 126mm。

（4）洒水壶。

（5）硬毛刷。

（6）路面温度计：分度不大于 1℃。

（7）其他：皮尺式钢卷尺、扫帚、粉笔、记录表格等。

3. 方法与步骤

1）准备工作

（1）检查摆式仪的调零灵敏情况，并定期进行仪器的标定。

（2）按《公路路基路面现场测试规程》（JTG E60—2008）附录 A 的方法，对测试路段进行取样选点。在横断面上测点应选在行车道轮迹处，且距路面边缘不应小于 1m，并用粉笔作出标记。

2）试验步骤

（1）清洁路面：用扫帚或其他工具将测点处的路面打扫干净。

（2）仪器调平。

①将仪器置于路面测点上，并使摆的摆动方向与行车方向一致。

②转动底座上的调平螺栓，使水准泡居中。

（3）调零。

①放松上、下两个紧固把手，转动升降把手，使摆升高并能自由摆动，然后旋紧紧固把手。

②将摆固定在右侧悬臂上，使摆处于水平释放位置上，并把指针拨至右端与摆杆平行处（见图 5-21）。

③按下释放开关，使摆向左带动指针摆动，当摆达到最高位置后下落时，用手将摆杆接住，此时指针应指向零。

④若不指零时，可稍旋紧或旋松摆的调节螺母。

⑤重复上述 4 个步骤，直至指针指零。调零允许误差为 ±1。

（4）校核滑动长度。

①让摆处于自然下垂状态，松开固定把手，转动升降把手，使摆下降。与此同时，提起举升柄使摆句左侧移动，然后放下举升柄使橡胶片下缘轻轻触地，紧靠橡胶片摆放滑动长度量尺，使量尺对准橡胶片下缘；再提起举升柄使摆向右侧移动，然后放下举升柄使橡胶片下缘轻轻触地，检查橡胶片下缘应与滑动长度量尺的右端齐平（图 5-22）。

图 5-21　摆、指针抬至与摆杆平行　　　　图 5-22　测量橡胶片下缘

②若齐平，则说明橡胶片两次触地的距离（滑动长度）符合 126mm 的规定。校核滑动长度时，应以橡胶片长边刚刚接触路面为准，不可借摆的力量向前滑动，以免标定的滑动长度与

实际不符。

③若不齐平，升高或降低摆或仪器底座的高度。微调时用旋转仪器底座上的调平螺丝调整仪器底座的高度的方法比较方便，但需注意保持水准泡居中。

④重复上述动作，直至滑动长度符合 126mm 的规定。

(5)将摆固定在右侧悬臂上，使摆处于水平释放位置，并把指针拨至右端与摆杆平行处。

(6)用喷水壶浇洒测点，使路面处于湿润状态。

(7)按下右侧悬臂上的释放开关，使摆在路面滑过。当摆杆回落时，用手接住，读数但不记录。然后使摆杆和指针重新置于水平释放位置。

(8)重复(6)和(7)的操作 5 次，并读记每次测定的摆值。

单点测定的 5 个值中最大值与最小值的差值不得大于 3。如差值大于 3 时，应检查产生的原因，并再次重复上述各项操作，至符合规定为止。

取 5 次测定的平均值作为单点的路面抗滑值(即摆值 BPN_t)，取整数。

(9)在测点位置用温度计测记潮湿路表温度，准确至 1℃。

(10)每个测点由 3 个单点组成，即需按以上方法在同一测点处平行测定 3 次，以 3 次测定结果的平均值作为该测点的代表值(精确到 1)。

3 个单点均应位于轮迹带上，单点间距离为 3 ~ 5m。该测点的位置以中间单点的位置表示。

4. 抗滑值的温度修正

当路面温度为 t(℃)时，测得的摆值为 BPN_t 必须按式(5-14)换算成标准温度 20℃ 的摆值 BPN_{20}。

$$BPN_{20} = BPN_t + \Delta BPN \qquad (5-14)$$

式中：BPN_{20}——换算成标准温度 20℃ 时的摆值；

BPN_t——路面温度 t 时测得的摆值；

ΔBPN——温度修正值按表 5-9 采用。

温度修正值   表 5-9

温度(℃)	0	5	10	15	20	25	30	35	40
温度修正值 ΔBPN	-6	-4	-3	-1	0	+2	+3	+5	+7

【检测方法 2】 手工铺砂法测定路面构造深度

1. 目的与适用范围

本方法适用于测定沥青路面及水泥混凝土路面表面构造深度，用以评定路面表面的宏观构造。

2. 仪具与材料技术要求

(1)人工铺砂仪：由圆筒、推平板组成。

①量砂筒(图 5-23)：一端是封闭的，容积为(25 ± 0.15)mL，可通过称量砂筒中水的质量以确定其容积 V，并调整其高度，使其容积符合要求。带一专门的刮尺将筒口量砂刮平。

②推平板(图 5-24)：推平板应为木制或铝制，直径 50mm，底面粘一层厚 1.5mm 的橡胶片，上面有一圆柱把手。

(2)刮平尺:可用 30cm 钢尺代替。

(3)量砂:足够数量的干燥洁净的匀质砂,粒径为 0.15~0.3mm。

(4)量尺:钢板尺、钢卷尺,或采用已按式(5-15)将直径换算成构造深度作为刻度单位的专用构造深度尺。

(5)其他:装砂容器(小铲)、扫帚或毛刷、挡风板等。

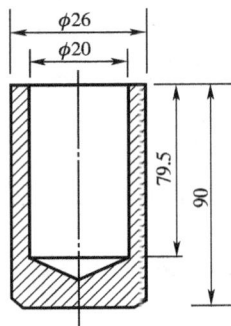

图 5-23　量砂筒示意图

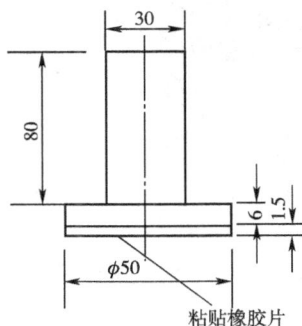

图 5-24　推平板示意图

3. 方法与步骤

1)准备工作

(1)量砂准备:取洁净的细砂,晾干过筛,取 0.15~0.3mm 的砂置适当的容器中备用。量砂只能在路面上使用一次,不宜重复使用。

(2)按《公路路基路面现场测试规程》(JTG E60—2008)附录 A 的方法,对测试路段按随机取样选点的方法,决定测点所在横断面位置。测点应选在车道的轮迹带上,距路面边缘不应小于 1m。

2)试验步骤

(1)用扫帚或毛刷将测点附近的路面清扫干净,面积不小于 30cm×30cm。

(2)用小铲装砂,沿筒壁向圆筒中注满砂,手提圆筒上方,在硬质路面上轻轻地叩打 3 次,如图 5-25 所示,使砂密实,补足砂面用钢尺一次刮平。不可直接用量砂筒装砂,以免影响量砂密度的均匀性。

(3)如图 5-26 所示,将砂倒在路面上,用底面粘有橡胶片的推平板,由里向外重复做摊铺运动,稍稍用力将砂细心地尽可能地向外摊开,使砂填入凹凸不平的路表面的空隙中,尽可能将砂摊成圆形,并不得在表面上留有浮动余砂。注意摊铺时不可用力过大或向外推挤。

图 5-25　量砂筒装砂(叩击地面)

图 5-26　摊铺砂图

(4)如图 5-27 所示,用钢板尺测量所构成圆的两个垂直方向的直径,取其平均值,准确至 5mm。

（5）按以上方法,同一处平行测定不少于 3 次,3 个测点均位于轮迹带上,测点间距 3～5m。对同一处,应该由同一个试验员进行测定。该处的测定位置以中间测点的位置表示。

图 5-27 测量摊铺砂直径

4. 计算

（1）路面表面构造深度测定结果按式（5-15）计算。

$$TD = \frac{1000V}{\pi D^2/4} = \frac{31831}{D^2} \qquad (5-15)$$

式中: TD——路面表面构造深度（mm）;

V——砂的体积（25cm³）;

D——摊平砂的平均直径（mm）。

（2）每一处均取 3 次路面构造深度的测定结果的平均值作为试验结果,精确至 0.01mm。

（3）计算每一个评定区间路面构造深度的平均值、标准差、变异系数。

5. 报告

（1）列表逐点报告路面构造深度的测定值及 3 次测定的平均值。当平均值小于 0.2mm 时,试验结果以小于 0.2mm 表示。

（2）每个评定区间路面构造深度的平均值、标准差、变异系数。

【检测方法 3】 电动铺砂法测定路面构造深度试验方法

1. 目的和适用范围

本方法适用于测定沥青路面及水泥混凝土路面表面构造深度,用以评定路面表面的宏观构造。

2. 仪具与材料

（1）电动铺砂仪,如图 5-28 所示:利用可充电的直流电源将量砂通过砂漏铺设成宽度 5cm、厚度均匀一致的器具。

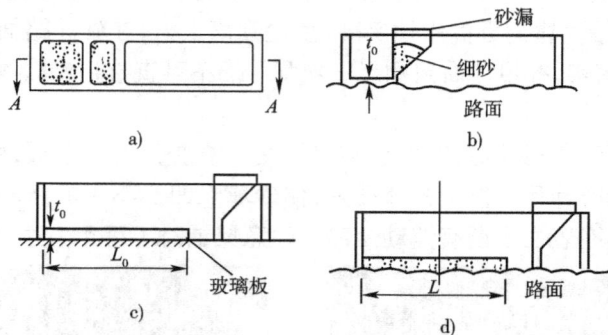

图 5-28 电动铺砂仪

a)平面图;b)A-A 断面;c)标定;d)测定

（2）量砂:足够数量的干燥洁净的匀质砂,粒径为 0.15～0.3mm。

（3）标准量筒:容积 50mL。

（4）玻璃板:面积大于铺砂器,厚 5mm。

（5）其他:直尺、扫帚、毛刷等。

3. 方法与步骤

1）准备工作

（1）量砂准备：取洁净的细砂，晾干，过筛，取 0.15 ~ 0.3mm 的砂置适当的容器中备用。

（2）对测试路段按随机取样选点的方法，决定测点所在横断面的位置、测点应选在行车道的轮迹带上，距路面边缘应不小于 1m。

2）电动铺砂器标定

（1）将铺砂器平放在玻璃板上，将砂漏移至铺砂器端部。

（2）将灌砂漏斗口和量筒口大致齐平。通过漏斗向量筒中缓缓注入准备好的量砂至高出量筒成尖顶状，用直尺沿筒口一次刮平，其容积为 50mL。

（3）将漏斗口与铺砂器砂漏上口大致齐平。将砂通过漏斗均匀倒入砂漏，漏斗前后移动，使砂的表面大致齐平。但不得用任何其他工具乱动砂。

（4）开动电动机，使砂漏向另一端缓缓运动，量砂沿砂漏底部铺成宽 5cm 的带状，待砂全部漏完后停止。

（5）如图 5-29 所示，由 L_1 及 L_2 的平均值决定量砂的摊铺长度 L_0，精确至 1mm。

（6）重复标定 3 次，取平均值决定 L_0，精确至 1mm。

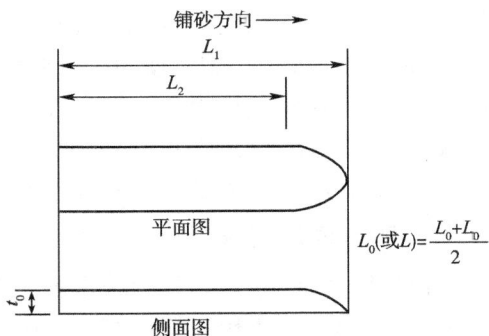

图 5-29 决定 L_0 或 L 的方法

L_0-玻璃板上 50mL 量砂摊铺的长度（mm）；L-路面上 50mL 量砂摊铺的长度（mm）

标定应在每次测试前进行，用同一种量砂，由同一试验员承担测试。

3）测试步骤

（1）将测试地点用毛刷刷净，面积大于铺砂仪。

（2）将铺砂仪沿道路纵向平稳地放在路面上，将砂漏移至端部。

（3）按上述电动铺砂器标定（2）~（5）相同的步骤，在测试地点摊铺 50mL 量砂，量取摊铺长度 L_1 及 L_2。按式（5-16）计算 L，准确至 1mm。

$$L = \frac{L_1 + L_2}{2} \tag{5-16}$$

（4）按以上方法，同一处平行测定不少于 3 次，3 个测点均位于轮迹带上，测点间距 3 ~ 5m，该处的测定位置以中间测点的位置表示。

4. 计算

（1）按式（5-17）计算铺砂仪在玻璃板上摊铺的量砂厚度 t_0。

$$t_0 = \frac{V}{B \times L_0} \times 1000 = \frac{1000}{L_0} \tag{5-17}$$

式中：t_0——量砂在玻璃板上摊铺的标定厚度（mm）；

V——量砂体积（50mL）；

B——铺砂仪铺砂宽度（50mm）；

L_0——量砂在玻璃板上摊铺的标定厚度（mm）。

（2）按式（5-18）计算路面构造深度 TD。

$$TD = \frac{L_0 - L}{L \times L_0} \times t_0 = \frac{L_0 - L}{L \times L_0} \times 1000 \tag{5-18}$$

式中：TD——路面的构造深度（mm）。

（3）每一处均取 3 次路面构造深度的测定结果的平均值作为试验结果，精确至 0.1mm。

(4)计算每一个评定区间路面构造深度的平均值、标准差、变异系数。

(三)抗滑性能检测中应注意的问题

(1)用摆式仪法测定时"标定滑动长度"是一个非常重要的环节,标定时应取滑溜块与路面正好轻轻接触的点进行量取。切不可给摆锤一个力,让它有滑动后再量取,这样标定,则滑动长度偏长,所测摆值偏大。

(2)在用手工铺砂法测路面构造深度时,不同的人进行测试,所测结果往往差别较大,其原因较多,例如装砂的方法不标准,摊砂用的推平板不标准,最主要的是砂摊开到多大程度为止,各人掌握得不一。为了使测试结果准确可靠,在前面介绍时对容易产生误差的地方都有明确的规定,且摊开时用"尽可能向外摊平使砂填入凹凸不平的路表面空隙中,在地表面上形成一薄层"的提法。测试时应严格掌握操作方法中的细节问题。

【检测方法4】 路面横向力系数测定方法

1.目的适用范围

(1)本方法适用于工作原理和结构与 SCRIM 测定车相同的横向力系数测试系统在新建、改建路面工程质量验收和无严重坑槽、车辙等病害的正常行车条件下连续采集路面的横向力系数。

(2)本方法的数据采集、传输、记录和处理分别由专用软件自动控制进行。

2.仪具与材料技术要求

1)测试系统组成

测试系统由承载车辆、距离测试装置、横向力测试装置、供水装置和主控制系统组成如图5-30所示。主控制系统除实施对测试装置和供水装置的操作控制外,同时还控制数据的传输、记录与计算等环节。

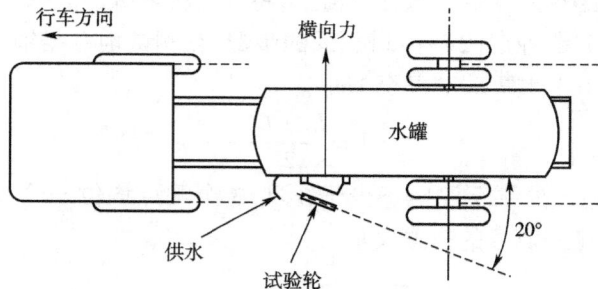

图 5-30 单轮式横向力系数测试系统构造示意图

2)设备承载车基本技术要求和参数

横向力系数测试系统的承载车辆应为能够固定和安装测试、储供水、控制和记录等系统的载货车底盘,具有在水罐满载状态下最高车速大于 100km/h 的性能。

3)测试系统技术要求和参数

(1)测试轮胎类型:光面天然橡胶充气轮胎。

(2)测试轮胎规格:3.00/20。

(3)测试轮胎标准气压:350kPa +20kPa。

(4)测试轮偏置角:19.5° ~21°。

(5)测试轮静态垂直标准荷载:2000N ±20N。

(6)拉力传感器非线性误差:<0.05%。

(7)拉力传感器有效量程:0 ~2000N。

(8) 距离标定误差：<2%。

3. 方法与步骤

1) 准备工作

(1) 每个测试项目开始前或连续测试超过 1000km 后必须按照设备使用手册规定的方法进行测试系统的标定，记录标定数据并存档。

(2) 检查测试车轮胎气压，应达到车辆轮胎规定的标准气压。

(3) 检查测试轮胎磨损情况，当其直径比新轮胎减小达 6mm（也即胎面磨损 3mm）以上或有明显磨损裂口时，必须立即更换新轮胎，更换的新轮胎在正式测试前应试测 2km。

(4) 检测测试轮胎气压，应达到 0.35MPa±0.02MPa 的要求。

(5) 检查测试轮固定螺栓应拧紧。将测试轮放到正常测试时的位置，检查其应能够沿两侧滑柱上下自由升降。

(6) 根据测试里程的需要向水罐加注清洁测试用水。

(7) 检查洒水口出水情况和洒水位置应正常；洒水位置应在测试轮触地面中点沿行驶方向前方 400mm±50mm 处，洒水宽度应大中心线两侧各不小于 75mm。

(8) 将控制面板电源打开，检查各项控制功能键、指示灯和技术参数选择状态应正常。

2) 测试步骤

(1) 正式开始测试前，首先应按设备操作手册规定的时间要求对系统进行通电预热。

(2) 进入测试路段前应将测试轮胎降至路面上预跑约 500m。

(3) 按照设备操作手册的规定和测试路段的现场技术要求设置完毕所需的测试状态。

(4) 驾驶员在进入测试路段前应保持车速在规定的测试速度范围内，沿正常行车轨迹驶入测试路段。

(5) 进入测试路段后，测试人员启动系统的采集和记录程序。在测试过程中必须及时准确地将测试路段的起终点和其他需要特殊标记点的位置输入测试数据记录中。

(6) 当测试车辆驶出测试路段后，仪器操作人员停止数据采集和记录，提升测量轮并恢复仪器各部分至初始状态。

(7) 操作人员检查数据文件应完整，内容应正常，否则需要重新测试。

(8) 关闭测试系统电源，结束测试。

4. SFC 值的修正

1) SFC 值的速度修正

测试系统的标准测试速度范围规定为 50km/h±4km/h，其他速度条件下测试的 SFC 值必须通过式(5-19)转换至标准速度下的等效 SFC 值。

$$SFC_{标} = SFC_{测} - 0.22(v_{标} - v_{测}) \qquad (5-19)$$

式中：$SFC_{标}$——标准测试速度下的等效 SFC 值；

$\quad SFC_{测}$——现场实际测试速度条件下的 SFC 测试值；

$\quad v_{标}$——标准测试速度(km/h)，取值 50km/h；

$\quad v_{测}$——现场实际测试速度(km/h)。

2) SFC 值的温度修正

测试系统的标准现场测试地面温度范围为 20℃±5℃，其他地面温度条件下测试的 SFC 值必须通过表 5-10 转换至标准温度下的等效 SFC 值。系统测试要求地面温度控制在 8~

60℃范围内。

温度	10	15	20	25	30	35	40	45	50	55	60
修正	−3	−1	0	+1	+3	+4	+6	+7	+8	+9	+10

5. 不同类型摩擦系数测试设备间相关关系对比试验

1）基本要求

不同类型摩擦系数测试设备的测值应换算成 SFC 值后使用,所以制动式摩擦系数测试设备和其他类型横向力式测试设备在使用时必须和 SCRIM 系统进行对比试验,建立测试结果与 SCRIM 系统测值——SFC 值的相关关系。

2）试验条件

（1）按 SFC 值 0 ~ 30、30 ~ 50、50 ~ 70、70 ~ 100 的范围选择 4 段不同摩擦系数的路段,路段长度可为 100 ~ 300m。

（2）对比试验路段地面应清洁干燥,地面温度应在 10 ~ 30℃范围内,天气条件宜为晴天无风。

3）试验步骤

（1）测试系统和需要进行对比试验的其他类型设备分别按准备工作的方法及其操作手册规定的程序准备就绪。

（2）两套设备分别以 40km/h、50km/h、60km/h、70km/h、80km/h 的速度在所选择的 4 种试验路段上各测试 3 次,3 次测试的平均值的绝对差值不得大于 5,否则重测。

（3）两种试验设备设置的采样频率差值不应超过 1 倍,每个试验路段的采样数据量不应少于 10 个。

4）试验数据处理

（1）分别计算出每种速度下各路段 3 次测试结果的总平均值和标准差,超过 3 倍标准差的值应予舍弃。

（2）用数理统计的回归分析方法建立试验设备测值与速度的相关关系式,相关系数 R 不得小于 0.95。

（3）建立不同速度下试验设备测值 SFC 的相关关系式,相关系数 R 不得小于 0.95。

6. 报告

报告应包括横向力系数 SFC 的平均值、标准差、代表值及现场测试速度和温度。

检测项目四　沥青路面渗水系数检测

沥青路面铺筑的一个基本特点是沥青层能够基本上封闭雨水的下渗,即路面必须具有良好的渗水性,如果路面渗水严重,则沥青混合料和路面的耐久性将大幅降低。因此,沥青路面渗水性能成为反映沥青混合料级配组成的一个间接指标。如果整个沥青面层均透水,则表面水势必透入基层或路基,大幅降低路面承载能力,且易导致水损害快速出现。因此沥青面层中至少有一层不透水,且表面层能透水,则表面水能及时下渗,不致形成水膜,提高抗滑性能,减少噪声,如 OGFC 等透水型路面。

沥青路面渗水性能通常用渗水系数表征,渗水系数是指在规定的水头压力下,水在单位时间内通过一定面积的路面渗入下层的数量,单位为 mL/min。

研究与实践表明,路面渗水系数与空隙率有很大关系,通常剩余空隙率越大,路面渗水系数越大,路面渗水越严重。但同样的空隙率,路面的渗水情况却不同,因为空隙率包括了开口空隙和闭口空隙,而只有开口空隙才能够透水。由此可见,渗水系数与空隙率又是性质不同的两项指标,控制好空隙率和压实度,并不能完全保证渗水性能。同时,渗水系数非常直观,所以很多国家越来越重视直接检查渗水系数。

1.目的和适用范围

本方法适用于在路面现场测定沥青路面的渗水系数。

2.仪具与材料技术要求

(1)路面渗水仪:形状及尺寸如图 5-31 所示,上部盛水量筒由透明有机玻璃制成,容积 600mL,上有刻度,在 100mL 及 500mL 处有粗标线,下方通过 $\phi10mm$ 的细管与底座相接,中间有一开关。量筒通过支架联结,底座下方开口内径 $\phi150mm$,外径 220mm,仪器附不锈钢圈压重两个,每个质量约 5kg,内径 $\phi160mm$。

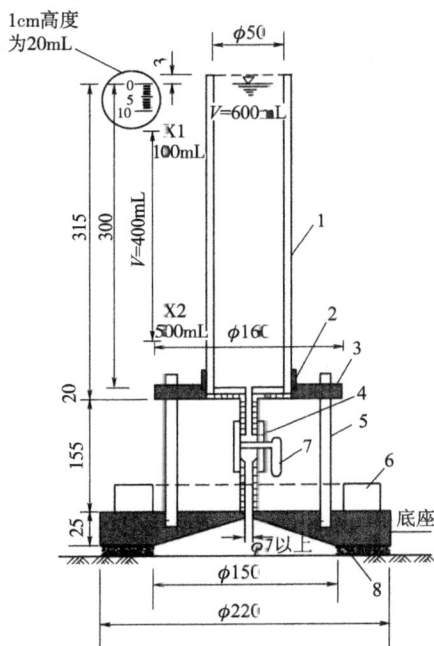

（此处为图示，含标注：1cm高度为20mL、φ50、V=600mL、X1 100mL、315、300、V=400mL、X2 500mL、φ160、20、155、25、φ7以上、φ150、φ220、底座、1、2、3、4、5、6、7、8）

图 5-31 渗水仪(单位:mm)

1-透明有机玻璃筒;2-螺纹连接;3-顶板;4-阀;5-立柱支架;6-压重铁圈;7-把手;8-密封材料

(2)水筒及大漏斗。

(3)秒表。

(4)密封材料:防水腻子、油灰或橡皮泥。

(5)其他:水、粉笔、塑料圈、刮刀、扫帚等。

3.方法与步骤

1)准备工作

(1)在测试路段的行车道面上,按《公路路基路面现场测试规程》(JTG E60—2008)附录 A 随机取样方法选择测试位置,每一个检测路段应测定 5 个测点,并用粉笔画上测试标记。

(2)试验前,首先用扫帚清扫表面,并用刷子将路面表面的杂物刷去。杂物的存在一方面会影响水的渗入;另一方面也会影响渗水仪和路面或者试件的密封效果。

2）测试步骤

（1）将塑料圈置于试件中央或者路面表面的测点上，用粉笔分别沿塑料圈的内侧和外侧上画圈，在外环和内环之间的部分就是需要用密封材料进行密封的区域。

（2）用密封材料对环状密封区域进行密封处理，注意不要使密封材料进入内圈。如果密封材料不小心进去内圈，必须用刮刀将其刮走。然后再将搓成拇指粗细的条状密封材料摞在环状密封区域的中央，并且摞成一圈。

（3）将渗水仪放在试件或者路面表面的测点上，注意使渗水仪的中心尽量和圆环中心重合，然后略微使劲将渗水仪压在条状密封材料表面，再将配重加上，以防压力水从底座与路面间流出。

（4）将开关关闭，向量筒中注满水，然后打开开关，使量筒中的水下流排出渗水仪底部内的空气，当量筒中水面下降速度变慢时用双手轻压渗水仪使渗水仪底部的气泡全部排出。关闭开关，并再次向量筒中注满水。

（5）将开关打开，待水面下降至100mL刻度时，立即开动秒表开始计时，每间隔60s，读记仪器管的刻度一次，至水面下降500mL时为止。测试过程中，如水从底座与密封材料间渗出，说明底座与路面密封不好，应移至附近干燥路面处重新操作，当水面下降速度较慢，则测定3min的渗水量即可停止；如果水面下降速度较快，在不到3min的时间内到达了500mL刻度线，则记录到达了500mL刻度线时的时间；若水面下降至一定程度后基本保持不动，说明基本不透水或根本不透水，在报告中注明。

（6）按以上步骤在同一个检测路段选择5个测点测定渗水系数，取其平均值作为检测结果。

4. 计算

计算时以水面从100mL下降到500mL所需要的时间为标准，若渗水时间过长，也可以采用3min通过的水量计算。

$$C_w = \frac{V_2 - V_1}{t_2 - t_1} \times 60 \qquad (5\text{-}20)$$

式中：C_w——路面渗水系数（mL／min）；

V_1——第一次计时时的水量（mL），通常为100mL；

V_2——第二次计时时的水量（mL），通常为500mL；

t_1——第一次计时时的时间（s）；

t_2——第二次计时时的时间（s）。

5. 报告

现场检测每一个检测路段应测定5个测点，计算其平均值作为检测结果。若路面不渗水，在报告中注明渗水系数为0。

综合练习题

一、名词解释

1. 沥青贯入式路面；2. 沥青表面处治；3. 稀浆封层；4. 微表处；5. 透层；6. 黏层

二、填空题

1. 平整度的测试设备分为两类，一类为（　　　　　），最常用的有（　　　　　　）和连续式平整度仪；另一类为反应类，常用的有（　　　　　　）。

2. 沥青混合料密度测定方法有（　　　）、（　　　）、（　　　）、（　　　）4 种。

3. 沥青混凝土面层抗滑指标为（　　　　）和（　　　　　　）。

4. 弯沉仪（贝克曼梁）有（　　　　）和（　　　　）两种规格，杠杆比为（　　　　　）。

5. 常见的平整度测试方法有（　　　　）、（　　　　）和（　　　）三种，相应的技术指标分别为（　　　　　　）、（　　　　　　）和（　　　　）。

6. 沥青混合料规定了三种标准密度，它们是（　　　　　）、（　　　　　　）和实测最大理论密度。

7. 路面表面特征包括（　　　　　　　）和细构造。

8. 弯沉测试中，当弯沉仪置于规定位置，调整百分表读数 300，指挥汽车缓缓前进迅速读取最大读数为 360，当汽车开出影响半径以外百分表读数稳定后，读取终读数为 270，那么该测点处回弹弯沉为（　　　　）（0.01mm）。

9. 用摆式仪法测定路面摩擦系数时，如果摆及摆连接部分总质量小于标准值，则测定的路面摩擦系数比真实值（　　　　　）。

10. 其他情况一致的条件下，路表构造深度越大，路面的抗滑能力（　　　　　）。

三、问答题

1. 试述影响路面抗滑性能的主要因素。

2. 试述摆式仪测定路面抗滑值中，滑动长度对结果的影响。为什么？

3. 什么是路面的回弹弯沉和设计弯沉值？在什么情况下应对弯沉检测值进行修正？

4. 测定路面平整度常用的方法有哪些？各方法适用场合是什么？

5. 沥青面层弯沉检测中，应进行哪几方面的修正？为什么？

6. 何谓沥青面层压实度？沥青混凝土面层压实度可采用什么方法测定？沥青混合料密度如何测定？

四、计算题

用摆式摩擦仪测定沥青路面的摩擦摆值（路面温度为 25℃），其测定结果如题表 5-1 所示，试计算该处路面的摩擦摆值。（已知温度修正值为 $\Delta F = 2$）

题表 5-1

测点桩号	测定平行值（BPN）					
	1	2	3	4	5	6
K2 +315	49	52	51	53	51	52
K2 +320	49	48	48	55	50	51
K2 +325	51	52	51	49	50	—

学习情境 6

公路工程质量检验评定

情境描述

　　公路工程质量检验评定学习情境内容包括:公路工程质量检验评定方法、路基土石方工程质量检验评定、路面工程质量检验评定三个方面。本学习情境旨在通过三项不同的工作任务,使学生熟悉公路工程质量检验评定方法,明确分项工程计分规定,具备对路基土石方工程、路面工程质量检验和评定的能力。

任务 1　公路工程质量检验评定方法

▶▶ 任务分析

通过学习《公路工程质量检验评定标准》(JTG F80/1—2004)工程质量评定中一般规定、工程质量评分方法、工程质量等级评定的内容,掌握公路工程质量检验评定方法,加强公路工程质量管理,保证工程质量。

▶▶ 任务实施

一、概述

《公路工程质量检验评定标准》(JTG F80/1—2004)适用于公路工程施工单位、工程监理单位、建设单位、质量检测机构和质量监督部门对公路工程质量的管理、监控和检验评定。

该标准适用于四级及四级以上公路的新建、改建工程的质量检验评定。

根据建设任务、施工管理和质量检验评定的需要,应在施工准备阶段将建设项目划分为单位工程、分部工程和分项工程。施工单位、工程监理单位和建设单位应按相同的工程项目划分进行工程质量的监控和管理。

1. 单位工程

在建设项目中,根据签订的合同,具有独立施工条件的工程可划分为单位工程。每个合同段范围内的路基工程、路面工程、交通安全设施分别作为一个单位工程;特大桥、大桥、中桥、隧道以每座作为一个单位工程(特大桥、大桥、特长隧道、长隧道分为多个合同段施工时,以每个合同段作为一个单位工程);互通式立体交叉的路基、路面、交通安全设施按合同段纳入相应单位工程,桥梁工程按特大桥、大桥、中桥分别作为一个单位工程。

2. 分部工程

在单位工程中,应按结构部位、路段长度及施工特点或施工任务分为若干个分部工程。每个合同段的路基土石方、排水、小桥、涵洞、支挡、路面面层、标志、防护栏等分别作为一个分部工程;桥梁上部、下部各作为一个分部工程;隧道衬砌、总体各作为一个分部工程。

3. 分项工程

在分部工程中,应按不同的施工方法、材料、工序及路段长度等划分为若干个分项工程。

路基、路面单位工程中分部工程和分项工程的划分见表 6-1。

二、工程质量评分

工程质量检验评分以分项工程为单元,采用 100 分制进行。在分项工程评分的基础上,逐级计算各相应分部工程、单位工程、合同段和建设项目评分值。

施工单位应对各分项工程按《公路工程质量检验评定标准》(JTG F80/1—2004)所列基本要求、实测项目和外观鉴定进行自检,按"分项工程质量检验评定表"及相关施工技术规范提交真实、完整的自检资料,对工程质量进行自我评定。

路基、路面单位工程中分部工程及分项工程的划分　　　　　表 6-1

单位工程	分部工程	分项工程
路基工程 （每 10km 或每标段）	路基土石方工程*（1～3km 路段）	土方路基*、石方路基*、软土地基*、土工合成材料处置层*等
	排水工程（1～3km 路段）	管节预制、管道基础及管节安装*、检查（雨水）井砌筑*、土沟、浆砌排水沟*、盲沟、跌水、急流槽*、水簸箕、排水泵站等
	小桥及符合小桥标准的通道*、人行天桥，渡槽（每座）	基础及下部构造*，上部构造预制、安装或浇注*，桥面*，栏杆，人行道等
	涵洞、通道（1～3km 路段）	基础及下部构造*，主要构件预制、安装或浇注*，填土，总体等
	砌筑防护工程（1～3km 路段）	挡土墙*，墙背填土，抗滑桩*，锚喷防护*，锥、护坡，导流工程，石笼防护等
	大型挡土墙*，组合式挡土墙*（每处）	基础*，墙身*，墙背填土，构件预制*，构件安装*，筋带，锚杆、拉杆，总体*等
路面工程 （每 10km 或每标段）	路面工程（1～3km 路段）*	底基层*、基层*、面层*、垫层、联结层、路缘石、人行道、路肩、路面边缘排水系统等

注：1. 表内标注 * 者为主要工程，评分时给以 2 的权值，不带 * 者，为一般工程，权值为 1。

2. 按路段长度划分的分部工程，高速公路、一级公路宜取低值，二级及二级以下公路可取高值。

工程监理单位应按规定要求对工程质量进行独立抽检，对施工单位检评资料进行签认，对工程质量进行评定。

建设单位根据对工程质量的检查及平时掌握的情况，对工程监理单位所做的工程质量评分及等级进行审定。

质量监督部门、质量检测机构可依据《公路工程质量检验评定标准》（JTG F80/1—2004）对公路工程质量进行检测、鉴定。

1. 工程质量评分方法

分项工程质量检验内容包括基本要求、实测项目、外观鉴定和质量保证资料四个部分。基本要求具有质量否决权，只有在其使用的原材料、半成品、成品及施工工艺符合基本要求的规定，且无严重外观缺陷和质量保证资料真实并基本齐全时，才能对分项工程质量进行检验评定。

涉及结构安全和使用功能的重要实测项目为关键项目（在文中以"Δ"标识），其合格率不得低于 90%（属于工厂加工制造的桥梁金属构件不低于 95%，机电工程为 100%），且检测值不得超过规定极限值，否则必须进行返工处理。

实测项目的规定极值是指任一单个检测值都不能突破的极限值，不符合要求时该实测项目为不合格。

分项工程的评分值满分为 100 分，按实测项目采用加权平均法计算。存在外观缺陷或资料不全时，须予减分。

$$分项工程得分 = \frac{\sum[检查项目得分 \times 权值]}{\sum 检查项目权值}$$

分项工程评分值 = 分项工程得分 - 外观缺陷减分 - 资料不全减分

1）基本要求检查

分项工程所列基本要求对施工质量优劣具有关键作用,应按基本要求对工程进行认真检查。经检查不符合基本规定要求时,不得进行工程质量的检验和评定。

2)实测项目计分

对规定检查项目采用现场抽样方法,按照规定频率和下列计分方法对分项工程的施工质量直接进行检测计分。

检查项目除按数理统计方法评定的项目以外,均应按单点(组)测定值是否符合标准要求进行评定,并按合格率计分。

$$检查项目合格率 = \frac{检查合格的点(组)数}{该检查项目的全部检查点(组)数} \times 100\%$$

$$检查项目得分 = 检查项目合格率 \times 100$$

对于路基路面压实度、弯沉值、路面结构层厚度、水泥混凝土抗压和抗弯拉强度、半刚性材料强度及路面横向力系数等项目,则应按要求采用有关数理统计方法进行评定计分。除路面横向力系数外,其余均为分项工程中的关键项目,不符合要求时该分项工程评为不合格。

3)外观缺陷减分

对工程外表状况应逐项进行全面检查,如发现外观缺陷,应进行减分。对于较严重的外观缺陷,施工单位须采取措施进行整修处理。

4)资料不全减分

分项工程的施工资料和图表残缺,缺乏最基本的数据,或有伪造涂改者,不予检验和评定。资料不全者应予减分,减分幅度可按照质量保证资料所列各款逐款检查,视资料不全情况,每款减 1~3 分。

2. 分部工程和单位工程质量评分

表 6-1 所列分项工程和分部工程区分为一般工程和主要(主体)工程,分别给以 1 和 2 的权值。进行分部工程和单位工程评分时,采用加权平均值计算法确定相应的评分值。

$$分部(单位)工程评分值 = \frac{\sum[分项(分部)工程评分值 \times 相应权值]}{\sum 分项(分部)工程权值}$$

3. 合同段和建设项目工程质量评分

合同段和建设项目工程质量评分值按《公路工程竣(交)工验收办法》计算。

$$合同段工程质量得分 = \frac{\sum[单位工程得分 \times 单位工程投资额]}{\sum 单位工程投资额}$$

$$合同段工程质量鉴定得分 = 合同段工程质量得分 - 内业资料扣分$$

4. 质量保证资料

施工单位应有完善的施工原始记录、试验数据、分项工程自查数据等质量保证资料,并进行整理分析,负责提交齐全、真实和系统的施工资料和图表。工程监理单位负责提交齐全、真实和系统的监理资料。质量保证资料应包括以下六个方面:

(1)所用原材料、半成品和成品质量检验结果;

(2)材料配比、拌和、加工控制检验和试验数据;

(3)地基处理、隐蔽工程施工记录和大桥、隧道施工监控资料;

(4)各项质量控制指标的试验记录和质量检验汇总图表;

(5)施工过程中遇到的非正常情况记录及其对工程质量影响分析;

(6)施工过程中如发生质量事故,经处理补救后,达到设计要求的认可证明文件。

三、工程质量等级评定

1. 分项工程质量等级评定

分项工程评分值不小于 75 分者为合格,小于 75 分者为不合格;机电工程、属于工厂加工制造的桥梁金属构件不小于 90 分者为合格,小于 90 分者为不合格。

评定为不合格的分项工程,经加固、补强或返工、调测,满足设计要求后,可以重新评定其质量等级,但计算分部工程评分值时按其复评分值的90%计算。

2. 分部工程质量等级评定

所属各分项工程全部合格,则该分部工程评为合格;所属任一分项工程不合格,则该分部工程为不合格。

3. 单位工程质量等级评定

所属各分部工程全部合格,则该单位工程评为合格;所属任一分部工程不合格,则该单位工程为不合格。

4. 合同段和建设项目质量等级评定

合同段和建设项目所含单位工程全部合格,其工程质量等级为合格;所属任一单位工程不合格,则合同段和建设项目为不合格。

【案例 1】

某一级公路分部工程项目 C,包含 A 和 B 两个分项工程,两分项工程权值均为 1,两者的实测项目得分见表 6-2。

实 测 项 目 得 分 表 6-2

	实测项目	A1	A2	A3	A4	A5	A6	A7	扣分和减分
分项工程 A	工程实测得分	95	93	90	89	88	85	90	2
	规定权值	3	3	2	2	2	2	1	
	实测项目	B1	B2	B3	B4	B5	B6		扣分和减分
分项工程 B	工程实测得分	96	80	76	75	85	83		3
	规定权值	3	1	1	1	1	1		

实测项目 B1 的得分值是在分项工程 B 第一次实测计算得分评定为不合格后,进行返工处理满足设计要求后测得的分值,试计算分部工程 C 的得分值并评定其质量等级。

解析:

$$\text{分项工程 A 的得分值} = \frac{\sum[\text{检查项目得分} \times \text{权值}]}{\text{检查项目权值}}$$

$$= \frac{95 \times 3 + 93 \times 3 + 90 \times 2 + 89 \times 2 + 88 \times 2 + 85 \times 2 + 90 \times 1}{3 + 3 + 2 + 2 + 2 + 2 + 1}$$

$$= 90.53 (\text{分})$$

$$\text{分项工程 A 的评分值} = \text{分项工程得分} - \text{外观缺陷扣分} - \text{资料不全扣分}$$

$$= 90.53 - 2 = 88.53 > 75 \text{ 分}$$

$$分项工程 B 的复测得分值 = \frac{\sum[检查项目得分 \times 权值]}{检查项目权值}$$

$$= \frac{96 \times 3 + 80 \times 1 + 76 \times 1 + 75 \times 1 + 85 \times 1 + 83 \times 1}{3 + 1 + 1 + 1 + 1 + 1}$$

$$= 85.875(分)$$

分项工程 B 的复评分值 = 分项工程得分 – 外观缺陷扣分 – 资料不全扣分

$$= 85.875 - 3 = 82.875(分)$$

因为分项工程 B 是返工处理后的评分值,在进行分部工程评分时,应按复评分值 90%计算。

分部工程 C 的得分是:

$$\frac{88.53 + 82.875 \times 0.9}{1 + 1} = 81.56 > 75$$

因为分部工程 C 所属分项工程 A 和 B 全部合格,所以 C 分部工程评定为合格。

【案例 2】

某二级公路仅有路基、路面两个单位工程,其分部工程有路基土石方工程(分项工程仅土方工程一项,该分项工程实测项目得分 93 分,外观扣分 2 分),涵洞、通道工程得分 85 分(分项工程均合格),排水工程(含浆砌排水沟分项工程和急流槽分项工程,合格)得分 82 分,路面工程(分项工程均合格)得分 88 分。试对此二级公路各分部工程和单位工程进行评分,并确定其质量等级。

解析:(1)分部工程

①路基土石方工程:

土方分项工程得分为 93 – 2 = 91(分),合格。

所以该路基土石方分部工程得分 91 分,所属分项工程全合格,所以该分部工程合格。

②涵洞、通道工程:85 分,所属分项工程全合格,该分部工程合格。

③排水工程:82 分,所属分项工程全合格,该分部工程合格。

④路面工程:88 分,所属分项工程全合格,该分部工程合格。

(2)单位工程

①路基工程:

得分为 $\frac{91 \times 2 + 85 \times 1 + 82 \times 1}{2 + 1 + 1} = 87.25$ 分,所属分部工程全合格,该单位工程合格。

(路基土方工程属主要工程,其权值为 2,涵洞、通道工程为一般工程,权值为 1,排水工程为一般工程,权值为 1。)

②路面工程:88 分,所属分部工程全合格,该单位工程合格。

任务 2　路基土石方工程质量检验评定

▶▶任务分析

通过学习路基土石方工程质量检验评定的一般规定,土方路基、石方路基、软土地基处治层的基本要求、实测项目及外观鉴定,掌握路基土石方工程质量检验评定的实测项目、检查方法和频率的规定。

▶▶任务实施

一、一般规定

(1)土方路基和石方路基的实测项目技术指标的规定值或允许偏差按高速公路、一级公路和其他公路(指二级以下公路)两档设定,其中土方路基压实度按高速公路和一级公路、二级公路、三级和四级公路三档设定。

(2)本部分规定的实测项目的检查频率,如果检查路段以延米计时,则为双车道公路每一检查段内的最低检查频率;多车道公路必须按车道数与双车道之比,相应增加检查数量。

(3)路基压实度须分层检测,并符合相应的要求。路基其他检查项目均在路基顶面进行检查测定。

(4)路肩工程可作为路面工程的一个分项工程进行检查评定。

(5)服务区停车场、收费广场的土方工程压实标准可按土方路基要求进行监控。

二、土方路基

1.基本要求

(1)在路基用地和取土坑范围内,应清除地表植被、杂物、积水、淤泥和表土,处理坑塘,并按规范和设计要求对基底进行压实。

(2)路基填料应符合规范和设计的规定,经认真调查、试验后合理选用。

(3)填方路基应分层填筑压实,每层表面平整,路拱合适,排水良好。

(4)施工临时排水系统应与设计排水系统结合,避免冲刷边坡,勿使路基附近积水。

(5)在设定取土区内合理取土,不得滥开滥挖,完工后应按照要求对取土坑和弃土场进行修整,保持合理的几何外形。

2.实测项目

实测项目,见表6-3。

3.外观鉴定

(1)路基表面平整,边线直顺,曲线圆滑。不符合要求时,单向累计长度每50m减1~2分。

(2)路基边坡坡面平顺、稳定,不得亏坡,曲线圆滑。不符合要求时,单向累计长度每50m减1~2分。

(3)取土坑、弃土堆、护坡道、碎落台的位置适当,外形整齐、美观,防止水土流失。不符合要求时,每处减1~2分。

三、石方路基

1.基本要求

(1)石方路堑的开挖宜采用光面爆破法。爆破后应及时清理险石,确保边坡安全、稳定。

(2)修筑填石路堤时,应进行地表清理,逐层水平填筑石块,摆放平稳,码砌边部。填筑层厚度及石块尺寸应符合设计和施工规范规定,填石空隙用石渣、石屑嵌压稳定。上、下路床填料和石料最大尺寸应符合规范规定。采用振动压路机分层碾压,压至填筑层顶面石块稳定,20t以上的压路机振压两遍无明显高程差异。

（3）路基表面应整修平整。

土方路基实测项目　　　　　　　　　　　　　　　　表 6-3

项次	检查项目			规定值或允许偏差			检查方法和频率	权值
				高速公路一级公路	其他公路			
					二级公路	三、四级公路		
1△	压实度（%）	零填及挖方（m）	0~0.30	—	—	94	按有关方法检查密度法：每200m 每压实层测 4 处	3
			0~0.80	≥96	≥95	—		
		填方（m）	0~0.80	≥96	≥95	≥94		
			0.80~1.50	≥94	≥94	≥93		
			>1.50	≥93	≥92	≥90		
2△	弯沉（0.01mm）			不大于设计要求值			按路基、柔性基层、沥青路面弯沉值评定	3
3	纵断高程（mm）			+10，-15	+10，-20		水准仪：每200m 测 4 断面	2
4	中线偏位（mm）			50	100		经纬仪：每200m 测 4 点，弯道加 HY、YH 两点	2
5	宽度（mm）			符合设计要求			米尺：每200m 测 4 处	2
6	平整度（mm）			15	20		3m 直尺：每200m 测 2 处×10 尺	2
7	横坡（%）			±0.3	±0.5		水准仪：每200m 测 4 个断面	1
8	边坡			符合设计要求			尺量：每200m 测 4 处	1

注：1. 表列压实度以重型击实试验法为准，评定路段内的压实度平均值下置信界限不得小于规定标准，单个测定值不得小于极值（表列规定值减 5 个百分点）；按不小于表列规定值减 2 个百分点的测点数量占总检查点的百分率计算合格率。
　　2. 采用核子仪检查压实度时应进行标定试验，确认其可靠性。
　　3. 特殊干旱、特殊潮湿地区或过湿土路基，可按交通运输部颁发的路基设计、施工规范所规定的压实度标准进行评定。
　　4. 三、四级公路铺筑沥青混凝土或水泥混凝土路面时，其路基压实度应采用二级公路标准。

2. 实测项目

实测项目，见表 6-4。

石方路基实测项目　　　　　　　　　　　　　　　　表 6-4

项目	检查项目		规定值或允许偏差		检查方法和频率	权值
			高速公路、一级公路	其他公路		
1	压实		层厚和碾压遍数符合要求		检查施工纪录	3
2	纵断高程（mm）		+10，-20	+10，-30	水准仪：每200m 测 4 断面	2
3	中线偏位（mm）		50	100	经纬仪：每200m 测 4 点，弯道加 HY、YH 两点	2
4	宽度（mm）		符合设计要求		米尺：每200m 测 4 处	2
5	平整度（mm）		20	30	3m 直尺：每200m 测 2 处×10 尺	2
6	横坡（%）		±0.3	±0.5	水准仪：每200m 测 4 个断面	1
7	边坡	坡度	符合设计要求		每200m 抽查 4 处	1
		平顺度	符合设计要求			

注：二石混填路基压实度或固体体积率可根据实际可能进行检验，其他检验项目与石方路基相同。

3. 外观鉴定

（1）边坡不得有松石。不符合要求时，每处减 $1 \sim 2$ 分。

（2）路基边线直顺，曲线圆滑。不符合要求时，单向累计长度每 50m 减 $1 \sim 2$ 分。

【案例3】

某一级公路土方路基工程进行交工验收，现测得某段的压实度数值如下：97.0、98.9、95.6、99.1、98.3、92.6、99.8、99.8、98.2、97.5、97.9、98.8（单位：%）。请你对检测结果进行评定，并计算压实度实测项目得分值。（已知 $K_0 = 96\%$，规定极值为 91%，保证率为 95%，$t_a / \sqrt{n} = 0.518$）

解析：（1）计算平均值 $\overline{K}$、标准偏差 S：

$$\overline{K} = 97.79\% \qquad S = 2.02\%$$

（2）计算路段压实度代表值：

$$K_L = \overline{K} - t_a / \sqrt{n} \cdot S = 97.79 - 0.518 \times 2.02 = 96.74\%$$

（3）判断压实质量：

因 $K_L > K_0$，所以该段压实质量是合格的，且各个单点压实度 K_i 大于规定极值（91%）。

（4）计算合格率：

大于 $(96-2)\% = 94\%$ 的点共 11 个点，故合格率 $= \dfrac{11}{12} = 91.7\%$

（5）计算得分值：

$$得分值 = 100 \times 91.7\% = 91.7（分）$$

四、软土地基处治

1. 基本要求

（1）换填地基填筑压实要求同上方路基。

（2）砂垫层：砂的规格和质量必须符合设计要求和规范规定；适当洒水，分层压实；砂垫层宽度应宽出路基边脚 $0.5 \sim 1.0$m，两侧端以片石护砌；砂垫层厚度以及铺设的反滤层应符合设计要求。

（3）反压护道：填筑材料、护道高度、宽度应符合设计要求，压实度不低于 90%。

（4）袋装砂井、塑料排水板：砂的规格、质量、砂袋织物质量和塑料排水板质量必须符合设计要求；砂袋和塑料排水板下沉时不得出现扭结、断裂等现象；井（板）底高程必须符合设计要求，其顶端必须按要求伸入砂垫层。

（5）碎石桩：碎石材料应符合设计要求；应严格按试桩结果控制电流和振冲器的留振时间；分批加入碎石，注意振密挤实效果，防止发生"断桩"或"颈缩桩"。

（6）砂桩：砂料应符合规定要求；砂的含水率应根据成桩方法合理确定；应确保桩体连续、密实。

（7）粉喷桩：水泥应符合设计要求；根据成桩实验确定的技术参数进行施工；严格控制喷粉时间、停粉时间和水泥喷入量，不得中断喷粉，确保粉喷桩长度；桩身上部范围内必须进行二次搅拌，确保桩身质量；发现喷粉量不足时，应按桩复打；喷粉中断时，复打重叠孔断时应大于 1m。

（8）软土地基上的路堤，应在施工过程中进行沉降观测和稳定性观测，并根据观测结果对路堤填筑速率和预压期等做出必要调整。

2. 实测项目

实测项目,见表6-5~表6-3。

砂垫层实测项目　　　　　　表6-5

项次	检查项目	规定值或允许偏差	检查方法和频率	权值
1	砂垫层厚度	不小于设计	每200m检查4处	3
2	砂垫层宽度	不小于设计	每200m检查4处	1
3	反滤层设置	符合设计	每200m检查4处	1
4	压实度(%)	90	每200m检查4处	2

袋装砂井、塑料排水板实测项目　　　　　　表6-6

项次	检查项目	规定值或允许偏差	检查方法和频率	权值
1	井(板)间距(mm)	±150	抽查2%	2
2△	井(板)长度	不小于设计	查施工记录	3
3	竖直度(%)	1.5	查施工记录	2
4	砂井直径(mm)	+10,-0	挖验2%	1
5	灌砂量(%)	-5	查施工记录	2

碎石桩(砂桩)实测项目　　　　　　表6-7

项次	检查项目	规定值或允许偏差	检查方法和频率	权值
1	桩距(mm)	±150	抽查2%	1
2	桩径(mm)	不小于设计	抽查2%	2
3△	桩长(m)	不小于设计	查施工记录	3
4	竖直度(%)	1.5	查施工记录	2
5	灌石(砂)量	不小于设计	查施工记录	2

粉喷桩实测项目　　　　　　表6-8

项次	检查项目	规定值或允许偏差	检查方法和频率	权值
1	桩距(mm)	±100	抽查2%	1
2	桩径(mm)	不小于设计	抽查2%	2
3△	桩长(m)	不小于设计	查施工记录	3
4	竖直度(%)	1.5	查施工记录	1
5	单桩喷粉量	符合设计	查施工记录	3
6	强度(kPa)	不小于设计	抽查5%	3

3. 外观鉴定

砂垫层表面坑洼不平时,每处减1~2分。

任务3　路面工程质量检验评定

▶▶任务分析

通过学习路面工程质量检验评定的一般规定,路面各结构层的基本要求、实测项目及外观鉴定的规定,掌握路面各结构层实测项目、检查方法和检查频率的规定。

一、一般规定

（1）路面工程的实测项目规定值或允许偏差按高速公路、一级公路和其他公路（指二级及以下公路）两档设定。对于在设计和合同文件中提高了技术要求的二级公路,其工程质量检验评定按设计和合同文件的要求进行,但不应高于高速公路、一级公路的检验评定标准。

（2）路面工程实测项目规定的检查频率为双车道公路每一检查段内的检查频率,多车道公路的路面各结构层均须按其车道数与双车道之比,相应增加检查数量。

（3）各类基层和底基层压实度代表值（平均值的下置信界限）不得小于规定代表值,单点不得小于规定极值。小于规定代表值 2 个百分点的测点,应按其占总检查点数的百分率计算合格率。

（4）垫层的质量要求同相同材料的其他公路的底基层;联结层的质量要求同相应的基层或面层;中级路面的质量要求同相同材料的其他公路的基层。

（5）路面表层平整度检查测定以自动或半自动的平整度仪为主,全线每车道连续测定按每 100m 输出结果计算合格率。采用 3m 直尺测定路面各结构层平整度时,以最大间隙作为指标,按尺数计算合格率。

（6）路面表层渗水系数宜在路面成型后立即测定。

（7）路面表层结构层厚度按代表值和单点合格值设定允许偏差。当代表值偏差超过规定值时,该分项工程评为不合格;当代表值偏差满足要求时,按单个检查值的偏差不超过单点合格值的测点数计算合格率。

（8）材料要求和配比控制列入各节基本要求,可通过检查施工单位、工程监理单位的资料进行评定。

（9）水泥混凝土上加铺沥青表面层的复合式路面,两种结构均需进行检查评定。其中,水泥混凝土路面结构不检查抗滑构造,平整度可按相应等级公路的标准;沥青面层不检查弯沉。

（10）路面基层完工后应及时浇洒透层油或铺筑下封层,透层油透入深度不小于 5mm,不得使用透入能力差的材料做透层油。对封层、黏层和透层油的浇洒要求同沥青表面处治层的基本规定。

【案例 4】

某路段水泥混凝土路面板厚检测数据如表 6-9 所示。保证率为 95%,设计厚度 $h_d = 25cm$,代表值允许偏差 $\Delta h = 5mm$,合格值允许偏差为 −10mm,试对该路段的板厚进行评价。（根据 $n = 30, \alpha = 95\%$,查表得:$t_a/\sqrt{n} = 0.310$）

水泥混凝土路面厚度检测数据汇总表　　　　表 6-9

序号	1	2	3	4	5	6	7	8	9	10
厚度 h_d(cm)	25.1	24.8	25.1	24.6	24.7	25.4	25.2	25.3	24.7	24.9
序号	11	12	13	14	15	16	17	18	19	20
厚度 h_d(cm)	24.9	24.8	25.3	25.3	25.2	25.0	25.1	24.8	25.0	25.1
序号	21	22	23	24	25	26	27	28	29	30
厚度 h_d(cm)	24.7	24.9	25.0	25.4	25.2	25.1	25.0	25.0	25.5	25.4

解析:

经计算: $\bar{h} = 25.05\,\text{cm}$, $S = 0.24\,\text{cm}$。

根据 $n = 30$, $\alpha = 95\%$, 得:

$$t_a / \sqrt{n} = 0.310$$

代表性厚度 h 为算数平均值的下置信界限,即

$$h = \bar{h} - t_a / \sqrt{n} \cdot S = 25.05 - 0.310 \times 0.24 = 24.98\,(\text{cm})$$

因为 $h > h_d - \Delta h = 24.5\,\text{cm}$, 所以该路段的代表性厚度满足要求。

【案例 5】

一组二灰土试件无侧限抗压强度试验结果为: 0.77MPa、0.78MPa、0.67MPa、0.64MPa、0.73MPa、0.81MPa, 设计强度 $R_d = 0.60\,\text{MPa}$, 取保证率系数 $Z_\alpha = 1.645$, 判断该组二灰土强度是否合格(取小数 2 位)。该实测项目(强度)评分值为多少?

解析:

(1) 计算平均值 $\bar{R}$、标准偏差 S、变异系数 C_v

$$\bar{R} = 0.74\,\text{MPa}, \quad S = 0.067\,\text{MPa}, \quad C_v = 9.05\%$$

(2) 计算 $R_d / (1 - Z_\alpha C_v)$

$$R_d / (1 - Z_\alpha C_v) = \frac{0.6}{1 - 1.645 \times 0.0905} = 0.70\,\text{MPa}$$

(3) 判断是否符合设计强度

$$\bar{R} = 0.74\,\text{MPa} > \frac{R_d}{1 - Z_\alpha C_v} = 0.70\,\text{MPa}$$

试件平均强度满足要求。

(4) 计算得分值

偏差系数 $C_v = 0.067/0.74 = 9.05\% < 10\%$, 故该组二灰土强度合格。评分值为 100(规定满分)。

二、水泥混凝土面层

1. 基本要求

(1) 基层质量必须符合规定要求, 并应进行弯沉测定, 验算的基层整体模量应满足设计要求。

(2) 水泥强度、物理性能和化学成分应符合国家标准及有关规范的规定。

(3) 粗细集料、水、外掺剂及接缝填缝料应符合设计和施工规范要求。

(4) 施工配合比应根据现场测定水泥的实际强度进行计算, 并经试验, 选择采用最佳配合比。

(5) 接缝的位置、规格、尺寸及传力杆、拉力杆的设置应符合设计要求。

(6) 路面拉毛或机具压槽等抗滑措施, 其构造深度应符合施工规范要求。

(7) 面层与其他构造物相接应平顺, 检查井井盖顶面高程应高于周边路面 1~3mm。雨水口高程按设计比路面低 5~8mm, 路面边缘无积水现象。

(8) 混凝土路面铺筑后按施工规范要求养生。

2. 实测项目

实测项目,见表6-10。

水泥混凝土面层实测项目
表6-10

项次	检查项目		规定值或允许偏差		检查方法和频率	权值
			高速公路、一级公路	其他公路		
1△	弯拉强度(MPa)		在合格标准之内		按水泥混凝土弯拉强度评定检查	3
2△	板厚度(mm)	代表值	−5		按路面结构层厚度评定检查,每200m每车道2处	3
		合格值	−10			
3	平整度	σ(mm)	1.2	2.0	平整度仪:全线每车道连续检测,每100m计算σ、IRI	2
		IRI (m/km)	2.0	3.2		
		最大间隙h (mm)	—	5	3m直尺:半幅车道板带每200m测2处×10尺	
4	抗滑构造深度 (mm)		一般路段不小于0.7,且不大于1.1;特殊路段不小于0.8且不大于1.2	一般路段不小于0.5,且不大于1.0;特殊路段不小于0.6,且不大于1.1	铺砂法:每200m测1处	2
5	相邻板高差(mm)		2	3	抽量:每条胀缝2点;每200m抽纵、横缝各2条,每条2点	2
6	纵、横缝顺直度 (mm)		10		纵缝20m拉线,每200m测4处;横缝沿板宽拉线,每200m测4条	1
7	中线平面偏位 (mm)		20		经纬仪:每200m测4点	1
8	路面宽度(mm)		±20		抽量:每200m测4处	1
9	纵横高程(mm)		±10	±15	水准仪:每200m测4断面	1
10	横坡(%)		±0.15	±0.25	水准仪:每200m测4断面	1

注:表中σ为平整度仪测定的标准差;IRI为国际平整度指数;h为3m直尺与面层的最大间隙。

3. 外观鉴定

(1)混凝土板的断裂块数,高速公路和一级公路不得超过评定路段混凝土板总块数的0.2%,其他公路不得超过0.4%。不符合要求时每超过0.1%减2分。对于断裂板应采取适当措施予以处理。

(2)混凝土板表面的脱皮、印痕、裂纹和缺边掉角等病害现象,对于高速公路和一级公路,有上述缺陷的表面积不得超过受检测面积的0.2%,其他公路不得超过0.3%。不符合要求时每超过0.1%减2分。

对于连续配筋的混凝土路面和钢筋混凝土路面,因干缩、温缩产生的裂缝,可不减分。

(3)路面侧石直顺、曲面圆滑,越位20mm以上者,每处减1~2分。

(4)接缝填筑饱满密实,不污染路面。不符合要求时,累计长度每100m减2分。

(5)胀缝有明显缺陷时,每条减1~2分。

三、沥青混凝土面层和沥青碎(砾)石面层

1. 基本要求

(1)沥青混合料的矿料质量及矿料级配应符合设计要求和施工规范的规定。

(2)严格控制各种矿料和沥青用量及各种材料和沥青混合料的加热温度,沥青材料及混合料的各项指标应符合设计和施工规范要求。沥青混合料的生产,每日应做抽提试验、马歇尔稳定度试验。矿料级配、沥青含量、马歇尔稳定度等结果的合格率应不小于90%。

(3)拌和后的沥青混合料应均匀一致,无花白,无粗细料分离和结团成块现象。

(4)基层必须碾压密实,表面干燥、清洁、无浮土,其平整度和路拱度应符合要求。

(5)摊铺时应严格控制摊铺厚度和平整度,避免离析,注意控制摊铺和碾压温度,碾压至要求的压实度。

2. 实测项目

实测项目,见表6-11。

沥青混凝土面层和沥青碎(砾)石面层实测项目　　　　表6-11

项次	检查项目		规定值或允许偏差		检查方法和频率	权值
			高速公路、一级公路	其他公路		
1△	压实度(%)		试验室标准密度的96%(*98%) 最大理论密度的92%(*94%) 试验段密度的98%(*99%)		按路基、路面压实度评定检查,每200m测1处	3
2	平整度	σ(mm)	2.2	2.5	平整度仪:全线每车道连续按每100m计算IRI或σ	2
		IRI(m/km)	2.0	4.2		
		最大间隙h(mm)	—	5	3m直尺:每200m测2处×10尺	
3	弯沉值(0.01mm)		符合设计要求		按路基、柔性基层、沥青路面弯沉值评定	2
4	渗水系数		SMA路 200mL/min; 其他沥青混凝土路面300mL/min	—	渗水试验仪:每200m测1处	2
5	抗滑	摩擦系数	符合设计要求	—	摆式仪:每200m测1处;横向力系数测定车:全线连续,按路面横向力系数评定	2
		构造深度			铺砂法:每200m测1处	3
6△	厚度(mm)	代表值	总厚度:设计值的-5%H,上面层:设计值的-10%h	-8%H	按路面结构层厚度评定检查,双车道每200m测1处	3
		合格值	总厚度:设计值的-10%H,上面层:设计值的-20%h	-15%H		
7	中线平面偏位(mm)		20	30	经纬仪:每200m测4点	1

项次	检查项目		规定值或允许偏差		检查方法和频率	权值
			高速公路、一级公路	其他公路		
8	纵断高程(mm)		±15	±20	水准仪:每200m测4断面	1
9	宽度 (mm)	有侧石	±20	±30	尺量:每200m测4断面	1
		无侧石	不小于设计值要求			
10	横坡(%)		±0.3	±0.5	水准仪:每200m测4处	1

注:1. 表内压实度可选用其中的1个或2个标准评定,选用两个标准时,以合格率低的作为评定结果。带 * 者是指SMA路面,其他为普通沥青混凝土路面。

2. 表列厚度仅规定负允许偏差。其他公路的厚度代表值和合格值允许偏差按总厚度计,当总厚度≤60mm时,允许偏差分别为 -5mm 和 -10mm;总厚度 >60mm 时,允许偏差分别为 -8% 和 -15% 的总厚度,H 为总厚度(mm)。

3. 外观鉴定

(1)表面应平整密实,不应有泛油、松散、裂缝和明显离析等现象,对于高速公路和一级公路,有上述缺陷的面积(凡属单条的裂缝,则按其实际长度乘以 0.2m 宽度,折算成面积)之和不得超过受检面积的 0.03% ,其他公路不得超过 0.05% 。不符合要求时每超过 0.03% 或 0.05% 减 2 分。

半刚性基层的反射裂缝可不记作施工缺陷,但应及时进行灌缝处理。

(2)搭接处应紧密、平顺,烫缝不应枯焦。不符合要求时,累计每 10m 长减 1 分。

(3)面层与路缘石及其他构筑物应密贴接顺,不得有积水或漏水现象。不符合要求时,每一处减 1~2 分。

四、沥青贯入式面层(或上拌下贯式面层)

1. 基本要求

(1)沥青材料的各项指标应符合设计要求和施工规范。

(2)各种材料的规格和用量应符合设计要求和施工规范,上拌沥青混凝土混合料每日应做抽提试验和马歇尔稳定度试验。

(3)碎石层必须平整坚实,嵌挤稳定,沥青贯入应深透,浇洒应均匀,不得污染其他构筑物。

(4)嵌缝料必须趁热撒铺,扫料均匀,不应有重叠现象。

(5)上层采用拌和料时,混合料均匀一致,无花白和粗细分离现象,摊铺平整,接茬平顺,及时碾压密实。

(6)沥青贯入式面层施工前,应先做好路面结构层与路肩的排水。

2. 实测项目

实测项目,见表6-12。

3. 外观鉴定

(1)表面应平整密实,不应有松散、裂缝、油包、波浪、泛油等现象,有上述缺陷的面积之和不超过受检面积的 0.2% 。不符合要求时每超过 0.2% 减 2 分。

(2)表面无明显碾压轮迹。不符合要求时,每处减 1~2 分。

(3)面层与路缘石及其他构筑物应密贴接顺,无积水现象。不符合要求时,每处减 1~2 分。

沥青贯入式面层（或上拌下贯式面层）实测项目　　　　　表 6-12

项次	检 查 项 目		规定值或允许偏差	检查方法和频率	权值
1	平整度	σ(mm)	3.5	平整度仪:全线每车道连续按每 100m 计算 IRI 或 σ	3
		IRI(m/km)	5.8		
		最大间隙 h(mm)	8	3m 直尺:每 200m 测 2 处×10 尺	
2	弯沉值(0.01mm)		符合设计要求	按路基、柔性基层、沥青路面弯沉值评定	2
3△	厚度 (mm)	代表值	−8%H 或 −5mm	按路面结构层厚度评定检查,每 200m 每车道 1 点	3
		合格值	−15%H 或 −10mm		
4	沥青用量(kg/m²)		±0.5%	每工作日每层洒布查 1 次	3
5	中心平面偏位(mm)		30	经纬仪:每 200m 测 4 点	1
6	纵断高程(mm)		±20	水准仪:每 200m 测 4 断面	2
7	宽度 (mm)	有侧石	±30	尺量:每 200m 测 4 断面	2
		无侧石	不小于设计		
8	横坡(%)		±0.5	水准仪:每 200m 测 4 断面	2

注:1. 当设计厚度≥60mm 时,按厚度百分率控制;当设计厚度<60mm 时,按厚度不足的毫米数控制。H 为厚度(mm)。

2. 沥青总用量按《公路路基路面现场测试规程》中 T0892 的方法,每工作日每层洒布沥青检查一次,并计算同一跨段的单位面积的总沥青用量。

五、沥青表面处治层

1. 基本要求

（1）在新建或旧路的表层进行表面处治时,应将表面的泥沙及一切杂物清除干净,底层必须坚实、稳定、平整,保持干燥后才可施工。

（2）沥青材料的各项指标和石料的质量、规格、用量应符合设计要求和施工规范的规定。

（3）沥青浇洒应均匀,无露白,不得污染其他构筑物。

（4）嵌缝料必须趁热撒铺,扫布均匀,不应有重叠现象,压实平整。

2. 实测项目

实测项目,见表 6-13。

沥青表面处治面层实测项目　　　　　表 6-13

项次	检 查 项 目		规定值或允许偏差	检查方法和频率	权值
1	平整度	σ(mm)	4.5	平整度仪:全线每车道连续按每 100m 计算 IRI 或 σ	2
		IRI(m/km)	7.5		
		最大间隙 h(mm)	10	3m 直尺:每 200m 测 2 处×10 尺	
2	弯沉值(0.01mm)		符合设计要求	按路基、柔性基层、沥青路面弯沉值评定	2
3△	厚度 (mm)	代表值	−5	按有关方法检查,每 200m 每车道 1 点	3
		合格值	−10		
4	沥青总用量(kg/m²)		±0.5%	每工作日每层洒布查 1 次	2
5	中心平面偏位(mm)		30	经纬仪:每 200m 测 4 点	1
6	纵断高程(mm)		±20	水准仪:每 200m 测 4 断面	1
7	宽度 (mm)	有侧石	±30	尺量:每 200m 测 4 处	2
		无侧石	不小于设计要求		
8	横坡(%)		±0.5	水准仪:每 200m 测 4 断面	1

3．外观鉴定

（1）表面平整密实，不应有松散、油包、油丁、波浪、泛油、封面料明显散失等现象，有上述缺陷的面积之和不超过受检面积的 0.2% 。不符合要求时每超过 0.2% 减 2 分。

（2）无明显碾压轮迹。不符合要求时，每处减 1～2 分。

（3）面层与路缘石及其他构筑物应密贴接顺，不得有积水现象。不符合要求时，每处减 1～2 分。

六、水泥土基层和底基层

1．基本要求

（1）土的性能应符合设计要求，土块要经粉碎。

（2）水泥用量按设计要求控制准确。

（3）路拌深度要达到层底。

（4）混合料处于最佳含水率状况下，用重型压力机碾压至要求的压实度。从加水和到碾压终了的时间不应超过 3～4h，并应短于水泥的终凝时间。

（5）碾压检查合格后立即覆盖或洒水养生，养生期要符合规范要求。

2．实测项目

实测项目，见表 6-14。

水泥土基层和底基层实测项目 表 6-14

项次	检查项目		规定值和允许偏差				检查方法和频率	权值
			基层		底基层			
			高速公路一级公路	其他公路	高速公路一级公路	其他公路		
1	压实度（%）	代表值	—	95	95	93	按路基路面压实度评定检查每 200m 每车道 2 处	3
		极值	—	91	91	89		
2	平整度（mm）		—	12	12	15	3m 直尺：每 200m 测 2 处×10 尺	2
3	纵段高程（mm）		—	+5，−15	+5，−15	+5，−20	水准仪：每 200m 测 4 个断面	1
4	宽度（mm）		符合设计要求		符合设计要求		尺量：每 200m 测 4 个断面	1
5	厚度（mm）	代表值	—	−10	−10	−12	按路面结构层厚度检查，每 200m 每车道 1 点	2
		合格值	—	−20	−25	−30		
6	横坡（%）		±0.5	±0.3	±0.5		水准仪：每 200m 测 4 个断面	1
7	强度（MPa）		符合设计要求		符合设计要求		按半刚性基层和底基层材料强度评定检查	3

3．外观鉴定

（1）表面平整密实、无坑洼。不符合要求时，每处减 1～2 分。

（2）施工接茬平整、稳定。不符合要求时，每处减 1～2 分。

七、水泥稳定粒料（碎石、砂砾或矿渣等）基层和底基层

1．基本要求

（1）粒料应符合设计和施工规范要求，并应根据当地料源选择质坚干净的粒料，矿渣应分

解稳定,未分解渣块应予剔除。

(2)水泥用量和矿料级配按设计控制准确。

(3)路拌深度要达到层底。

(4)摊铺时要注意消除离析现象。

(5)混合料处于最佳含水率状况下,用重型压力机碾压至要求的压实度。从加水拌和到碾压终了的时间不应超过 3~4h,并应短于水泥的终凝时间。

(6)碾压检查合格后立即覆盖或洒水养生,养生期要符合规范要求。

2.实测项目

实测项目,见表6-15。

水泥稳定粒料基层和底基层实测项目 表6-15

项次	检查项目		规定值和允许偏差				检查方法和频率	权值
			基层		底基层			
			高速公路一级公路	其他公路	高速公路一级公路	其他公路		
1	压实度(%)	代表值	98	97	96	95	按路基、路面压实评定检查每200m每车道2处	3
		极值	94	93	92	91		
2	平整度(mm)		8	12	12	15	3m直尺:每200m测2处×10尺	2
3	纵段高程(mm)		+5,-10	+5,-15	-5,-15	+5,-20	水准仪:每200m测4个断面	1
4	宽度(mm)		符合设计要求		符合设计要求		尺量:每200m测4个断面	1
5	厚度(mm)	代表值	-8	-10	-10	-12	按路面结构层厚度评定检查,每200m每车道1点	3
		合格值	-15	-20	-25	-30		
6	横坡(%)		±0.3	±0.5	±0.3	±0.5	水准仪:每200m测4个断面	1
7	强度(MPa)		符合设计要求		符合设计要求		按附录G检查	3

3.外观鉴定

(1)表面平整密实、无坑洼、无明显离析。不符合要求时,每处减1~2分。

(2)施工接茬平整、稳定。不符合要求时,每处减1~2分。

【案例6】

某一级公路水泥稳定碎石基层,已知 $R_d = 3.2$MPa,现测得某段的无侧限抗压强度数值为:3.86、4.06、3.52、3.92、3.52、3.92、3.84、3.56、3.72、3.53、3.68、4.00(单位:MPa)。请对该段的强度结果进行评定并计算其得分值。(规定分为20分,保证率为95%)

解析:

(1)计算平均值 $\bar{R}$、标准偏差 S、变异系数 C_v

$$\bar{R} = 3.76\text{MPa}, S = 0.20\text{MPa}, C_v = 5.3\%$$

(2)查表6-16知,保证率为95%的保证率系数 $Z_\alpha = 1.645$。

因为平均值 $\bar{R} = 3.76 > R_d/(1 - Z_\alpha \times C_v) = 3.2/(1 - 1.645 \times 0.053) = 3.51$,所以该路段水泥稳定碎石基层的无侧限抗压强度合格。

(3)计算得分值

得分值 = 20分(规定的满分)。

表 6-16

保证率(%)	$t_a/\sqrt{n}$			保证率系数 Z_α
	$n=10$	$n=11$	$n=12$	
99	0.892	0.833	0.785	2.327
95	0.580	0.546	0.518	1.645
90	0.437	0.414	0.393	1.282
97.72	0.814	0.761	0.718	2.00
93.32	0.537	0.506	0.481	1.50

八、石灰土基层和底基层

1. 基本要求

(1) 土质应符合设计要求,土块要经粉碎。

(2) 石灰质量应符合设计要求,块灰须经充分消解才能使用。

(3) 石灰和土的用量按设计要求控制准确,未消解生石灰块必须剔除。

(4) 路拌深度要达到层底。

(5) 混合料处于最佳含水率状况下,用重型压力机碾压至要求的压实度。

(6) 保湿养生,养生期要符合规范要求。

2. 实测项目

实测项目,见表 6-17。

石灰土基层和底基层实测项目　　　　表 6-17

项次	检查项目		规定值和允许偏差				检查方法和频率	权值
			基层		底基层			
			高速公路一级公路	其他公路	高速公路一级公路	其他公路		
1	压实度(%)	代表值	—	95	95	93	按路基、路面压实度评定检查每200m每车道2处	3
		极值	—	91	91	89		
2	平整度(mm)		—	12	12	15	3m 直尺;每200m测2处×10尺	2
3	纵段高程(mm)		—	+5,-15	+5,-15	+5,-20	水准仪;每200m测4个断面	1
4	宽度(mm)		符合设计要求		符合设计要求		尺量;每200m测4个断面	1
5	厚度(mm)	代表值	—	-10	-10	-12	按路面结构层厚度检查,每200m每车道1点	2
		合格值	—	-20	-25	-30		
6	横坡(%)		—	±0.5	±0.3	±0.5	水准仪;每200m测4个断面	1
7	强度(MPa)		符合设计要求		符合设计要求		按半刚性基层和底基层材料强度评定检查	3

3. 外观鉴定

(1) 表面平整密实、无坑洼。不符合要求时,每处减 1~2 分。

(2) 施工接茬平整、稳定。不符合要求时,每处减 1~2 分。

九、石灰稳定粒料(碎石、砂砾或矿渣等)基层和底基层

1.基本要求

(1)粒料应符合设计和施工规范要求,矿渣应分解稳定后才能使用。

(2)石灰质量应符合设计要求,块灰须经充分消解才能使用。

(3)石灰的用量按设计要求控制准确,未消解生石灰块必须剔除。

(4)路拌深度要达到层底。

(5)混合料处于最佳含水率状况下,用重型压力机碾压至要求的压实度。

(6)保湿养生,养生期要符合规范要求。

2.实测项目

实测项目,见表6-18。

石灰稳定粒料基层和底基层实测项目 表6-18

项次	检查项目		规定值和允许偏差				检查方法和频率	权值
			基层		底基层			
			高速公路一级公路	其他公路	高速公路一级公路	其他公路		
1	压实度(%)	代表值	—	97	96	95	按路基路面压实度评定检查每200m每车道2处	3
		极值	—	93	92	91		
2	平整度(mm)		—	12	12	15	3m直尺;每200m测2处×10尺	2
3	纵段高程(mm)		+5,−15	−5,−15	+5,−20		水准仪;每200m测4个断面	1
4	宽度(mm)		符合设计要求		符合设计要求		尺量;每200m测4个断面	1
5	厚度(mm)	代表值	—	−10	−10	−12	按路面结构层厚度检查,每200m每车道1点	2
		合格值	—	−20	−25	−30		
6	横坡(%)		—	±0.5	±0.3	±0.5	水准仪;每200m测4个断面	1
7	强度(MPa)		符合设计要求		符合设计要求		按半刚性基层、底基层材料强度评定检查	3

3.外观鉴定

(1)表面平整密实、无坑洼。不符合要求时,每处减1~2分。

(2)施工接茬平整、稳定。不符合要求时,每处减1~2分。

十、石灰、粉煤灰土基层和底基层

1.基本要求

(1)土质应符合设计要求,土块要经粉碎。

(2)石灰和粉煤灰质量应符合设计要求,石灰须经充分消解才能使用。

(3)混合料配合比应准确,不得含有灰团和生石灰块。

(4)碾压时应先用轻型压路机稳定,后用重型压路机碾压至要求的压实度。

(5)保湿养生,养生期要符合规范要求。

2. 实测项目

实测项目,见表 6-19。

石灰、粉煤灰土基层和底基层实测项目 表 6-19

项次	检查项目		规定值和允许偏差				检查方法和频率	权值
			基层		底基层			
			高速公路一级公路	其他公路	高速公路一级公路	其他公路		
1	压实度(%)	代表值	—	95	95	93	按路基路面压实度评定检查每200m每车道2处	3
		极值	—	91	91	89		
2	平整度(mm)		—	12	12	15	3m 直尺;每200m测2处×10尺	2
3	纵段高程(mm)		—	+5,−15	+5,−15	+5,−20	水准仪;每200m测4个断面	1
4	宽度(mm)		符合设计要求		符合设计要求		尺量;每200m测4个断面	1
5	厚度(mm)	代表值	—	−10	−10	−12	按路面结构层厚度评定检查,每200m每车道1点	2
		合格值	—	−20	−25	−30		
6	横坡(%)		±0.5	±0.3	±0.5		水准仪;每200m测4个断面	1
7	强度(MPa)		符合设计要求		符合设计要求		按半刚性基层、底基层材料强度评定检查	3

3. 外观鉴定

(1)表面平整密实、无坑洼。不符合要求时,每处减 1~2 分。

(2)施工接茬平整、稳定。不符合要求时,每处减 1~2 分。

十一、石灰、粉煤灰稳定粒料(碎石、砂砾或矿渣等)基层和底基层

1. 基本要求

(1)粒料应符合设计和施工规范要求,并应根据当地料源选择质坚干净的粒料。矿渣应分解稳定,未分解渣块应予剔除。

(2)石灰和粉煤灰质量应符合设计要求,石灰须经充分消解才能使用。

(3)混合料配合比应准确,不得含有灰团和生石灰块。

(4)摊铺时要注意消除离析现象。

(5)碾压时应先用轻型压力机稳压,后用重型压路机碾压至要求的压实度。

(6)保湿养生,养生期要符合规范要求。

2. 实测项目

实测项目,见表 6-20。

3. 外观鉴定

(1)表面平整密实、无坑洼、无明显离析。不符合要求时,每处减 1~2 分。

(2)施工接茬平整、稳定。不符合要求时,每处减 1~2 分。

石灰、粉煤灰土稳定粒料基层和底基层实测项目 表 6-20

项次	检查项目		规定值和允许偏差				检查方法和频率	权值
			基层		底基层			
			高速公路一级公路	其他公路	高速公路一级公路	其他公路		
1	压实度(%)	代表值	98	97	96	95	按路基、路面压实度评定检查每 200m 每车道 2 处	3
		极值	94	93	92	91		
2	平整度(mm)		8	12	12	15	3m 直尺:每 200m 测 2 处×10 尺	2
3	纵段高程(mm)		+5,-10	+5,-15	-5,-15	+5,-20	水准仪:每 200m 测 4 个断面	1
4	宽度(mm)		符合设计要求		符合设计要求		尺量:每 200m 测 4 个断面	1
5	厚度(mm)	代表值	-8	-10	-10	-12	按路面结构层厚度评定检查,每 200m 每车道 1 点	2
		合格值	-15	-20	-25	-30		
6	横坡(%)		±0.3	±0.5	±0.3	±0.5	水准仪:每 200m 测 4 个断面	1
7	强度(MPa)		符合设计要求		符合设计要求		按半刚性基层、底基层材料强度评定检查	3

【案例 7】

某高速公路二灰稳定砂砾基层设计厚度为 18cm,代表值允许偏差为 -8mm,极值允许偏差为 -15mm。评定路段厚度检测结果(12 个测点)分别为 17.5、17.7、18.2、18.6、18.1、18.8、17.6、17.8、19.1、19.3、17.4、17.9(单位:cm),试按保证率 99% 评定该路段的厚度是否合格,并计算实际得分。(规定分为 18 分)

解析:

厚度平均值 $\overline{X} = 18.17$cm,标准偏差 $S = 0.64$cm,厚度代表值 $t_a/\sqrt{n} = 0.785$(查表 6-21 得),则厚度代表值 X_1:

$$X_1 = \overline{X} - S \cdot t_a/\sqrt{n} = 18.17 - 0.64 \times 0.785 = 17.67\text{cm}$$

因 $X_1 = 17.67\text{cm} > 18 - 0.8 = 17.2\text{cm}$

所以该路段厚度代表值符合要求。

由于各检测点 $X_i > 18 - 1.5 = 16.5\text{cm}$

合格率为 100%,实际得分为 18 分。

表 6-21

保证率(%)	$t_a/\sqrt{n}$			保证率系数 Z_α
	$n=10$	$n=11$	$n=12$	
99	0.892	0.833	0.785	2.327
95	0.580	0.546	0.518	1.645
90	0.437	0.414	0.393	1.282
97.72	0.841	0.761	0.718	2.000
93.32	0.537	0.506	0.481	1.500

十二、级配碎(砾)石基层和底基层

1. 基本要求

(1) 选用质地坚韧、无杂质碎石、砾石、石屑或砂,级配应符合要求。

(2) 配料必须准确,塑性指数必须符合规定。

(3) 混合料拌和均匀,无明显离析现象。

(4) 碾压应遵循先轻后重的原则,洒水碾压至要求的密实度。

2. 实测项目

实测项目,见表6-22。

级配碎(砾)石基层和底基层实测项目   表6-22

项次	检查项目		规定值和允许偏差				检查方法和频率	权值
			基层		底基层			
			高速公路 一级公路	其他公路	高速公路 一级公路	其他公路		
1	压实度 (%)	代表值	98	98	96	96	按路基路面压实度评定检查每200m 每车道2处	3
		极值	94	94	92	92		
2	弯沉值(0.01mm)		符合设计要求		符合设计要求		按规定检查	3
3	平整度(mm)		8	12	12	15	3m直尺;每200m测2处×10尺	2
4	纵段高程(mm)		+5, -10	+5, -15	+5, -15	+5, -20	水准仪;每200m测4个断面	1
5	宽度(mm)		符合设计要求		符合设计要求		尺量:每200m测4处	1
6	厚度 (mm)	代表值	-8	-10	-10	-12	按路面结构层厚度检查,每200m每 车道1点	2
		合格值	-15	-20	-25	-30		
7	横坡(%)		±0.3	±0.5	±0.3	±0.5	水准仪;每200m测4个断面	1

3. 外观鉴定

表面平整密实,边线整齐,无松散。不符合要求时,每处减1~2分。

十三、填隙碎石(矿渣)基层和底基层

1. 基本要求

(1) 粗粒料应为质坚、无杂质的轧制石料或分解稳定的轧制矿渣,填缝料为5mm以下的轧制细粒或粗砂。

(2) 应用振动压路机碾压,使填缝料填满粗粒料空隙。

2. 实测项目

实测项目,见6-23表。

3. 外观鉴定

表面平整密度,边线整齐,无松散现象。不符合要求时,每处减1~2分。

项次	检查项目		规定值和允许偏差				检查方法和频率	权值
			基层		底基层			
			高速公路一级公路	其他公路	高速公路一级公路	其他公路		
1	固体体积率（%）	代表值	—	85	85	83	按灌砂法：检查每200m每车道2处	3
		极值	—	82	82	80		
2	弯沉值(0.01mm)		符合设计要求		符合设计要求		按附录I，路基、柔性基层、沥青路面弯沉值评定	3
3	平整度(mm)		—	12	12	15	3m直尺：每200m测2处×10尺	2
4	纵段高程(mm)		—	+5，-15	-5，-15	+5，-20	水准仪：每200m测4个断面	1
5	宽度(mm)		不小于设计		不小于设计		尺量：每200m测4处	1
6	厚度(mm)	代表值	—	-10	-10	-12	按附录H，路面结构层厚度评定检查，每200m每车道1点	2
		合格值	—	-20	-25	-30		
7	横坡(%)		—	±0.5	±0.3	±0.5	水准仪：每200m测4个断面	1

十四、路缘石铺设

1. 基本要求

(1) 预制缘石的质量应符合要求。

(2) 按砌稳，顶面平整，缝宽均匀，勾缝密实，线条直顺，曲线圆滑美观。

(3) 槽底基础和后背填料必须打夯实密实。

(4) 现浇路缘石材应符合设计要求。

2. 实测项目

实测项目，见表 6-24。

路缘石铺设实测项目　　　　表 6-24

项次	检查项目		规定值或允许偏差	检查方法和频率	权值
1	直顺度(mm)		10	20m拉线：每200m测4处	3
2	预制铺设	相邻两块高差(mm)	3	水平尺：每200m测4处	2
		相邻两块缝宽(mm)	±3	尺量：每200m测4处	1
	现浇	宽度(mm)	±5	尺量：每200m测4处	2
3	顶面高程(mm)		±10	水准仪：每200m测4点	2

3. 外观鉴定

(1) 勾缝密实均匀，无杂物污染。不符合要求时，每处减 1~2 分。

(2) 缘石与路面齐平，排水口整齐、畅通，无阻水现象。不符合要求时，每处减 1~2 分。

十五、路肩

1. 基本要求

(1) 路肩表面应平整密实，不积水。

（2）肩线应直顺，曲线圆滑。

（3）硬路肩质量要求应与路面结构层相同。

2. 实测项目

实测项目，见表 6-25。

路 肩 实 测 项 目 表 6-25

项次	检查项目		规定值或允许偏差	检查方法和频率	权值
1	压实度（%）		不小于设计要求	按路基、路面压实度评定检查，每200m 测 2 处	2
2	平整度（mm）	土路肩	20	3m 直尺：每200m 测 2 处×4 尺	1
		硬路肩	10		
3	横坡（%）		±1.0	水准仪：每200m 测 2 处	1
4	宽度（mm）		符合设计要求	尺量：每200m 测 2 处	2

3. 外观鉴定

（1）路肩无阻水现象。不符合要求时，每处减 1～2 分。

（2）路肩边缘直顺，无其他堆积物。不符合要求时，单向累计长度每50m 或每处减 1～2 分。

综合练习题

一、单项选择题

1. 某路段压实度检测结果为：平均值 $\bar{k}=96.3\%$，标准偏差 $S=2.2\%$，则压实度代表值 $K=$ (   )（%）。（$Z_\alpha=1.645$　0.518）

    A. 92.7 　　　　　　B. 99.9 　　　　　　　C. 95.2 　　　　　　D. 97.4

2. 水泥混凝土面层应按（   ）进行质量评定。

    A. 分项工程 　　　　B. 分部工程 　　　　C. 单位工程 　　　　D. 单项工程

3. 无机结合料稳定类基层质量检验时，需检测（   ）。

    A. 立方体抗压强度　B. 无侧限抗压强度　C. 抗折强度　　　　D. 劈裂强度

4. 水泥混凝土路面是以（   ）龄期的强度为评定依据。

    A. 7d 　　　　　　　B. 14d 　　　　　　　C. 28d 　　　　　　D. 90d

5. 工程质量验收中，评定一段路基或路面密实程度的指标是（   ）

    A. 重度 　　　　　　B. 压实度 　　　　　C. 压实系数 　　　　D. 压实度代表值

二、问答题

1. 土方路基、基层、沥青面层压实质量控制指标是什么？这些指标又是如何定义？

2. 土方路基、石方路基施工质量检查项目有何不同？

三、计算题

1. 某二级公路路基工程进行交工验收，已知压实度规定值为93%，规定极值为88%，测得某段路基压实度数值为 94.5、95.5、94.0、93.5、93.6、92.5、90.5、94.5、95.5、95.5（单位：%），试对该段基压实度检测结果进行评定。

2. 某一级公路水泥稳定碎石基层，已知 $R_d=3.2\text{MPa}$，现测得某段的无侧限抗压强度数值为：3.86、4.06、3.52、3.92、3.52、3.92、3.84、3.56、3.72、3.53、3.68、4.00（单位：MPa），请查题

表 6-1，对该段的强度结果进行评定并计算其得分值。(规定分为 20 分，保证率为 95%)

保证率(%)	$t_a/\sqrt{n}$			保证率系数 Z_α
	$n = 10$	$n = 11$	$n = 12$	
99	0.892	0.833	0.785	2.327
95	0.580	0.546	0.518	1.645
90	0.437	0.414	0.393	1.282
97.72	0.814	0.761	0.718	2.00
93.32	0.537	0.506	0.481	1.50

参 考 文 献

[1] 中华人民共和国行业标准. JTG E40—2007　公路土工试验规程[S]. 北京：人民交通出版社,2007.

[2] 中华人民共和国行业标准. JTG E60—2008　公路路基路面现场测试规程[S]. 北京：人民交通出版社,2008.

[3] 中华人民共和国行业标准. JTG F30—2003　公路水泥混凝土路面施工技术规范[S]. 北京：人民交通出版社,2003.

[4] 中华人民共和国行业标准. JTG F80/1—2004　公路工程质量检验评定标准　土建工程[S]. 北京：人民交通出版社,2004.

[5] 中华人民共和国行业标准. JTG E30—2005　公路工程水泥及水泥混凝土试验规程[S]. 北京：人民交通出版社,2005.

[6] 中华人民共和国行业标准. JTG B01—2003　公路工程技术标准[S]. 北京：人民交通出版社,2004.

[7] 中华人民共和国行业标准. JTG E20—2011　公路工程沥青及沥青混合料试验规程[S]. 北京：人民交通出版社,2011.

[8] 中华人民共和国行业标准. JTG E42—2005　公路工程集料试验规程[S]. 北京：人民交通出版社,2005.

[9] 中华人民共和国行业标准. JTG F40—2004　公路沥青路面施工技术规范[S]. 北京：人民交通出版社,2004.

[10] 中华人民共和国行业标准. JTG E51—2009　公路工程无机结合料稳定材料试验规程[S]. 北京：人民交通出版社,2009.

[11] 中华人民共和国行业标准. JTG F10—2006　公路路基施工技术规范[S]. 北京：人民交通出版社,2006.

[12] 中华人民共和国行业标准. JTG 034—2000　公路路面基层施工技术规范[S]. 北京：人民交通出版社,2000.

[13] 中华人民共和国行业标准. JTG E50—2006　公路工程土工合成材料试验规程[S]. 北京：人民交通出版社,2006.

[14] 洪毓康. 土质学与土力学[M]. 北京：人民交通出版社,2002.

[15] 邓学钧. 路基路面工程[M]. 北京：人民交通出版社,2008.

[16] 冯春. 公路工程路基施工[M]. 北京：人民交通出版社,2012.

[17] 傅智. 水泥混凝土路面施工与养护技术[M]. 北京：人民交通出版社,2003.

[18] 郝晓彬. 水泥混凝土路面施工[M]. 北京：人民交通出版社,2010.

[19] 廖正环. 公路施工技术与管理[M]. 北京：人民交通出版社,2006.

[20] 曾凡奇,王复明. 公路工程现场检测新技术[M]. 北京：人民交通出版社,2006.

[21] 金桃,张美珍. 公路工程检测技术[M]. 4 版. 北京：人民交通出版社,2013.

[22] 谢松平. 高速铁路路基[M]. 北京：中国铁道出版社,2011.

[23] 王加弟,朱芳芳. 路基路面工程检测技术[M]. 北京：人民交通出版社,2010.

路基路面试验与检测

[24] 韩仁海,白福祥.道路与铁道工程试验检测技术[M].北京:人民交通出版社,2008.

[25] 郝晓彬.水泥混凝土路面施工[M].北京:人民交通出版社,2008.

[26] 李林军.公路施工[M].2版.成都:西南交通大学出版社,2011.

[27] 刘超群.道路工程试验与检测[M].成都:西南交通大学出版社,2009.

参考文献